KB071759

세상의 주인으로
살아가는 법

세상의 주인으로
살아가는 법

초판 1쇄   2017년 04월 20일

지은이   허해구, 진실연구회
발행인   김재홍
편집장   김옥경
디자인   이유정, 이슬기
마케팅   이연실

발행처   도서출판 지식공감
등록번호   제396-2012-000018호
주소   경기도 고양시 일산동구 견달산로225번길 112
전화   02-3141-2700
팩스   02-322-3089
홈페이지   www.bookdaum.com

가격   12,000원
ISBN   979-11-5622-273-6 03100

CIP제어번호   CIP2017006134
이 도서의 국립중앙도서관 출판예정도서목록(CIP)은 서지정보유통지원시스템 홈페이지(http://seoji.nl.go.kr)
와 국가자료공동목록시스템(http://www.nl.go.kr/kolisnet)에서 이용하실 수 있습니다.

ⓒ 허해구, 진실연구회 2017, Printed in Korea.

- 이 책은 저작권법에 따라 보호받는 저작물이므로 무단전재와 무단복제를 금지하며, 이 책 내용의 전부 또는 일부를 이용하
  려면 반드시 저작권자와 도서출판 지식공감의 서면 동의를 받아야 합니다.
- 파본이나 잘못된 책은 구입처에서 교환해 드립니다.
- '지식공감 지식기부실천' 도서출판 지식공감은 창립일로부터 모든 발행 도서의 2%를 '지식기부 실천'으로 조성하여 전국
  중·고등학교 도서관에 기부를 실천합니다. 도서출판 지식공감의 모든 발행 도서는 2%의 기부실천을 계속할 것입니다.

HOW TO LIVE AS A MASTER OF THE WORLD

세상의 주인으로 살아가는 법

| 허해구 · 진실연구회 지음 |

세상을 있는 그대로 볼 수 있다면

온갖 어둠과 불행에서 벗어나

자신이 원하는 모든 소망을 이룰 수 있다.

서문

세상일을 바로 보면
인생의 주인이 될 수 있다

'진실의 근원' 시리즈 제3권이 출판됨을 회원 및 독자 여러분과 함께 기쁘게 생각합니다. '진실의 근원' 시리즈 제1권은 기존에 출간된 『어두운 세상에 길은 있는가?』이며, 제2권은 총론적 성격의 『현대 문명의 한계를 극복할 성자들의 지혜』이고, 제3권이 바로 본서로서, 그동안 '진실의 근원' 홈페이지에 올라온 각계각층의 인생에 관한 다양한 질문들과 답변들을 모아 정리한 것입니다.

본 시리즈물은 본래 책으로 출판할 계획은 없었지만, 진리를 알아보는 많은 분들이 자발적으로 출판을 제의하고 뜻을 모아 주셔서 이렇게 세 권의 책이 나올 수 있게 됨을 진심으로 고맙고 뜻깊게 생각합니다.

현대인들은 가치관의 붕괴로 인하여 삶의 길을 잃어버리고 혼돈과 무의미 속에 헤매고 있습니다. 저자는 이러한 한계 상황에 대한 돌파구를 마련하기 위해 인간의 삶 속에 과연 절대적으로 믿고 의지할 진리와 가치가 있는가를 평생의 화두(話頭)로 삼아 그 진실을 찾으려고 노력해 왔습니다. 그리하여 세상의 궁극적인 실체를 보았던 성자들의 사실과 이치에 입각한 가르침 속에 모든 문제에 대한 해답이 있음을 알게 되어 20년 전부터 인터넷과 강의를 통해 그 가르침을 전하여 왔습니다. 그 결과, 많은 사람들이 세상의 실상과 진리의 중요성을 알아보고 세상에 널리 퍼지기를 원했기에 이렇게 책으로까지 나오게 되었습니다.

여기서 제시된 답들은 특정 종교의 믿음이나 학문에서 나온 것이 아니라 세상 속에 있는 일들과 그 속에 깃든 진리를 근거로 했기 때문에, 편견 없는 마음으로 그 내용을 대하다 보면 세상을 하나로 보는 시각이 열릴 것이며 인생의 주인으로 살아갈 지혜와 용기를 얻게 될 것입니다. 더 궁금한 점이 있으면 '진실의 근원' 홈페이지(www.gincil.com)에 오셔서 질문해 주시면 하나하나 정성을 다해 설명해 드리도록 하겠습니다.

다시 한 번 출판을 위해 노력해 준 '진실의 근원' 회원들께 감사드리며, 특히 어두운 세상에 진리를 밝히기 위해 이 땅에 오셔서 핍박과 외로움 속에서 힘들게 살다 가신 스승님께 깊은 존경과 함께 이 책을 바칩니다.

저자 드림

PART 2

행복한 가정 만드는 법 97

PART 3

밝은 세상 만들기 135

PART 4

완성에 이르는 길 183

PART 5

세상의 실체 297

어려운 환경에서 독학으로 사회에 진출하여 현재 공직에 있음. 젊은 시절, 진리에 뜻을 두고 삶의 근본적인 존재 이유와 세상을 밝히는 길을 찾기 위해 각종 학문과 철학, 종교를 섭렵하고 각종 수행에도 정진하여 남들이 가보지 못한 경지를 체험함. 그러나 그 모든 곳에서 답을 찾지 못하다가 큰 깨달음을 얻은 스승을 만나 진리의 세계를 확연히 보게 됨. 1996년부터 홈페이지(www.gincil.com)와 강의를 통해 진실을 전하고 있음.

허해구 (저자)

Y대학교 재학생. 입시 지옥을 거쳐 대학에 입학했으나 논리와 암기로 이루어진 대학교육에 크게 실망을 하고 참된 교육이 무엇인지 고민하고 있음. 가정 형편으로는 감당할 수 없는 높은 등록금 때문에 현재 아르바이트를 해가며 힘든 대학 생활을 보내고 있으며 졸업을 하더라도 취업이 보장되지 않는 암울한 현실에 분노와 좌절감을 가지고 있음. 개인의 이상과 현실 사이에서 어떻게 살아야 할지 심각한 인생적 고민에 빠져 있음.

김종민 (28세, 남자 대학생)

K대학교 재학생. 어릴 때부터 부모님을 따라 교회에 다녔으나, 교회의 지나친 신비주의와 현실과의 괴리성에 회의감을 느끼고 최근 무교로 전향. 대학 입학 후 철학, 인문학 및 사회 활동에 깊은 관심을 가지면서 밝은 세상과 행복한 인간의 삶에 대해 관심이 많음. 현실에서 독립적인 생활능력을 갖추기 위해 열심히 노력하고 있으나 여자에 대한 보이지 않는 차별이 남아있는 우리나라의 현실에 무력감을 느끼고 있음.

박지윤 (22세, 여자 대학생)

조희경(36세,주부)

두 자녀의 엄마로 전업주부. 중소기업에 다니는 남편 월급으로 자녀의 교육비와 가계를 힘겹게 꾸려가고 있음. 갈수록 치열해져 가는 우리 사회의 교육열과 고질적인 비교 문화에 스트레스를 느끼고 있음. 희망이 보이지 않는 현실에서 벗어나고자 사주팔자, 무당, 종교 등에도 관심을 가지고 있지만, 길을 찾지 못해 답답해하고 있음.

백형식(47세,직장인)

대기업 20년 차 직장인으로 아내와 두 자녀를 거느린 가장임. 힘든 직장 생활과 주택대출금에 대한 압박감, 갈수록 증가하는 사교육비 등으로 심한 압박감을 느끼고 있음. 현실을 벗어나 진리와 이상을 추구하려 하나 평범한 인간으로서 벗어날 수 없는 현실을 안타까워하고 있음. 몸이 재산이라는 마인드를 갖고 있으며, 가끔 몸에 이상이 생기면 심한 불안감을 느낌.

김갑수(72세,은퇴 노교수)

K대학교 영문과 전직 교수. 3년 전 아내와 사별했으며 두 아들 모두 출가하여 현재 독거 중임. 학문에 관심이 많아 철학, 역사, 인문학 관련 서적들을 많이 섭렵했으며, 채울 수 없는 정신적 갈등을 해소하기 위해 최근 동양사상에 심취하고 있음. 경제적으로 먹고사는 데 큰 걱정이 없으나 아직 삶의 의미와 가치를 분명히 찾지 못해 정신적으로 많이 힘들어 하고 있음.

좋은 삶이란 무엇인가

살아가는 이유

...

우리가 인생을 살아가는 이유는
더 좋은 자기를 보기 위함이다.
이것은 사실에 근거한 진리 속에서
자신을 축복하는 원인을 지음으로써
가능해진다.

PART 1

인생이란 무엇인가

 김갑수(70대 노인)

제 나이가 올해 일흔다섯입니다. 주위에 많은 사람이 벌써 세상을 떠났고, 집사람도 작년에 세상을 떠났습니다. 형제들과 친구들도 점점 줄어들고 저 또한 이제 삶이 얼마 남지 않았습니다. 지금까지 인생을 오래 살아왔고 내일이라도 모든 것을 다 두고 떠날지 모르는데 아직도 인생이 뭔지 모르겠습니다. 대체 인생이란 무엇인가요?

 저자

인생이 무엇이며 어떻게 살아가야 하는가에 대한 의문은 생각을 가진 인간이라면 누구나 한번쯤 심각히 고민하는 문제지만 유사이래 우주의 비밀을 직접 볼 수 있었던 소수의 성자들을 제외하고는 이 문제에 대한 해답을 가진 사람은 거의 없었습니다. 그러나 오늘 그대와 좋은 인연이 있어 이 문제에 대해 이야기할 수 있게 됨을 무척 기쁘게 생각합니다. 사람이 태어나서 한평생 겪는 과정이 인생이지만, 아무리 유명한 석학이라도 인생이 뭐냐고 물으면 선뜻 대답하기란 쉽지가 않습니다. 그만큼 인생이란 단어에는 우주를 관통하는 깊은 의미가 깃들어 있습니다. 이런 말을 하면 사람들은 자신은 인생의 의미를 몰라도 잘 살아왔다고 큰소리치지만, 인생의 의미를 모르면 그만큼 자신의 행위와 삶의 결과가 혼란스럽고 모호해지게 됩니다. 오늘날 세상이 어두운 이유도 대부분의 사람들이 인생의 의미와 가치를 모른 채 세상이 흘러가는 대로 부대끼며 살아왔기 때문입니다. 그러므로 우리가 삶을 방황하지 않고 올바로 살기 위해서는 인생의 의미와 목적을 분명히 알아야 합니다.

한마디로 인생(人生)이란 사람이 나서 경험하게 되는 한 생애(生涯)를 말합니다. 사람은 자신의 생애 동안 자신의 삶을 짓게 되며 그가 지은 모든 것이 곧 그 사람의 운명과 가치를 결정짓게 됩니다. 따라서 인생을 모른다는 것은 삶을 제대로 살 줄 모른다는 말이며, 지금 내가 하는 일이 나에게 어떤 의미가 있는지, 어떤 결과를 가져오는지에 대해 전혀 알지 못하기 때문에 자신의 삶을 보람 있고 가치 있게 만들 수 없는 것입니다.

더욱이 지금 이 세상에는 인생을 가르치는 사람도 없고 알려고 하는 사람도 없어서, 대부분의 사람들은 눈앞에 있는 어두운 현실만을 보고 세상이 온통 혼돈과 무질서 투성이이며 인생은 던져진 고깃덩어리에 불과하다고 생각하여 욕망과 쾌락 속에서 함부로 살아가고 있습니다. 물론 인간이 죽어 영혼을 남기지 않고 '펑' 하고 사라진다면 제멋대로 살아도 되고 인생의 의미를 알 필요가 전혀 없습니다. 그러나 콩이 콩을 남기듯 인간도 결과체인 영혼을 남기기 때문에 삶의 의미

와 가치를 찾고 끝없이 좋은 자기를 지어야 하는 것입니다.

이처럼 원인에 따라 결과가 나타나는 것이 세상의 이치이기에, 인간은 인생을 어떻게 사느냐에 따라 자신이 바라는 최고의 존재가 될 수도 있고, 원하지 않는 불행한 자신을 만나기도 합니다. 이처럼 삶은 자기를 짓는 과정으로 자기 속에 온갖 일을 일어나게 하므로 우리는 삶 속에 있는 일을 통해 끝없이 자신의 미래를 새롭게 만들어 나가야 합니다.

인간의 삶 속에는 이러한 무한한 가능성이 주어져 있기에 끝없이 진리를 찾아 좋은 자기를 만들어간 사람은 인간 완성을 이루는 것이며 길을 모르고 무지와 어둠 속에 빠진 자는 스스로 도태되어 소멸의 길로 들어서는 것입니다. 따라서 인간이란 매우 고귀한 존재이며 우리에게 주어진 이 삶은 매우 소중한 기회인 것입니다.

이 세상은 신성한 뜻에 의해 나타난 완전한 조화체이며, 인간은 신성(불성, 절대자, 조물주, 하느님)으로부터 나타나 완성을 이루기 위해 살아가는 고귀한 존재입니다. 그러나 지금 이 세상에는 진리가 흐려지고 인간의 마음이 어두워져 이것을 받아들이는 사람이 많지 않습니다. 그러나 이러한 진실을 깨닫고 이해하는 것은 인생에서 매우 중요한 일이며 세상을 바로 보는 정견과 지혜의 기초가 됩니다.

이 세상은 완전한 질서로 짜인 법계(法界)이며 세상과 나는 하나로 이어져 있습니다. 거기에는 우리의 삶과 세상을 관장하는 영원불변하고 완전한 인과의 법칙이 자리 잡고 있어서, 바르고 좋은 뜻은 인간 완성과 지상천국을 가져다주고, 그르고 나쁜 뜻은 인간을 불행하게 하며 세상을 파멸시키는 결과를 가져오게 됩니다. 따라서 우리는 이러한 완전한 우주의 법칙을 두려워하고 양심에 어긋남 없이 세상에 좋은 뜻을 지으며 살려고 노력해야 합니다. 그래서 우리가 세상에 하나의 좋은 원인을 짓는다면 좋은 원인은 좋은 환경을 만들고, 좋은 환경은 그 속에 있는 모든 존재를 좋게 만들며, 또다시 좋아진 사람은 그 주위에 있는 환경을 더욱 좋게 만드는 선순환을 계속 이어가게 됩니다.

그러나 무엇보다도 우리가 인생의 의미를 바로 알고 살아가야 하는 이유는 그 속에 자신과 세상을 축복하는 사랑과 완성의 길이 있기 때문입니다. 인간은 타고난 근본을 밝혀 바른 이치에 따라 세상을 축복하면 그 마음이 맑아지고 의식의 근본 에너지인 진기(眞氣)가 쌓여 완성에 이르게 됩니다.

인간이 자신을 완성할 수 있다는 것은 인간에게 신의 속성과 무한한 가능성이 있으며 우리가 지은 모든 일이 세상을 변화시킬 수 있는 힘을 가진다는 것을 의미합니다. 조물주가 우주의 주체이듯, 그 분신인 인간도 자율성과 창조성을 가지고 세상의 주인으로 움직이고 있는 것입니다. 따라서 어떤 미래를 만들 것인가는 살아 있는 생명의 주체인 우리가 짓는 원인에 따라 달라지는 것이며, 어떠한 인생을 만들 것인지도 각자에게 달려 있는 것입니다.

 김갑수(70대 노인)

저는 인생을 살면서 삶의 의미에 대해 알려고 제 나름대로 열심히 노력해 왔습니다만 아직까지 제 눈에는 그 속에 있는 뜻과 이치가 보이지 않습니다. 제가 이 나이가 될 때까지 인생을 바로 보지 못하고 그 속에 있는 뜻을 이해하지 못하는 이유는 무엇입니까?

 저자

인류가 지난 수천 년 동안 진리를 알고자 노력해 왔지만 실패한 이유는 하늘의 뜻이 완전하여 자기가 행한 만큼 얻고 자기 그릇만큼 볼 수 있게 해놓았기 때문입니다. 그래서 완전한 경지에 오른 성자(聖者)는 세상을 모두 본다고 해서 '깨달았다'고 하고, 중생(衆生)은 눈앞에 있는 일도 제대로 보지 못한다고 하여 '눈뜬장님'이라고 하는 것입니다. 그래서 일반 사람은 자신의 시력만큼 세상을 볼 수 있기 때문에 세상의 비밀을 알 도리가 없었던 것입니다.

그동안 수많은 구도자들이 진리를 알고 인간 완성의 경지에 이르려고 노력했으나 그 꿈을 이루지 못하고 산야에서 외로이 스러져간 것 또한 눈과 마음이 어두운 중생이 스스로 길을 찾아 진리를 실천하고 마음을 닦기가 거의 불가능했기 때문입니다. 그래서 부처님은 진리의 인연을 만나지 않고서는 스스로 깨달음을 얻을 수 없다고 한 것입니다.

따라서 사람이 단순히 공부를 많이 하거나 오래 살았다고 해서 삶의 의미와 세상이 돌아가는 이치를 볼 수 있는 것이 아니며 반드시 진리의 인연을 만나 깨침이 있어야 합니다. 인간이 아무리 나이를 많이 먹어도 진리의 인연을 만나 성자들이 밝힌 실상과 생명의 이치를 깨우치지 못하면 절대 스스로 세상이 돌아가는 원리와 인생의 의미를 이해할 수 없습니다.

 백형식(40대 직장인)

정치, 경제, 사회 심지어 종교에서조차 매일 안 좋은 소식이 들려오고 있어 세상이 굉장히 어지럽고 무서워지고 있습니다. 이런 혼탁한 세상에서 인간은 삶의 중심을 어디에 두고 살아야 할까요?

 저자

님이 말한 것처럼 지금은 매우 어두운 세상으로 삶의 기준이 무엇인지, 어떻게 살아야 할 것인지 길이 잘 보이지 않습니다. 그래서 사람들은 자신이 의지할 것은 현실에서 성공하는 것밖에 없다고 생각하여 자신의 출세를 위해 수단과 방법을 가리지 않고 서슴없이 나쁜 짓을 저지르고 있습니다. 그 결과 오늘날 인간 세상은 모든 악과 어둠이 들끓는 오탁악세(五濁惡世)처럼 변하고 말았습니다. 더구나 요즘은 이치가 흐려진 시대 흐름에 편승해 상대적인 진리마저 유행하고 있으니 사람들의 눈은 한 치 앞도 바로 볼 수 없게 되었습니다.

따라서 이러한 한계에서 벗어나기 위해서는 사실을 사실대로 비추는 '진리의 빛'이 필요합니다. 진리의 빛이 나타나면 어둠과 혼란은 사라지고 모든 것이 분명해져, 모든 불행에서 피할 수 있으며 자신이 소망하는 결과를 얻을 수 있게 됩니다.

성자들이 완전한 눈을 얻고 나서 밝힌 진실도 바로 이 세상이 완전한 법계이며 한 치의 어김없는 법칙이 흐르고 있다는 사실이었습니다. 이러한 진실은 태초부터 영원했으니 성자들도 본래부터 존재한 이러한 사실을 보고 그것을 있는 그대로 밝혔을 뿐입니다. 그래서 노자나 석가나 예수 모두 있는 일을 있는 그대로 진실하게 밝혔다는 점에서 밝히고자 했던 진실과 진리는 모두 다 똑같습니다. 다만 환경과 풍토가 다르다 보니 그 말이 변형되어 달리 보일 뿐입니다.

따라서 이 세상 속에 태어나 살아가는 인간은 본래부터 정해진 자연의 실상과 이치에 따라 살아갈 때 자연의 흐름과 조화되어 거짓되거나 부실함이 없이 보람되고 가치 있는 삶을 살아갈 수 있는 것입니다.

그럼 진리가 무엇인지 말씀드리겠습니다. 진리란 수학의 공식과 같이 태초부터 정해져 있는 이 세상을 이루는 이치이며, 원인이 있어야 결과가 생기며 지은 대로 받는다는 법칙입니다. 이러한 인과의 이치는 한 치의 어김이 없고, 영원불변합니다.

　이러한 진리는 모든 성자들의 공통된 가르침이며, 세상의 일은 이처럼 정해져 있는 진리에 의해 이루어지기 때문에 진리의 공식에 따라 행하지 않을 때는 결코 원하는 결과를 얻지 못합니다.

　진리가 존재한다는 것은 인간이 좋아지고 나빠지는 일, 사업이 성공하고 실패하는 일, 세상이 흥하고 망하는 일, 개인이 구원받고 지옥에 가는 일도 모두 그 이치가 정해져 있다는 것을 뜻합니다.

　농부가 풍년을 이루기 위해서는 땅을 일구고 씨를 뿌리고 거름을 주고 잡초를 뽑고 가지를 쳐주는 원인을 지어야만 합니다. 만약 이러한 진리를 무시하고 씨만 뿌려놓고 풍년을 바라거나 하느님의 뜻을 행하지 않고 기도로만 구원을 원한다면 결코 원하는 것을 얻을 수 없으니 이러한 일들은 이치와 사실 속에 나타날 수 없는 일들로 '거짓' 또는 '환상'입니다.

　따라서 거짓과 환상을 멀리하고 존재하는 사실과 이치에 의지해 살 때 우리의 삶은 참되고 거짓이 없으며 자신의 소망을 이루고 원하는 결과를 얻을 수 있게 됩니다.

행복이란 무엇인가

조희경(30대 주부)

모든 사람이 행복을 간절히 원하지만, 행복해 보이는 사람은 찾아보기 힘듭니다. 사람에게 있어서 행복이란 무엇이며 어떻게 해야 행복을 얻을 수 있을까요?

저자

사람들은 행복이라는 단어 속에 가지고 싶은 모든 조건들을 담고싶어 합니다. 그러나 인간세상에서 행복이란 '배고프지 않고, 근심 걱정이 없으며, 외롭지 않으면' 다가오는 것입니다. 이러한 행복은 하늘에서 내려주거나 수고 없이 저절로 오는 것이 아니라, 근면하고 검소하고 정직한 삶을 통해 자신 속에 일구어야 오는 것입니다.

일상생활에서 근면하여 열심히 일하면 삶에 부족함이 없고, 검소한 생활로 돈을 지키면 근심 걱정을 덜 수 있으며, 마음이 밝고 정직하면 사람이 떳떳해지고 누구나 좋아하는 법이니 외롭지 않게 됩니다.

삶에서 근면, 검소, 정직이라는 세 가지 덕목을 지킨다면, 비록 세상과의 인연이 없어 큰 부와 권력과 명예를 얻지 못한다 해도, 밝고 건강한 삶과 행복을 이룰 수 있으며 좋은 영혼을 얻을 수 있습니다.

 조희경(30대 주부)

고독사를 맞이하는 노령인구가 증가하고 혼자 살아가는 사람들이 많아지는 것을 보면 현대인들은 모두 외로움 속에 있는 것 같습니다. 어떻게 하면 외로움을 극복하고 행복하게 살 수 있을까요?

 저자

외롭지 않다는 것은 인간이 가져야 할 가장 중요한 행복의 조건 중 하나입니다. 그런데 지금 자신이 외로움을 느끼고 있다면 그것은 행복을 가져다주는 가장 중요한 요소를 갖추지 못하고 있다는 것을 의미합니다. 이런 현상이 나타나는 이유는 자기 속에 자신을 외롭게 하는 요소가 있기 때문입니다. 소극적이고, 상대에게 줄 것이 없고, 베푸는 자비가 없는 것입니다. 쉽게 말해, 줄 것이 없으니 상대를 끄는 매력이 없고, 상대에게 다가갈 용기가 없는 것입니다.

외로우면 좋은 인연을 만들어야 합니다. 운명의 주체는 자신이니, 자기가 인연을 만들지 않으면, 좋은 인연이 생겨나지 않습니다. 좋은 사람이 있으면, 과감히 인연을 맺을 원인을 시도해 봐야 합니다. 시도도 하지 않고 좋은 인연이 생기기를 바라는 것은 어리석은 일입니다. 시도도 하지 않고 좋은 인연이 생기기를 바라는 것은 감나무에서 감이 떨어지길 바라는 기약 없는 기다림에 불과합니다.

시도해 보고 인연이 있으면 맺어지는 것이며, 아무리 자신의 장점과 능력을 보여주어도 이를 외면한다면 이미 서로의 성품과 취향이 다른 것이니 인연이 아니라고 헤어지는 것이 좋습니다. 시도하지도 않은 인연이 생기기를 바라는 것처럼 어리석은 일도 없지만, 맞지 않는 인연을 억지로 이으려 하는 것처럼 바보스러운 짓도 없습니다. 이 세상에는 자신과 어울리는 좋은 친구, 좋은 배우자, 좋은 인연이 사람 수만큼이나 많이 있으니, 한 사람에게 너무 깊이 집착하여 애욕의 그물에 빠지는 것은 바람직하지 않습니다.

그리고 아무리 노력해도 좋은 인연을 만들지 못한다면 그것은 자기 속에 있는 부족함 때문입니다. 이것을 극복하기 위해서는 진리의 인연을 만나 세상을 바로 보고, 이치를 깨달아 자기를 바꾸어야 합니다. 만약 과거의 자기를 바꾸지 않으면, 자신의 운명을 쳇바퀴 돌듯 영원히 되풀이하게 됩니다. 돌감이 자신을 바꾸고 싶으면 과감히 자신의 줄기를 치고 그 위에 단감의 순을 접붙여야 하는 것이 분명한 세상의 원리입니다.

나는 변할 수 있는가

●

 질문 1 **조희경(30대 주부)**

저는 소심하지 않고 강한 모습을 보이고 싶습니다. 하지만 현재 제 모습은 의지가 약해서 처음 마음먹은 일을 끝까지 완수하는 경우가 드물고, 매사에 의기소침하며, 대인 관계에서도 위축되곤 합니다. 그래서 여러 단체에도 다니고 마인드 컨트롤도 배우고 했지만, '작심삼일', 아니 '작심하루'도 가지 못하고 다시 제자리였습니다. 그렇게 20여 년이 흘러 중년의 나이가 되었습니다. 어떻게 해야 제가 원하는 모습으로 변할 수 있을까요?

 답변 1 **저자**

인간에게는 업(業)이 있기 때문에 자신을 변화시키는 것은 단순히 마인드 컨트롤이나 명상만으로 해결되지 않습니다. 호박은 호박을 돌고 수박은 수박을 돌기 때문에, 현재 상태에서 자신을 변화시킬 주요한 원인을 행하지 않으면 자신은 지금과 같은 일을 되풀이하게 됩니다.

사람은 누구나 나름대로 정확한 판단과 행동으로 산다고 하지만, 자세히 들여다보면 사람마다 각자의 고유한 특성이 있습니다. 그 이유는 모든 사람이 타고난 '업(業)'이 다르기 때문입니다. 그러므로 있는 일을 판단할 때 인간의 시야는 '업'에 가려 자신 앞에 있는 문제에 대해 정확한 진단과 행동을 하지 못하게 됩니다. 그래서 자기 생각과는 달리 원하는 것을 이루지 못하고 살아갑니다. 그러므로 사람이 변하기 위해서는 먼저 '업'에 대한 이해가 필요합니다.

업이란 전생의 삶을 거쳐 자신 속에 쌓아왔던 일들을 말하며, 이 업은 과거에 있었던 일을 계속 되풀이하는 현상을 보입니다. 이런 반복 현상에 의해 어떤 작은 일도 저절로 사라지지 않으며 자신의 활동에 계속 영향을 주게 됩니다.

또한 이러한 업은 자신을 이 세상에 태어나게 한 근본 요소여서 쉽게 바꿀 수가 없습니다. 이런 이유로 돌감은 돌감의 운명을 돌고, 단감은 영원히 단감의 운명을 반복합니다. 그래서 운명을 고정된 것이라 여기는 이들도 많습니다.

그러나 모든 것이 고정되어 있다면 세상에 변화는 절대 일어나지 않을 것입니다. 하지만 인간이 가지고 있는 정신은 신성을 지니고 있어서 자율성과 창조성을 가지고 있습니다. 그래서 업에 의해 자기를 되풀이하고는 있지만, 깨침이 있으면 업의 충동에서 벗어나 바로 보고 바르게 행동하여 자신의 운명을 개척할 수 있게 됩니다. 여기에 인간의 고귀함과 무한한 가능성이 있습니다.

김갑수(70대 노인)

저도 그동안 효과가 있다는 각종 심리 프로그램이나 종교단체의 수행에 많이 참석을 했었습니다. 하지만 마음에 근본적인 변화를 느끼지 못하고 조금 변한 것 같다가도, 시간이 지나면 다시 제자리로 돌아오는 식이었습니다. 같이 참여했던 사람들 중에는 성격이 크게 변한 사람도 있어서 제 노력 부족인지 프로그램의 문제인지 아리송했습니다. 이런 정신 프로그램에도 잘 맞는 사람이 따로 있는 걸까요?

 답변 2 저자

과학과 진리는 예외가 없기 때문에 모든 사람에게 효과가 있다면 그것은 보편적이며 이치에 맞는 것이며, 누구는 가능하고 누구는 불가능 하다면 개인적이며 이치에 맞지 않다는 것을 의미합니다. 그러한 프로그램을 주관하는 이들은 그것으로 의식을 변화시킬 수 있다고 말하겠지만, 실제로 그런 프로그램들은 인간의 의식을 근본적으로 바꾸는 힘을 갖지는 못합니다. 왜냐하면, 대부분의 방법들이 생명의 실상을 바로 보지 못한 채, 인간의 생각으로 만든 가설로 이루어져 있기 때문입니다.

물론 각종 심리 프로그램이나 수행들이 자신의 마음을 돌아볼 수 있는 방편은 될 수는 있습니다. 그리고 그러한 과정을 통해서 혼란하고 출렁거리던 마음이 가라앉고 안정될 수는 있겠지만, 이는 일시적인 현상일 뿐이며 세상일에 부딪히게 되면 어김없이 마음이 흔들려 언제든 다시 나타나게 됩니다. 그러한 방법을 행하면 한동안 자신이 변한 것 같지만, 결국엔 자신 속에서 일어나는 업의 충동을 이기지 못하고 다시 옛날로 돌아가고 맙니다.

사람의 의식은 인위적으로 만든 학습프로그램으로 일시적으로 감정에 충격을 준다거나 논리를 주입한다고 해서 변할 수 있는 것이 아닙니다. 인간의 의식은 참된 생명의 실상과 이치에 대한 깨우침을 얻어 '업'에 근본적인 변화가 있기 전에는 절대로 변하지 않습니다.

업이란 과거의 삶을 통해 자신 속에 들어온 것으로 실재적인 요소입니다. 따라서 땅에 넘어진 자는 땅을 짚고 일어서야 하며, 삶을 통해 지은 업은 반드시 현실 속에서 그에 상응한 원인을 지어야 합니다. 그러므로 자신을 변화시키고자 한다면 진리의 인연을 만나 생명의 근본 원인과 길을 알고 깨우침을 얻어 자신을 변화시키는 새로운 원인을 지어야 합니다.

그리고 여기서 한 가지 유념해야 할 것은 일부 영적 수행 단체에서 하는 심리 개조 프로그램들은 그곳에 있는 탁한 기운들에 의한 영적(靈的) 감염의 위험이 상존해 있습니다. 그러한 이유로 그곳에 참석했던 사람들 중에는 성격이 변하는 사람도 있습니다. 그러나 세상의 실상과 이치를 깨우치고 세상을 보는 지혜가 커지지 않은 상태에서 내면적인 변화가 나타난 것이라면, 그것은 외부의 기운에 의한 감염으로 자신의 정신이 마취되고 있는 상태이니 매우 조심해야 합니다.

김종민(남자 대학생)

평소에 생활하면서 의지를 강하게 키울 수 있는 방법은 없을까요? 예를 들어, '극기 훈련'에서 하는 것처럼 '얼음물에 들어가기' 같은 시도가 도움이 되겠습니까?

저자

　현실의 어려움을 이기는 것과 육체적 고통을 참는 것은 방향이 다르니 그러한 시도는 정신을 강화하는데 별로 큰 도움이 안 됩니다. 근본적으로 의지가 강해지기 위해서는, 우선 밝고 당당한 마음을 얻어야 합니다. 마음이 밝아지면 지혜를 얻게 되며, 해야 할 일과 하지 말아야 할 일을 알게 되어 무슨 일을 대하든 떳떳해지고 당당해질 수가 있습니다. 그러면 업의 충동에 휘둘리지 않고 세상 속에 있는 일을 제대로 보고 행동할 수 있게 됩니다.

　마음이 밝고 당당해지기 위해서는 무엇보다 거짓을 행하지 않아야 합니다. 거짓이 없어야 마음에 어둠이 없고 진실해져 그 맑은 마음에 세상일이 있는 그대로 비치게 됩니다.

　그 다음으로 '세상의 일'을 깨쳐야 합니다. 세상일을 바로 알아 무지에서 벗어나면, 사실 속에서 마땅히 해야 할 일들이 나타납니다. 즉, 이웃을 축복하고, 사회를 밝게 하며, 자신을 완성하는 일이 모두 이치 속에 드러나게 됩니다. 세상의 진실을 알게 되면, 자신을 불행으로 이끌고 세상을 망치는 일은 하지 않게 되며, 자신을 행복과 완성으로 이끄는 일을 할 수 있게 됩니다. 그래서 사실을 제대로 알지 못하는 무지가 모든 죄와 불행의 원인이 되는 것입니다.

　따라서 주어진 현실 속에서 자신과 세상을 위해 해야 할 일을 분명히 보게 되면, 양심에 벗어난 잘못을 지을 수가 없으며 마땅히 해야 할 일들을 열심히 실천하게 됩니다. 그래서 사실을 있는 그대로 바로 아는 깨침이 모든 선(善)의 근본이며, 의지를 키우는 기초입니다. 그리하여 업의 충동을 극복하고 바른 원인을 지음으로써 양심과 용기와 진실과 의지와 같은 좋은 근본을 얻어 큰 인물이 되며, 인간 완성에도 이르게 되는 것입니다.

이 세상은 완전한 법계로 뜻과 이치로 지어져 있습니다. 따라서 흥하고 망하는 것, 행복해지고 불행해지는 것, 완성되고 소멸하는 것 모두 그러한 뜻과 이치 속에 나타나고 있습니다. 그러므로 흥하는 뜻에 따라 좋은 원인을 지으면 사회는 발전하는 것이고 망하는 뜻에 따라 나쁜 원인을 지으면 사회는 망하는 것이며, 완성에 이르는 좋은 원인을 지으면 반드시 좋은 자신을 이루어 행복한 삶과 좋은 운명을 얻게 되고, 나쁜 원인을 지으면 불행한 운명과 나쁜 과보를 받아 결국 자신의 영혼마저 보존하지 못하게 됩니다.

이처럼 세상의 모든 일이 완전한 뜻과 이치 속에 있으니, 사실과 이치에 따라 자신의 정신과 양심을 완성시키는 원인을 짓는 것이 가장 올바른 해결책이며 인간이 가야 할 참된 길입니다.

착함과 어리석음

조희경(30대 주부)

어릴 땐 착하기만 하면 좋을 줄 알았는데, 나이가 들면서 그게 어리석어 보일 때도 있습니다. 과연 착하게 사는 게 정답인가요?

저자

사람들은 보통 남에게 무조건 베푸는 마음을 가지고 사는 사람을 '착한 사람'이라고 합니다. 하지만 남에게 무조건 베푸는 사람은 좋은 사람이 아니라 '어리석은 사람'에 가깝습니다. 이런 사람은 판단력이 흐리고 결단력이 부족해 무조건 남을 따라가다가 낭패를 당하게 됩니다.

세상일은 나도 좋고 남도 좋고, 처음도 좋고 결과도 좋아야 합니다. 그러려면 사실과 이치에 맞게 해야 합니다. 어두운 세상에는 선과 악이 혼재하고 사람이 사람을 속이는 경우가 많으므로, 상대를 제대로 모른 상태에서 무조건 믿고 따르게 되면 오히려 이용을 당하고 큰 손해를 보게 됩니다.

따라서 항상 상대를 바로 보고 상황에 맞게 행동해야 합니다. 순하고 착한 이들을 대할 때는 자신의 마음을 다해 정성껏 대해야겠지만, 상대가 악하거나 음모를 가진 자일 때는 경계하여 상대가 잔꾀를 피우거나 나쁜 짓을 꾸미지 않도록 대비해야 합니다. 일을 대할 때 사실 관계를 확인해야 실수가 없는 것처럼 사람과의 인연도 항상 상대방을 확인하는 것에서부터 시작해야 합니다.

만약 의도하지 않는 결과가 나온 경우는 상황을 바로 파악하지 못하거나 상대방에 대한 대처가 잘못되었거나 일을 추진하는 노력이 부족했기 때문이니, 항상 좋은 결과가 나타날 수 있도록 판단을 잘하고 사실에 맞게 행동해야 합니다. 이것이 도처에 위험이 도사리고 있는 현실을 살아가는 지혜입니다.

사람들은 자신이 좋은 일을 한다고 말합니다. 하지만 주변의 사람들이 대부분 좋은 일은 안 생기고 오히려 피해를 보고 고통받는 결과가 나온다면 그 어떤 변명에도 불구하고 그 사람은 나쁜 일을 한 것입니다.

결국, 착하다거나 좋다는 것은 항상 결과를 보고 판단해야 합니다. 좋은 결과가 있어야지 좋은 일을 한 사람이며 착한 결과가 있어야지 착한 사람이 되는 것입니다. 좋은 일을 하려고 했으나 나쁜 결과를 가져온 사람은 좋은 일을 하려고 한 사람에 불과합니다. 사랑을 했으나 좋은 결과를 얻지 못한 짝사랑에 불과한 것입니다. 따라서 옳고 그름을 바로 보아 사실과 이치에 맞게 행하고 자기중심이 있어 남에게 휘둘리지 않으며 남에게 도움이 되는 일을 기꺼이 행할 수 있는 양심과 용기 있는 사람이 진짜 착한 사람이라고 할 것입니다.

말씀에 공감은 하지만, 아직 좀 막연하기도 합니다. 나의 행동이 어리석지 않고 좋은 행동이 되려면 기준이 있어야 할 텐데요. 그렇다면 과연 옳고 그름과 좋고 나쁜 기준은 무엇인가요?

 저자

진리가 희미해진 세상에서 옳고 그름과 좋고 나쁜 기준을 찾기란 매우 어렵습니다. 왜냐하면, 어두운 세상에서는 진실보다 잘못된 가르침이 더 위세를 떨치기 때문입니다. 요즘 세상에서 흔히 말하는 '진리'라고 하는 말만 봐도, 기독교, 불교와 같은 종교단체, 철학, 심지어 사이비 단체에서도 모두 '진리'라는 말을 외치고 있지만, 그 뜻은 천차만별입니다.

따라서 언제 어디서 누구나 부정할 수 없는 분명한 기준을 찾아야 합니다. 그것은 바로 사실과 이치입니다. 사실이란 이 세상이 존재하고 있는 바탕으로 이것을 부정하면 발을 땅에 딛고 살 가치가 없습니다. 따라서 사실에 일치하면 그것은 진실이며 옳은 것이고 사실과 다른 것이면 거짓이며 환상이며 그른 것입니다.

그리고 좋고 나쁨의 기준은 '현실의 결과' 입니다. 사실 속에서 좋은 결과가 나타나면 그 일은 좋은 일이며 좋은 원인이며 좋은 행동입니다. 하지만 자기가 좋은 마음으로 남을 도왔다 해도, 그로 인해 오히려 세상을 어지럽히고 상대를 불행하게 만들었다면 그것은 나쁜 일이며 어리석은 행동입니다.

따라서 좋은 결과가 나타나길 원한다면 그 일이 나타날 수 있게 사실에 맞는 원인을 지어야 합니다. 이것은 초등학생도 알고 있는 매우 쉬운 말이지만, 대부분의 사람들이 본인이 원하는 결과를 얻지 못하는 이유는 사실을 있는 그대로 보질 못하기 때문입니다. 즉, 세상 속에 '사실'로 펼쳐진 일들을 제대로 알지 못한 채 있는 일을 기준으로 하지 않고 정과 업에 이끌려 무지한 행동을 하고 있는 것입니다.

그러므로 사실이야말로 옳고 그름과 좋고 나쁨을 구분하는 기준입니다. 그러나 세상을 바로 보는 눈은 지식을 배우듯이 하루아침에 얻을 수는 없습니다. 이러한 시각과 지혜는 과거부터 자신에게 있었던 진리와의 인연과 선근(善根)에 의해 나타납니다. 자신 속에 진실이 쌓여 마음에 거짓이 없고 맑다면, 세상을 있는 그대로 알아보고 자신과 세상에 복이 되는 일을 많이 하겠지만, 진실이 없고 선근이 미약한 이는 아무리 눈앞에 진실을 보여주어도 알아보지 못하고 엉뚱한 일을 하게 됩니다.

따라서 세상을 바로 보기 위해서는 세상을 있는 그대로 밝혀주는 참된 진리의 인연을 만나야 합니다. 불빛 하나 없는 어두운 세상에선 혼자서 길을 찾기란 불가능하며 작은 진리의 불빛이라도 있어야만 그에 의지하여 앞으로 나아갈 수 있는 것입니다.

불안감과 대인공포증

 김갑수(70대 노인)

제 손자가 군대를 다녀온 후 대학을 졸업하게 되어 지금 취업 준비를 하고 있습니다. 한데 면접 볼 때 심한 울렁증이 생겨 심한 불안감으로 자신의 의사를 제대로 전달하지 못한다고 합니다. 평소 일상생활에서는 전혀 문제가 없는데 말입니다. 원인은 무엇이며, 어떻게 해야 낯선 사람들 앞에서 자신의 감정을 잘 조절할 수 있을까요?

 저자

사람의 정신은 자신 속에 있는 업, 즉 선천적으로 타고난 마음의 어둠(무지, 무명)이 강하면 강할수록 정신이 흐리고 허약하며, 업이 사라져 정신이 맑아질수록 내면의 동요가 없고 강한 의지로 행동하게 됩니다.

그래서 업이 많고 근기(根基)가 허약한 사람일수록 내면에 깃든 어둠이 강하게 작용하기 때문에 위기에 부딪히면 제정신을 차리지 못하고 혼미하게 되는 것입니다. 이처럼 인간의 의식을 흐리는 원인에는 타고난 허약한 근기가 가장 큽니다.

그다음으로는, 타고난 의식은 좋은데 잘못된 인연으로 탁한 기운이 들어와 영적 감염이 일어날 때 이러한 현상이 일어납니다. 즉, 다른 영적 존재가 인간의 의식을 감염시킬 때 그는 자신의 맑은 정신을 유지하지 못하고 영(靈)의 충동으로 삶을 힘들게 살아가게 됩니다.

세 번째로, 나쁜 환경에서 성장하여 그 의식이 밝게 자라지 못하고 시달렸을 때 인간의 정신은 정상적으로 작동하지 못하게 됩니다. 사람은 사실을 사실대로 바로 보고 올바르게 판단하며 항상 자기 정신으로 밝고 당당하게 살아야 합니다. 그런데 살아가는 과정에서 밝은 삶을 체험하지 못하고 거짓과 죄와 공포에 찌들게 되면 그 마음이 어두워지고 시들게 됩니다.

인간은 이미 현실 속에 던져진 실존적인 주체입니다. 자기 자신 이외에는 아무도 자신의 문제를 풀어줄 사람이 없으며 자신의 운명은 자신이 개척해 나가야 합니다. 자기 자신과 가족, 그리고 주변의 어려움을 해결할 수 있는 것이 오직 자신밖에 없다는 사실을 분명히 알게 된다면 그가 할 수 있는 일은 자기를 극복하든가 아니면 도태되어 사라지든가 둘 중 하나밖에 없습니다.

따라서 이제 그가 앞으로 해야 할 일은 사실과 이치를 바로 보고 용기를 내어 앞으로 나가는 수밖에 없습니다. 내면에서 요동치고 있는 두려움과 떨림은 반드시 극복해야 할 과제로 그 일을 자신의 인생을 완성해 나가는 주요한 과정으로 삼아야 합니다.

사람의 몸과 마음은 순환을 통해 점점 더 강해집니다. 나에게 의지와 노력이 있어 몸과 마음을 새롭게 만들고자 한다면 반드시 결과는 나타나게 되어 있습니다. 따라서 어떤 상황에서도 흔들리지 않는 맑은 자기를 만들겠다는 소망을 내어, 작은 일부터 시작하여 맑은 정신과 당당한 자기를 이루려고 노력해야 합니다. 한 번 해서 안 되면 끝까지 포기하지 않는 의지와 용기로 계속 도전하여 반드시 자기를 극복해야 합니다.

그렇다고 벽창호같이 막무가내면 안 되며 사실과 이치로 진실만을 가지고 도전해야 합니다. 자신이 진실하다면 세상 어느 누구도 두렵지 않으며, 하늘을 우러러 당당하고 떳떳할 수 있습니다. 그러면 언제 어디서든 용기 있게 자신을 표현할 수 있으며, 주어진 일에 적극적인 자세로 임할 수 있습니다. 따라서 평소에 마음에 거짓과 어둠이 없이 당당하게 살려고 노력해야 하며 자신에게 주어진 열등감은 끊임없는 의지와 용기를 내어 극복해 나가야 할 것입니다. 이런 일이 자꾸 쌓이게 되면 점차 두려움을 극복하고 자신감이 생겨 세상을 바로 보게 될 것입니다.

 백형식(40대 직장인)

사람은 누구든지 조금씩 열등감을 가지고 있다고 생각합니다. 하지만 생활에 지장을 줄 정도라면 문제가 됩니다. 바쁜 현대인들이 생활 속에서 열등감을 줄이거나 해소할 수 있는 간단하고 손쉬운 방법이 없을까요?

저자

열등감은 그 사람의 마음이 나타내는 종합적인 현상인데 어찌 간단하게 해결할 수 있겠습니까? 마음에는 타고난 성품과 자질, 업과 이생에서의 노력과 환경이 모두 담겨 있습니다. 따라서 열등감을 극복하기 위해서는 자신의 근본인 마음을 고쳐야 합니다.

사람의 마음은 이 우주에서 가장 맑고 영묘한 것이어서 조금이라도 부족하고 어긋난 것이 있으면 반드시 그 흠을 느끼게 됩니다. 인간은 이 흠을 없애고 완전해지기 위해 노력하는 데 바로 여기에 인간의 고귀한 가치가 있습니다.

이런 점에서 열등감은 더 나은 자기로 만들어가는 촉매제로 활용한다면 오히려 삶에 도움이 될 수 있습니다. 문제는 열등감이 긍정적으로 작용하지 못하고 부정적으로 작용할 때입니다.

만약 현실에 부작용을 느낄 정도로 열등감을 느낀다면, 왜 그런 문제를 지니게 되었는지 자신을 돌아봐야 합니다. 세상일은 한 치의 어김없는 인과의 이치로 이루어져 있기 때문에 문제를 살펴보면, 그 속에는 반드시 그 일을 있게 한 원인이 들어 있음을 알 수 있습니다. 따라서 잘못된 원인을 밝히고 이를 분석하여 잘못된 원인을 제거하는 적절한 원인을 지으면 그 문제는 반드시 풀리게 되어 있습니다.

그리고 열등감은 남보다 부족할 때도 생기지만, 너무 욕심이 많아서 원인을 짓지 않고 얻으려 하거나, 원칙을 지키지 않고 남보다 먼저 앞서가려고 할 때도 생겨납니다. 지나친 욕심은 정도를 벗어나게 하여 자신에게 화로 다가오는 경우가 많다는 것을 명심해야 합니다. 이 세상에 문제가 없고 부족한 것이 없는 사람은 없습니다. 다만, 대부분의 사람들이 큰 문제 없이 살아가고 있는 것은 자신의 흠과 부족함을 인정하며 자족하며 살아가는 지혜가 있기 때문입니다.

세상일은 아무리 욕심을 낸다 한들 욕심이 문제를 해결해 주지 않으며, 짓지 않은 일이 생기지도 않습니다. 따라서 현실과 동떨어진 지나친 욕심을 내지 말고 상황을 정확히 파악한 후 문제를 해결할 수 있는 원인을 차근차근 지어나간다면, 큰 갈등 없이 현실을 헤쳐 나갈 수 있을 것이며, 새로운 인연을 얻어 더 큰일을 할 수 있게 될 것입니다.

마음의 힘과 그 진실

질문 1

박지윤(여자 대학생)

자기계발서 중에 『시크릿』, 『호오포노포노의 비밀』과 같은 책은 '마음의 힘'에 대해 강조하고 있습니다. '끌어당김의 법칙'을 강조하기도 하고, '마음의 정화'를 이야기하기도 합니다. 과연 그 책들에서 이야기하는 것처럼 마음가짐에 따라 우리가 원하는 것들을 이룰 수 있을까요?

답변 1

저자

인간의 주체는 의식이며 세상은 뜻으로 움직이기 때문에 우리가 어떤 마음을 지니느냐가 매우 중요합니다. 우리 주위를 봐도, 어렵고 멀게만 보이던 일들을 성취해내는 사람을 보면, 일을 대할 때 매사 긍정적이고 적극적으로 해내려는 마음가짐을 가지고 있습니다. 이처럼 '마음의 힘'은 매우 중요합니다.

하지만 그 '마음의 힘'만으로 내가 원하는 것을 이뤄내는 데는 분명한 한계가 있습니다. 왜냐하면, 세상은 이미 지어진 여러 가지 복합적인 원인들로 인해 결과가 나타나고 있기 때문입니다. 따라서 객관적으로 존재하고 있는 일들을 무시하고 내 마음만으로 모든 것을 조절하는 것이 가능하다고 생각하는 것은 하나의 상상이며 이데올로기에 지나지 않습니다.

그리고 보통의 인간이 지닌 의식의 힘은 매우 약해 자신이 해야 할 일도 제대로 실천하지 못하는데, 거의 불가능에 가까운 일들을 생각만으로 이룰 수 있다고 주장하는 것은 사람을 환상 속에 집어넣어 비현실적으로 만드는 잘못을 범할 수 있습니다.

따라서 내가 원하는 게 있어 성취하고자 한다면 긍정적이고 적극적인 마음가짐으로 내게 닥친 문제를 정확히 파악하고 거기서 나온 해결책을 강한 의지와 용기로 실행해야만 비로소 자신이 품은 소망을 이룰 수 있습니다.

 김갑수(70대 노인)

저는 중년부터 불교에 관심이 있어, 수십 년간 '일체유심조(一切唯心造)'라는 말씀을 좌우명으로 새겨왔습니다. 어떻게 보면 불교에서 강조하는 '일체유심조'와 『시크릿』 같은 책의 이야기들은 일맥상통해 보입니다. 그렇다면 그 책이 어느 정도는 일리가 있는 게 아닌가요?

 저자

인간이 만물의 영장인 것은 마음을 가지고 있기 때문이니, 마음의 중요성은 아무리 강조해도 지나치지 않습니다. 그러나 마음이 모든 것을 결정한다고 생각하는 것은 사실을 정확히 보지 못한 시각입니다. 만약 어떤 일을 이루려 한다면 객관적인 상황과 그 일에 필요한 원인을 살펴 그에 맞는 정확한 대책을 실천해야지, 마음만으로 모든 것을 좌우할 수 있다고 생각한다면 농부가 농사를 짓지 않고 생각만으로 풍년이 들기를 바라는 것과 다를 바가 없습니다.

보통 우리는 '일체유심조'라는 말을 원효가 썩은 물을 마신 일화를 통해 많이 들었는데, 그 이야기를 확인 없이 믿는다면 심각한 오류에 빠질 수 있습니다. 왜냐하면, 썩은 물로 인해 생겨날 몸의 이상증세가 마음가짐에 따라 사라질 수는 없기 때문입니다. 아이가 식중독에 걸릴 때 음식물에 식중독균이 있는 것을 모르고 먹었다고 식중독균이 사라지는 것도 아니며, 아이의 내성이 약하면 반드시 탈이 납니다. 이것이 해골 이야기의 진실입니다.

일체유심조란 말은 기원후 1~2세기에 대승불교가 일어나 우주의 근원에 대한 관념적인 사변이 성할 시에 우주의 근원을 '공'이라고 말한 중관론(中觀論)에 반발해 우주의 근원을 '마음'이라고 한 유식론자(唯識論者)들의 주장에서 비롯되었습니다. 그들은 온 우주가 모두 마음으로부터 나타났다고 주장하며, 마음이 세상의 주체로서 마음만 있으면 모든 것을 조정하고 해결할 수 있다고 이야기합니다.

그러나 부처님이 우주의 근원을 마음이라 한 적이 없으며, 여기에 대해서는 '무기(無記)'라 하여 답을 하지 않았습니다. 다만, 이 우주는 실재하는 것으로 '있는 일' 사이의 인과관계(因果關係)에 의해 끝없이 변화한다고 했을 뿐입니다.

모든 일은 사실로 존재하는 일을 원인으로 하여 변화가 나타납니다. 따라서 '있는 일'을 무시하고 모든 것을 마음으로만 해석한다면 사실을 경시한 대가를 받게 됩니다. 이것은 역사 속에서도 어렵지 않게 찾아볼 수 있습니다.

근대역사에서 동양이 힘을 잃고 서양의 식민지로 수모를 당한 이유가 바로 사실적인 시각을 잃고 모든 것을 마음으로 치부하는 관념에 빠졌기 때문입니다. 사실과 이치를 중시하는 실상법과 인과법은 부처님의 핵심 가르침이었는데, 서양은 근대 산업혁명 이후 자연 속에 흐르고 있는 과학적 원리를 밝혀 강대국이 되었지만, 동양은 오히려 이를 무시하고 추상적 관념의 늪에 빠짐으로써 현실적인 힘을 상실했던 것입니다.

 박지윤(여자 대학생)

요즘 TV, 인터넷, 자기계발서적에서 '힐링(healing)' 이란 말이 많이 나오고 있습니다. 제가 관심이 있어서 찾아보기는 하지만, 정작 어떻게 현실에 적용해야 할지를 잘 모르겠습니다.

 저자

'힐링'이란 단어 뜻 그대로 '상처를 고치고, 아물 수 있도록 치유함'을 의미합니다. 하지만 요즘 '힐링'이라는 주제의 강연을 보거나 베스트셀러에 오른 도서들을 보면, 그 당시에는 마치 모든 것이 금방 이루어질 것처럼 느껴지지만, 실제 현실에서는 정작 '치유(힐링)'에는 별 효과가 없어 사람들은 실망하게 됩니다.

왜냐하면 그들이 하는 말이 기존에 나온 지식에 "상대를 이해하라, 모든 것을 내려놓으라, 마음만 잘 쓰면 문제 될 게 없다." 는 식의 내

용을 덧붙여 글을 짜깁기 한 것에 불과하기 때문입니다. 이런 조언을 가까이하면 일시적으로는 위안이 될지는 모르지만, 이는 사실과 이치에 맞지 않는 처방이기 때문에 곧 문제가 불거지게 되고 종국엔 그 상처가 덧나는 결과가 나타나게 됩니다.

몸에 병이 생겼다면, 정확한 진단을 받아야 하며, 처방에 맞는 치료를 받아야 합니다. 마찬가지로 마음에 상처가 있다면, 듣기 좋고 아름다워 보이는 말로 위안을 얻을 것이 아니라 문제를 정확히 이해하고 적극적으로 그 원인과 해결책을 찾아 실천해야 합니다. 갈등이 있다면 부딪쳐 화해해야 하고, 맺혀 있는 응어리가 있다면 그 배경과 원인을 살펴 풀어내야 합니다.

'성공'을 위한 자기계발서나 도전을 강조하는 이야기들도 이와 마찬가지입니다. 흔히 "나는 이렇게 해서 성공했다! 너도 해봐라. 하면 된다."는 식으로 이루어진 책들이 매년 서점에 수없이 쏟아져 나옵니다.

그러나 현실적으로 좋은 결과가 나타나기 위해서는 반드시 조건이 갖춰지고 실현 가능성이 있어야 하는 것입니다. 사람은 각자의 근본과 바탕과 환경이 다르므로, 누가 그 일을 이뤄냈다고 해서 나도 똑같이 할 수 있는 것은 아닙니다.

따라서 자기 계발 서적같이 두꺼운 책을 보는 것보다 지금 '나는 어떤 처지에 있는가? 내가 해야 할 것은 무엇인가? 그 일을 했을 때 나에게 어떤 결과가 돌아올 것인가?'를 지혜롭게 판단하고 적극적으로 실천하는 자세를 가지는 것이 더욱 중요합니다. 변화는 지식을 배워서 이루는 것이 아니라 생생한 현실에서 주체적으로 깨치고 원인을 지을 때 생겨나는 것입니다.

 조희경(30대 주부)

성공의 조건으로 긍정적인 태도와 감사하는 마음에 관한 이야기가 많습니다. 예를 들면, 상인이 장사가 잘 안되어도, 잘된다고 말이라도 하면 좋아진다는 것입니다. 『성경』의 "범사(凡事. 모든 일)에 감사하라!"는 말처럼, 아무리 안 좋을 때도 항상 감사히 받아들이고 긍정의 태도를 가지라고 합니다. 이런 마음을 가지는 것이 제가 원하는 일들을 하는 데 도움이 되지 않을까요?

 저자

사람의 마음가짐은 삶의 방향을 결정하는 매우 중요한 요소입니다. 내가 어려움 속에서도 낙담하지 않고 희망을 품고 발전을 모색하면, 무엇보다 내 기운이 밝아지고 활력이 생기게 됩니다. 활력이 생기는 곳에는 사람이 모여들게 되어 있고 그들이 상황에 따라 도움이 되는 인연으로 발전하기도 합니다.

이 세상은 완전한 뜻과 이치 속에 나타나 있으며 그 속에 사는 인간은 자연의 이치에 따라 열심히 노력하면 인간 완성의 경지에 도달할 수 있습니다. 따라서 하늘의 완전한 뜻과 이치에 항상 감사하며 그 뜻과 흐름에 따라 살려고 하는 것은 인간의 자연스러운 천성입니다. 하지만 그러한 감사의 마음은 완전한 뜻과 진리에 따라 스스로 좋은 마음을 내고 열심히 노력하는 동기부여가 되어야지, 절대적인 존재에게 의지하고 기적적인 도움을 요청하는 어리석음이 되어서는 안 됩니다.

따라서 사실을 사실대로 보는 것은 모든 일의 근본입니다. 걱정할 일이 닥치니 걱정을 하는 것이니, 걱정도 필요한 것입니다. 모든 일은 있는 일을 객관적으로 정확히 볼 때, 해결이 되는 것입니다. 세상의 일은 주어진 환경과 과거에 지었던 원인과 지금 나의 노력이 합쳐져서 나타나는 현상입니다.

그러므로 "범사에 감사하라!"는 말에 취해 상황을 좋게만 받아들이고 진단과 대책을 소홀하게 한다면, 이는 현실에 뒤처지고 부실한 삶의 결과들을 가져올 염려가 있습니다. 따라서 항상 문제를 사실 그대로 바로 보고, 자신이 처한 상황을 정확히 파악하여 좋은 결과로 이어질 정확한 원인을 짓도록 노력해야 할 것입니다.

악이 이기는 세상

백형식(40대 직장인)

제 나이도 벌써 40이 넘어 불혹이 되었습니다만, 나이가 들면서 혼란스럽게 다가오는 게 더 많아졌습니다. 비리와 부조리가 만연한 세상을 보면 이 세상에 무슨 질서가 있는지 모르겠고, 왜 살아야 하는지 모르겠습니다.

저자

"삶의 의미는 무엇인가?", "왜 살아야 하는가?" 이는 현대인이면 누구나 지니고 있는 의문입니다. 살아가다 보면, 세상은 혼란과 무의미 투성이고 삶의 의미와 가치를 찾을 수 없으며, 살아남기 위해 매일 동물처럼 투쟁하고 욕망을 추구하다가 어느 순간 인생을 마치는 게 인간의 삶이라는 체념이 우리 사회 저변에 짙게 깔려 있습니다.

그래서 사람들은 신은 죽었고 이 세상에는 본질적으로 아무것도 없으니, 남들 보기에 한바탕 멋지게 살아가는 것을 전부라고 생각하여, 수단과 방법을 가리지 않고 욕망과 부귀영화를 추구하려고 합니다.

그러나 과거에 세상을 보는 눈을 얻었던 성자들은 이 세상이 완전한 뜻에 따라 움직이는 법계이며, 인간이 가야 할 정해진 길이 있다고 말했습니다. 이처럼 현대인들의 생각과 성자들의 말 사이에는 큰 차이가 있는데, 과연 진실은 무엇일까요?

결론은 세상 속에 있습니다. 시야를 조금만 넓혀 보면, 완전한 이치가 우리를 감싸고 있으며, 바로 눈앞에 실재하고 있음을 알 수 있습니다. 우리가 매일 식사를 하거나 출근을 하여 일을 하거나 공부를 하는 것도 우리가 짓는 원인이 그에 상응한 결과를 가져올 것이라는 완전한 질서에 대한 믿음이 있기 때문입니다. 이러한 완전한 법칙이 세상을 지키고 있음에도 이를 잘 느끼지 못하는 것은 인과(因果)의 법칙이 공기처럼 너무나 자연스러워서 그 중요함을 잊고 있기 때문입니다.

따라서 오늘날 세상 속에 빛이 사라지고 무질서가 횡행하는 것도 크게 보면, 바로 이처럼 완전한 법칙이 존재하기 때문입니다. 즉, 지금 세상이 어둡고 무의미하며 악과 고통이 범람하는 것은 영악한 인간들이 이러한 완전한 인과의 법칙이 존재함을 알고 질서를 어질러 더 큰 이익을 취하려는 나쁜 뜻을 지었기 때문입니다. 그 결과, 그들은 이익을 얻었지만, 그들이 지은 나쁜 원인들은 한 치의 어김없는 인과의 이치에 의해 고통과 부조화로 나타나 세상을 어지럽히고 망치고 있는 것입니다. 그동안 인류가 지은 악이 세상을 덮을 만한데 세상이 이정도로 어지러워지지 않았다면, 오히려 그것이 이상한 일이라고 할 수 있습니다.

이처럼 완전한 법칙이 세상 속에 흐르고 있기에 자연의 진리와 생명의 길을 배우고 깨쳐 자신을 좋게 만드는 길을 행하면 좋은 세상과 인간 완성을 얻게 되며, 길을 모르고 무지와 탐욕에 빠져 함부로 거짓과 악을 행하게 되면 세상을 망치고 자신 속에 업을 쌓아 이생과 후생에서 불행한 자기를 보게 되는 것입니다.

 김종민(남자 대학생)

우리가 아는 유명인들 중에는 과거에 큰 악행과 살생을 저질렀음에도 아직도 호의호식하면서 권세를 누리고 있고, 여생마저 큰 어려움 없이 살 것 같은데, 이들의 악업은 어떻게 대가를 받게 될까요?

 저자

세상은 완전한 인과의 이치가 흐르고 있으니, 자기가 지은 모든 업보는 인연을 만나면 반드시 그 과보를 드러내게 됩니다. 인과의 그물망은 성긴 것 같아도 그 누구도 인과법을 피해갈 수가 없습니다. 다만, 때와 인연이 무르익지 않아 현세에서 그 과보를 받지 않을 뿐입니다. 따라서 살아 있는 동안 교묘한 처세로 몸의 평안을 얻을 수 있을지는 모르나, 마음의 평안은 얻을 수 없습니다. 인간의 마음은 완전을 추구하는 맑음이 있기에 누구나 죄를 짓고서는 마음이 편할 수가 없는 것입니다.

그리고 사람의 마음은 하나로 이어져 있어서, 악행을 짓게 되면 상대에게 맺힌 한이 악행을 지은 사람의 마음과 연결되어 죽어서도 상대의 한에 묶이기 때문에 그 영혼이 영적 자유를 얻지 못해 좋은 곳에 갈 수가 없게 됩니다. 이것이 뜻으로 이루어진 마음의 신비이며 선을 행해야 하는 이유이며 계율을 지켜야 하는 이유인 것입니다.

그리고 완전한 인과의 법칙은 누구도 피할 수 없는 죽음이라는 과정을 통해 완전하게 심판받게 됩니다. 죽음 앞에서 사람은 자신이 살아온 삶의 결과인 영혼으로 완전한 자연의 법칙에 따라 심판받게 됩니다. 개개인이 살아오면서 쌓아온 악업과 선업의 결과가 모두 다르기에 그들의 운명은 하늘이 정해 놓은 완전한 뜻과 질서에 따라 결정됩니다.

그래서 무거운 것은 가라앉고 가벼운 것은 높이 오르는 이치에 의해 한과 욕망과 집착 때문에 무거워진 영혼은 지옥으로 떨어지고 마음을 정화하여 맑고 가벼워진 영혼은 높은 곳으로 오르는 것입니다.

이런 이치를 알지 못하는 사람들은 악한 자가 평생을 호의호식하는 걸 보고 세상이 불공평하다고 하지만, 성자들은 악한 자가 불안한 마음에 고통스럽게 살고, 죽어서는 지옥의 고통을 받다가 미물이 되어 흩어지는 것까지 보고 이 세상을 완전한 법계라고 하신 것입니다.

박지윤(여자 대학생)

하지만 현실에서 악한 사람이나 잔인한 국가가 선한 사람과 평화스러운 국가 위에 군림하고, 하늘이 이를 방관하고 있는 것은 이해할 수 없습니다.

 답변 3 저자

지금 세상은 인간의 시각으로는 선악을 판단할 수가 없을 정도로 이미 선악이 뒤범벅되어 누가 더 선이고 악이라 판단할 수 없는 상태가 되었습니다. 사람들이 지금 국가 간의 분쟁을 볼 때는 침략을 당하는 나라가 선하다고 생각하겠지만, 지금 침략당한 나라들 중에도 과거에는 다른 민족을 점령하여 그들의 피 위에 서 있는 나라들도 많이 있습니다. 그 은원(恩怨)이 뒤섞여 내려와 오늘날까지도 분쟁을 일으키고 있는 것입니다.

따라서 이 세상이 흘러가는 모습을 있는 그대로 보기 위해서는 그 속에 움직이는 뜻과 이치를 봐야 합니다. 세상은 완전한 뜻 속에 있습니다. 세상이 흥한 곳에는 흥하게 하는 뜻이 있고, 세상이 망한 곳에는 반드시 그만한 원인이 존재합니다. 이러한 뜻과 이치를 볼 때 비로소 세상을 바로 볼 수 있습니다.

지금 그대는 선과 악이 싸워 악이 이길 때가 있다고 이야기하지만, 악이 이긴 것이 아니라 힘을 모아 강해진 곳이 이긴 것입니다. 이 힘이란 것은 선하다고 해서 생기는 것이 아니라 자연의 이치에 맞게 힘을 모을 때 생겨나는 것이며 강한 힘이 약한 힘을 이기는 법입니다.

이해하기 쉽게, 청나라가 조선을 침입한 병자호란을 예로 들어보겠습니다. 우리 민족의 입장에서는 자신의 터전 위에서 살아가고 있는 조선을 침입한 여진의 청나라가 악이라고 할 것입니다. 그러나 여진족들은 척박한 땅에서 살아남기 위해 현실을 중시했고 능력 있는 자를 우대했으며 자기 민족을 위해 생명을 바치는 순박함과 용기가 있었습니다. 그래서 고난을 이겨내는 국민들의 강한 기질과 약한 민족의 힘을 하나로 모은 누르하치의 강한 지도력이 만나 조선을 침략하고 거대한 명나라마저 정복할 수 있었던 것입니다.

그러나 당시 조선은 유교적 이상주의에 의해 글 읽는 선비들이 우대받는 문약한 세상이 펼쳐졌고 입으로만 백성을 위하는 탐관오리들이 득세했으며 사농공상의 차별을 두어 현실적으로 힘이 되는 상공업을 경시했습니다. 그리하여 백성들의 삶은 배고프고 어둡고 고통스러워졌으니 힘이 생겨날 수 없었던 것입니다. 이것이 역사의 진실입니다.

이처럼 현실은 힘과 힘이 부딪히는 경쟁의 장으로 여기서는 강한 것이 약한 것을 지배하는 자연의 적자생존 법칙이 작용합니다. 이러한 현실 세계에서는 힘을 길러 살아남은 것이 중요하며 선과 악을 따지는 것은 그 이후에 해야 할 일입니다. 힘을 기르지 못해 침략을 당한 나라가 선과 정의를 따지는 것은 어리석은 짓입니다.

그렇다고 역사 속에 강자의 힘만이 존재하는 것은 아닙니다. 그 속에도 지은 대로 받는 완전한 뜻이 자리 잡고 있어서 그 힘을 어떻게 쓰느냐에 따라 결과가 달라집니다.

세계 역사를 살펴보면 강대국들이 국민의 힘을 하나로 모아 세계적인 강국을 만들었지만, 그 힘을 세상을 축복하는 데 쓰지 않고 다른 나라를 수탈하는 악덕을 범한 나라는 결국 그만한 응보를 받았습니다. 몽골은 송나라와 수많은 민족을 정복했지만 그들의 미움을 받아 다시 쫓겨나는 복수를 당했으며, 근대의 서구 제국주의 국가들도 자국의 이익과 영토 확장을 위한 침략 전쟁으로 다른 나라의 원한을 산 결과, 결국 제1차·제2차 세계대전으로 유럽 자체가 폐허가 되는 결과를 초래하게 되었던 것입니다. 만약 미국이 유럽 부흥 계획인 마셜 플랜(Marshall Plan)으로 지원하지 않았다면 지금 유럽은 폐허로 남아 있을 것입니다.

여기서 우리가 알 수 있는 것은 인간의 미덕을 발휘하여 국가의 힘을 하나로 모으면 나라가 융성하고 발전하지만, 그 힘을 이용하여 다른 나라를 침략하여 악을 범하면, 그 악이 세상을 고통에 빠뜨리고 결국 자신도 불행한 과보를 받게 된다는 사실입니다. 따라서 사회문제와 인류의 역사를 볼 때 지엽적인 것만 가지고 판단해서는 안 되며 전체적인 인과를 보고 판단해야 합니다.

억울한 마음이 들 때

●

 김종민(남자 대학생)

저는 고등학생 때, 폭행과 금품 갈취를 당했습니다. 보복이 무서워 누구에게도 말할 수는 없었지만, 그 공포감은 상상을 초월했습니다. 지금도 그 악몽이 떠오릅니다. 그때의 트라우마와 분노는 안 겪어 본 사람은 모를 겁니다. 이런데도 그냥 저 혼자 피해자로 남고 묻어 두어야 할까요? 제가 어떻게 해야 잘 대처하는 걸까요?

 저자

사람은 살아가면서 수많은 억울한 일을 당하게 되는데, 요즘은 욕망과 거짓이 판을 치는 어두운 세상이라 더욱 그렇습니다. 그러니 지상 천국이 오지 않는 이상 억울함이 없는 세상은 바랄 수 없습니다. 우리가 애타게 진리를 찾고 밝은 세상이 오기를 바라며 노력하는 것도 바로 이와 같은 한과 억울함이 없는 좋은 세상에서 살기 위해서입니다.

　그럼 과거의 악연 때문에 받은 고통스럽고 억울한 기억과 원한을 어떻게 해야 하는가? 그대가 상대에게 갚을 길이 없다면, 그대가 할 수 있는 일은 감수하는 길밖에 없습니다. 미안하지만, 이 세상을 살아가는 모든 상처 입은 영혼들처럼, 그대 또한 상처를 안고 아물기를 바라며 그들을 용서하고 잊고 살아야 합니다.

　우리는 여기서 '좋은 삶'이 무엇인지 생각해 봐야 합니다. 좋은 삶이란 한을 주지도 않고 받지도 않는 삶을 말합니다. 인간이 산다는 것은 다른 모든 생명체와 마찬가지로 더 좋은 자기를 얻고자 함이며, 더 좋은 자기란 더 자유롭고 지혜롭고 평안한 영혼을 얻는 것입니다. 그래서 우리는 바른 이치를 배우고, 삶을 지혜롭고 용기 있게 헤쳐나가 회한이 없고 행복한 삶을 이루어야 하며, 맑고 진실한 마음을 얻어야합니다. 이러한 일이 쌓여 마음이 맑고 가벼워지면 세상을 보는 눈과 지혜가 생기고 가치 있는 삶을 살 수 있으며, 자유와 평안과 좋은 후생을 받게 되는 것입니다.

하지만 마음속에 원한과 욕망과 집착이 쌓이면 마음이 어두워져 세상을 바로 보지 못하고 어리석고 불행한 삶을 살게 되며, 무거워진 영혼은 밑으로 가라앉아 지옥의 고통과 불행한 과보를 받게 됩니다.

따라서 그대는 이러한 생명의 이치를 깨쳐 마음속에 맺힌 원한과 억울함은 잊어야 하며, 그것은 상대를 위해서가 아니라 나 자신을 위한 일이라는 것을 이해해야 합니다. 그래야만 내 마음이 맑고 가벼워져, 자유롭고 평안한 영혼을 얻을 수 있습니다. 그래서 성자들도 원수를 용서하라고 하신 겁니다. 물론 자기 마음속에서는 상대를 용서하지만, 그 잘못된 일의 옳고 그름은 밝혀서 세상이 다시는 그런 잘못된 일에 빠지지 않도록 경계해야 하겠습니다.

 김종민(남자 대학생)

저를 괴롭힌 사람들이 지금 어떻게 지내나 보니까, 그냥 학교생활을 하면서 잘살고 있습니다. 저를 괴롭힌 자들은 지금이 아니라면 언제 벌을 받나요? 그들의 죄는 죽으면 사라지는 것입니까?

 저자

그대가 억울함과 원한을 잊는다고 해서, 그대에게 잘못을 저지른 사람들의 과오가 사라지는 것은 아닙니다. 인과의 이치는 엄연한 것이니, 한번 지은 과오는 자신 속에 남아 언젠가는 그 과보를 받게 됩니다. 이 세상에는 자기 잘못을 모르는 용서 못 할 악인들도 있는데, 그들의 과오는 자신 속에 씨앗으로 숨어 있다가 인연을 만나면 그 습성이 다시 튀어나와 잘못된 말과 행동을 되풀이하게 되므로 반드시 그 과보를 받게 됩니다.

그리고 이 우주는 완전한 법계로 인간의 의식 세계는 뜻으로 이루어져 있어서 하나로 통합니다. 그래서 내가 상대에게 한을 지니게 하면 상대가 원망하는 마음으로 나를 꽉 잡고 있으므로 후생에도 영혼이 자유롭지 못하여 좋은 곳으로 가지 못합니다. 따라서 죄의 무서움을 안다면 인간은 함부로 행동해서는 안 되는 것입니다.

마찬가지로 자신이 지은 공덕은 반드시 자기에게 돌아옵니다. 진리의 길을 가는 자는 이것을 알기에 조금이라도 잘못을 범하지 않으려고 노력하고, 모든 선은 행하려고 애태우는 것입니다.

그러니 이제 그대가 해야 할 일은 그대 자신을 위해 마음에 맺힌 한을 풀고, 더 나은 자기를 구하기 위해 노력하는 일입니다. 진리와의 인연을 통해 세상을 바로 보는 눈과 용기와 지혜를 얻어, 다시는 그런 불행에 빠지지 않도록 조심하고 자신의 미래는 자신이 개척하겠다는 마음가짐으로 자기와 세상에 도움이 되는 삶을 살도록 노력해야 할 것입니다.

도대체 내가 무슨 죄가 있기에

 김종민(남자 대학생)

자신은 아무 잘못도 없는데 세월호 참사처럼 사고와 불행을 맞는 사람들이 있습니다. 사고를 당하는 입장에서는 너무나 황당하고 억울할 것 같습니다. 이렇게 우연히 일어나는 사고 때문에 피해를 보는 일은 어떻게 이해해야 할까요?

 저자

어떤 현상이 이루어지는 것을 살펴보면, 그 속에는 '근본'과 '바탕'과 '환경'이라는 세 가지 요소가 작용하고 있습니다. 씨앗을 예로 들어 설명하겠습니다. 민들레 홀씨는 바람에 날아가다가 비옥한 양지에 떨어지기도 하고 거친 자갈밭에 떨어지기도 합니다.

이때 홀씨는 근본이 잘 여문 것일 수도 있고, 비에 곯은 쭉정이일 수도 있습니다. 먼저, 홀씨의 근본이 좋으면 거친 장소에 떨어져도 건

강하게 자라 좋은 꽃을 피웁니다. 그리고 같은 씨앗이라도 비옥한 양지에 떨어진 것과 거친 자갈밭에 떨어진 것은 그 운명이 다릅니다. 그래서 근본과 바탕이 중요합니다.

마지막으로 싹을 틔운 씨앗은 자라는 과정에서 좋은 환경을 만나야 합니다. 민들레 홀씨가 바람을 타고 날아가다가 양지에 떨어지기도 하고 바람이 불어 옆에 있던 자갈밭에 떨어지기도 하고 회오리바람이 세게 불어 멀리 강에 떨어져 썩어 버리기도 합니다. 그리고 싹을 틔울 때 좋은 날씨를 만나기도 하고 가뭄이나 장마를 만나기도 합니다. 어떤 환경을 만나느냐에 따라 민들레 홀씨의 운명이 달라집니다.

이처럼 민들레 홀씨의 운명은 자기가 타고난 근본에 의해서만 결정되는 것이 아니라, 토양인 바탕과 자기가 만나는 환경의 영향을 받아 결정되는 것입니다.

세상의 모든 현상은 이와 같은 이치로 움직이고 있으며 인간의 운명도 이 원리에서 벗어나지 않습니다. 자신의 근본 씨앗인 영혼, 바탕이 되는 부모, 자기가 살아가는 환경이 운명의 요소로 작용합니다.

인간의 근본은 과거에 자신이 지었던 일에 의해 이루어지는데, 과거생에 자신이 거짓 없이 맑고 부지런히 이치에 맞게 살았으면 현세에도 강하고 좋은 근기를 갖게 되며, 탐욕스럽고 게으르게 함부로 살았었다면 혼탁하고 무지한 근기를 가지게 됩니다.

이러한 근본이 현세에서 부모라는 바탕을 만나 자신의 운명을 만들게 되며, 자신이 타고난 시대 상황과 환경 속에서 구체석인 운명이 결정되는 것입니다. 즉, 어두운 사회를 만나느냐, 공명정대한 사회를 만나느냐, 전쟁 시대에 태어나느냐, 아니면 평안한 세상에 태어나느냐에 따라 그 운명이 달라지는 것입니다.

그럼 모든 것이 자신이 지은 업의 과보에 의해 결정되는가? 그건 아닙니다. 운명은 자신이 지은 업에 의해 결정되기도 하지만, 인연에 의해 만들어지기도 합니다. 자신이 지은 원인에 의해 결과를 받는 것을 "과보(果報)를 받는다."고 하고, 환경을 만나는 것을 "인연이 닿는다."고 합니다. 물론 인간의 운명을 결정짓는 데 있어서 가장 중요한 원인은 자신이 지은 '업'이라고 할 수 있습니다.

그 다음은 세상이 함께 지은 공업(共業)입니다. 공업은 자신이 직접 지은 것이 아니기에 운명과 직결되지는 않지만, 세상이 함께 지은 것이므로 모두 같이 영향을 받게 됩니다. 그래서 부패한 나라를 만든 국민은 불행한 일을 당하는 경우가 많고, 인류의 죄가 말세를 만들면 인류가 함께 천재지변에 시달리고 변화기를 맞게 되는 것이니, 세월호 사건과 같은 경우는 어두운 세상이 지어놓은 공업에 인연이 닿아 나타난 일이라고 보아야 할 것입니다.

누구나 받아들이기 어렵겠지만, 만약 자신의 신체에 장애가 생긴다면 어떻게 대처해야 할까요? 그리고 장애가 있는 분들을 바르게 도울 방법은 무엇일까요?

 저자

인생이란 인연이 모여 이루어지는 것이며 주어진 인연은 어느 하나라도 자신의 삶이 아닌 게 없기 때문에 불행이라고 해서 외면할 수는 없습니다. 따라서 그것이 선연(善緣)이면 더 좋게 발전시켜야 할 것이며, 악연(惡緣)이면 이를 극복하여 삶의 밑거름으로 삼아야 합니다.

모든 인간은 항상 부족함과 어려움 속에 처해 있으며 시련을 극복하는 과정을 통하여 성장하게 되어 있습니다. 사람이 위대하고 존재 가치가 있는 것은 세상을 올바르게 축복하려고 애쓰는 가운데 자신의 영혼이 진실하게 고양되고 밝아져 완성에 이르게 되는 하늘의 깊은 뜻이 주어져 있기 때문입니다. 장애 또한 그렇게 해석해야 합니다.

장애는 인간을 더욱 승화시키기 위한 밑거름으로 자신을 발전시킬 수 있는 계기로 삼아야 합니다. 인간의 삶은 살아 있는 것이고, 살아 있다는 것은 운명이 정해지지 않았다는 것이며, 운명을 바꿀 수 있다는 뜻입니다. 따라서 지금의 불행한 삶을 만든 과거의 인연 속에서 빠져나와 어떻게 자신을 변화시켜 나갈 것인지 항상 생각하고 원인을 찾아 실천하는 자세를 가져야 합니다.

사람은 누구나 흠을 가지고 있습니다. 장애는 인간의 많은 흠 중하나로 육체와 경제적인 면에 국한된 것입니다. 이 세상에는 육체적 장애보다 심한 시련이 많이 있습니다. 인류 역사상 빛이 된 수많은 성자들과 위인들의 경우 이보다 더 큰 시련을 극복하고 세상의 사표(師表)가 되었음을 기억해야 합니다. 인류의 행복과 밝은 세상, 그리고 참된 진리를 위해 자신의 생명까지도 바친 성현들의 시련과 고통에 비교한다면, 육체적인 장애와 고통은 사소한 것일 수 있습니다. 따라서 장애로 인해 좌절하여 너무 쉽게 자신을 포기하거나 절망해서는 안 됩니다.

일반적으로 보통 사람들은 한평생 쾌락과 소유를 위해 집착하며 이치를 어기고 살다가, 인연이 다하면 한과 집착 속에서 모든 것을 버리고 떠나게 됩니다. 생명의 이치에서 볼 때, 이러한 삶은 허무하며 자신의 영혼을 위하여 아무런 보탬이 되지 못합니다. 더구나 오늘날처럼 인간의 길이 사라지고 동물적 욕망과 쾌락이 번성한 곳에서는 세상이 요구하는 부귀영화는 누리면 누릴수록 그 속에서 영혼이 어두워지고 무거워지게 되어 있습니다.

진리의 측면에서 보면 말세에는 장애를 가진 사람보다 정상인이 더 불행하다는 아이러니가 성립됩니다. 왜냐하면, 장애를 가진 사람은 오히려 악연을 접할 기회가 적어서 자신의 영혼을 더 이상 망치지 않을 수도 있기 때문입니다.

그리고 오늘날 교통사고를 당하거나 환경오염으로 장애아를 출산한 경우를 보면, 그것은 개인의 업이라기보다는 공업에 의해 불행한 인연이 닿았다고 보는 것이 정확하며, 개인만의 책임보다는 사회 전체의 책임이 크다고 하겠습니다. 그러므로 이 같은 불행은 우리 공동의 문제이고, 이와 관련해 국가가 그에 상응한 책임을 함께 져야 할 것입니다.

여기에 복지 제도를 시행해야 하는 국가의 책임 근거가 있다 하겠습니다. 즉, 장애가 생겼을 경우, 기본적으로는 인연 있는 가족의 책임이라 하겠지만, 국가가 이차적으로 책임을 짊으로써 장애인과 그 가족이 인간적인 생활을 누릴 수 있도록 해주어야 할 것입니다.

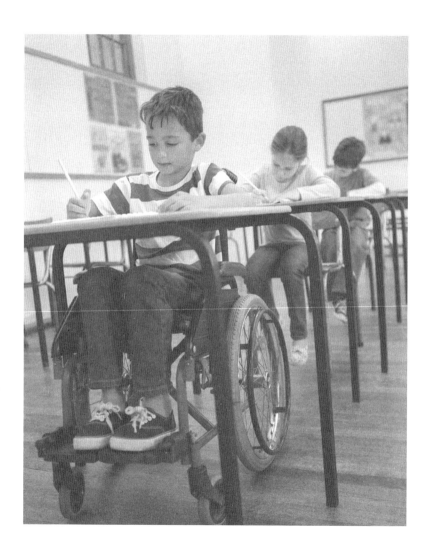

사주와 관상

—•

조희경(30대 주부)

사주가 맞느냐 틀리느냐 의견이 분분하지만, 사주팔자로 길흉화복을 미리 알 수 있다는 명리학(命理學)의 이야기는 어느 정도 일리가 있어 보입니다. 선생님께선 어떻게 생각하시는지요?

저자

사주는 듣기에 매우 그럴듯해 보이지만 다른 관념이나 인습들처럼, 세상의 이치인 진리에 근거하고 있지 않습니다. 사주팔자와 같은 명리학은 개인의 사주, 곧 생년월일시를 따져 그 속에 음양(陰陽)과 오행(五行: 水木火土金)이 얼마나 있는가를 살피고, 이를 다시 그 사람이 처한 시공간이 어떠한 음양오행 상태인지에 따져 조화[相生相剋]를 따지는 관념 체계입니다.

그리고 이러한 관념은 고대 동양에서 우주가 음양오행으로 이루어졌다는 사고방식에서 비롯되었고, 이는 『주역(周易)』에 의한 음양 학설과 다섯 가지 우주의 근본 기운으로 세상과 인간을 분석하는 오행 학설로 발전되었습니다.

　명리학이 지금과 같은 모습으로 나타난 것은 중국 당나라 이후로, 당시에는 연주(年柱: 태어난 해)를 위주로 사람의 운명을 분석했는데, 이허중(李虛中)이란 사람이 나타나 일주(日柱: 태어난 날)를 위주로 하는 법을 창안해 내었고, 송(宋)나라 때 서자평(徐子平)이 이를 더욱 발전시켜 오늘날과 같은 명리학의 형태를 만들었습니다.

　이처럼 명리학은 우주를 꿰뚫어 본 성자의 가르침이나 진리가 아니라, 변화무쌍한 자연과 불확실한 미래를 두려워한 인간들이 운명을 미리 예측해 불행을 방지하려는 바람으로 만들어낸 지적 창조물인 것입니다. 따라서 명리학은 다른 문명의 산물들과 마찬가지로 인간적 한계 속에 있습니다.

　하나의 학문 체계가 그 타당성을 인정받기 위해서는 그 전제부터 합당해야 하며 이론을 구성하는 변수들이 사실을 정확히 반영해야 합니다. 그런데 명리학은 인간의 운명이 음양오행의 조합으로 이루어진다는 확인되지 않은 가설을 기본으로 하고 있으며, 태어난 연월일시가 그 사람이 지닌 음양오행의 성분을 대변하고 있다는 불완전한 가정을 전제로 하고 있습니다.

　그럼 운명이란 문제에 대해, 완전한 깨달음을 이뤘던 부처님은 뭐라고 했을까요? 부처님은 윤회와 업의 이치를 통해 운명을 설명했습니다. 즉, 모든 존재는 윤회를 통해 자신을 이어가고 있는데, 그 과정을 통해 자신 속에 밝고 좋은 원인을 심으면 마음이 점차 맑아져 세상을 바로 보고 좋은 운명을 얻게 되며, 어둡고 나쁜 원인을 쌓으면 업이 두터워져 무지해지고 불행한 운명을 맞게 된다는 이치를 밝혔습니다. 그리고 소크라테스 또한 현생에서 지은 결과에 의해 후생의 운명이 결정되며 올바른 교육은 자신이 지니고 나온 소질을 개발해줄 때 이루어진다고 하였습니다.

따라서 인간이 태어나면서부터 음양이나 오행의 기운에 의해 정해진 운명이 있다거나, 반대로 태어날 때는 백지 상태이지만 후천적으로 생이 결정된다는 환경결정론 등의 주장은 모두 세상을 보지 못하는 인간들이 생각만으로 만들어 낸 상상이며 가설에 불과한 것입니다.

그런 의미에서 사주론과 같이 선천적으로 타고난 기운에 의해서만 운명이 결정된다고 하는 주장은 지나친 독단이 아닐 수 없습니다. 게다가 타고나는 기운이 생년월일시에 따라 오행이 결정되어 자질과 운명까지 결정된다고 단정하는 것은 그 가정 자체가 매우 불합리한 것입니다.

만약 사주론이 정설로 인정받으려면 음양오행이 인간의 자질을 결정하는 구성 요소임과 생년월일시가 음양오행을 반영하고 있다는 객관적 증거를 명확히 제시해야 합니다. 그런데 사주론은 이러한 가설의 진위에 대해서는 전혀 언급함이 없이, 사주가 음양오행을 표현하고 있다는 당연한 결론 아래 운명결정론을 전개하고 있으니 그 진리성이 미약한 것입니다.

상식적으로 생각해 봐도, 세상의 일들은 뜻과 행동과 이치에 의해 이어지는 것이 당연한데, 어찌 살아 움직이는 생생한 사람의 본성을 생년월일시 네 가지 수의 조합으로 정확히 측정할 수 있단 말입니까? 예를 들어, 우리가 물건을 사용할 때도 그 물건이 언제 만들어지고 출고되었는지는 중요치 않습니다. 물건의 쓰임새는 그 재료가 무엇이고,

기능이 어떠한가에 의해 결정됩니다. 칼이 만들어진 것이 여름이냐 겨울이냐가 중요한 게 아니라, 칼의 성분이 강철이나 잡철이냐에 따라 그 강도와 용도가 달라지는 것입니다.

그러니 인간의 운명도 그렇게 이해해야 마땅합니다. 즉, 태어난 때나 이름과는 관계없이, 각자가 타고난 성품과 지혜와 자질 등의 선천적인 요소와 가정과 사회적인 환경 및 노력과 같은 후천적 요인이 복합적으로 작용해 그 사람의 운명을 결정하는 것입니다. 즉, 사주에 음양오행이 얼마만큼 들어 있느냐가 아니라 "그 사람이 얼마나 좋은 자질과 양심과 용기와 의지를 가졌는가?", "얼마나 열심히 노력하여 좋은 원인을 많이 지었는가?" 그리고 "그가 속한 국가와 사회가 얼마나 좋은 환경 속에 있는가?" 등에 의해 운명이 결정되는 것입니다.

질문 2

조희경(30대 주부)

저는 사주를 완전히 불신하진 않습니다. 왜냐하면, 제 주위에 있는 분들의 이야기를 들어봐도 사주대로 살아가는 경우를 종종 볼 수 있거든요. 만약 사주가 현실과 맞지 않는 것이라면 그런 일이 어떻게 가능한지 알고 싶습니다.

답변 2

저자

사주론이 그럴듯해 보이는 것은 그 안에 자신의 미래를 찾아보려는 수많은 사람들의 바람과 경험적 노하우가 배어 있기 때문입니다. 이는 앞날을 알고자 하는 이들의 조급함과 불안이 역술인의 직감과 만났다고 볼 수 있는데, 예를 들어 세상 경험이 많은 이들이 초면인 사람을 잠시만 보고도 어느 정도 그 성품을 짐작할 수 있는 것과 같습니다. 즉, 사람은 그 겉모습에 이미 자신의 삶이 나타나 있어서, 역술인은 자신을 찾아온 상대의 느낌을 사주이론에 비추어 풀이할 수 있는 것입니다.

그리고 사주는 생생한 삶이 빠진 추상적인 음양과 오행의 개념을 전제로 하고 있어 그 한계가 분명합니다. 하지만 그나마 불완전한 이론이라도 제대로 활용하려면, 사주를 보는 사람이 각자의 사주가 지니고 있는 음양오행 성분을 정확히 분석하고 그 사람이 처한 환경까지도 어떤 음양오행 상태에 있는가를 정확히 따질 수 있어야 이를 조합하여 나름대로 운명을 점칠 수 있습니다. 따라서 역술인이 이것을 정확히 볼 줄 모른다면 음양오행론이 제아무리 진실이라 하더라도 그 사람의 운명을 정확히 예측하는 것은 불가능합니다. 그러나 세상을 정확히 보는 것은 성자들이 아니면 불가능한 일로, 평범한 역술인이 인간이 가진 음양오행 성분과 사회 환경의 음양오행 상태를 본다는 것은 불가능한 일입니다. 그래서 요즘의 사주팔자는 이러한 정황을 파악하는 역술인의 능력과 경험에 따라 십인십색으로 나타나고 있는 것입니다.

그런데 이렇게 수리적 해석으로 점을 치는 것에 한계에 직면한 역술인들이 돌파구로 찾는 게 있습니다. 그것은 소위 말하는 '산기도' 라는 것인데, 이는 운명과 삶의 실체를 더 정확히 보려다 벽에 부딪힌 사람들이 그 한계를 극복하고자 산으로 들어가 영(靈)의 힘을 빌리고자 하는 것입니다. 그래서 음침한 곳에서 밤을 새워 단식기도를 하게 되면 심신이 쇠약해지고 그 틈을 타 유혼(幽魂. 영혼)이 침입하여 결국 접신(接神)을 하게 됩니다. 그러면 그 영의 능력을 이용하여 아는 소리를 하며 사주를 잘 본다고 평가를 받게 되는 것입니다. 왜냐하면, 영은 시간과 공간을 초월하는 특성이 있는데, 그러한 영이 붙게 되면 남의 의식을 들여다보고 이를 이용하여 아는 소리도 하고 사람들에게 인기를 얻어 큰돈을 벌 수도 있기 때문입니다.

하지만 이러한 영들 또한 모두 허공을 헤매는 유혼일 뿐이라서 세상 속의 이치는 결코 보지 못합니다. 즉, 상대방 마음속에 있는 기억들을 읽어 과거를 보거나 선후 관계로 어느 정도 끼워 맞춰 말할 수는 있어도, 아직 미정 상태인 미래의 운명에 대해서는 수많은 요소들이 작용해 벌어질 일들이기 때문에 맞히지 못하는 것입니다. 실제로도 이름난 사주팔자의 대가라는 이들이 유명인들의 운명을 정확히 맞히는 것을 볼 수 있는데, 그들은 유명인들의 지난 일들은 그럴듯하게 해석하지만, 사전에 미리 그 운명을 예언하거나 팔자를 고쳐주는 일은 없습니다. 이처럼 지나온 결과를 보고 해석하는 것이 사주라면 무슨 의미가 있겠습니까? 인생에서 진정 필요한 것은 사전에 미리 문제와 원인을 밝혀 대책을 마련하는 일이 아니겠습니까?

만약 역술인들이 진정 인생의 길을 밝히는 이치를 알고 운명을 바꾸는 지혜를 가지고 있다면, 그들은 남의 생일이나 봐주며 밥벌이하는 데 힘을 쓸 것이 아니라 세상을 구하는 지도자가 되어야 옳을 것입니다. 그러나 그들이 자신의 운명조차 바꾸지 못하는 것은 그들이 미래를 개척하는 진리 속에 있는 이치를 모르기 때문입니다.

 박지윤(여자 대학생)

왕이 될 얼굴이 따로 있다는 소재로 드라마와 영화가 상영된 적이 있었습니다. 실제로도 왕이 될 관상이 있는지요? 사람의 자질과 운명이 관상에 나타나 있는지 궁금합니다.

 저자

이목구비가 조화로워 아름다운 용모를 타고났다면 좋은 자산을 가졌다고 할 수 있습니다. 그러나 재물이 많은 것이 오히려 화를 불러올 수 있듯이, 좋은 용모도 자기가 활용을 잘못하면 자신을 망치는 악재가 됩니다. 물론 사주보다는 관상이 운명에 더 직접적인 영향을 끼칠 수 있겠으나, 인물 좋은 사람들이 불행한 운명을 지니는 일도 주위에서 흔히 볼 수 있습니다. 그 이유는 외모보다 더 중요한 것이 그 사람의 마음이며, 좋은 가르침과의 인연이기 때문입니다. 좋은 가르침을 만나 큰 깨달음이 있어 자신에게 좋은 원인을 짓는다면, 반드시 좋은 결과를 보게 됩니다.

즉, 삶의 주체는 자신의 정신입니다. 얼굴만 믿고 자만하고 노력하지 않으면 좋은 운명을 만들 수 없듯이, 모든 것을 결정하는 것은 인간의 정신이며 지혜와 용기와 실천입니다. 따라서 만약 세상을 다스리는 지도자가 되고 싶다면 세상을 담을 큰마음과 용기, 세상을 보는 눈과 지혜를 지녀야 할 것입니다. 그러니 아무리 좋은 관상도 좋은 마음이 있을 때만 복이 될 수가 있으며, 좋은 관상이 좋은 운명을 가져다준다고 믿는 것은 잘못된 생각입니다.

꿈에 대하여

 김종민(남자 대학생)

잠과 꿈에 대해 여쭙겠습니다. 우리는 인생의 반 가까이를 자면서 보내고, 잠을 자는 동안 꿈도 꿉니다. 우리는 왜 잠을 자야만 하고, 또 꿈은 어떻게 꾸게 되는 걸까요?

 저자

모든 것은 순환을 통해 자신을 재생시키고 생명력을 얻게 됩니다. 같은 이치로 인간의 육체도 잠을 통하여 자신을 다시 회복시키고 새로운 생명력을 얻어 생을 유지해 나갑니다.

그리고 인간의 육체는 의식의 지배를 받는데, 좋은 의식은 좋은 기운을 내어 육체를 이끌고 강한 면역력과 생명력을 갖게 합니다. 그래서 인간 완성을 이룬 성자들은 그 마음이 맑고 순수하여 세상일을 있는 그대로 비쳐 세상의 참된 실상과 이치를 보게 되는 것이며 그 속에 어떠한 잡념이나 상상이 일어나지 않습니다. 그래서 잠을 잘 때도 아무것도 없는 평안 속에서 깊게 잠들 뿐 꿈을 꾸지 않습니다. 인간은 이러한 깊고 편안한 잠을 자고 나면 다시 순환을 통해 몸을 회복하여 더 큰 생명력을 지니게 됩니다.

그러나 의식이 탁하거나 허약하거나 그 속에 어두운 기운이 끼면, 그 의식은 항상 잡념이 많고 잠을 잘 때도 많은 꿈을 꾸어 제대로 쉬지 못해 몸을 순환시키지 못하므로, 재생 능력이 떨어지고 피로가 쌓여 만병의 근원이 됩니다.

그러면 꿈은 왜 꾸는 것인가? 사람이 꿈을 꾸는 주된 원인은 기억의 작용 때문이며, 그 외에 영적 기운에 의한 영향도 있습니다.

먼저, 기억 작용에 의한 경우를 살펴보면, 우리가 깨어 있을 때 수많은 상념이 일어나듯이, 잠자는 동안 상념이 일어나는 현상이 꿈입니다. 즉, 인간의 마음속에 강한 욕망과 집착과 습이 묻어 있으면 생각이 많아지고, 이러한 마음으로 잠이 들었을 때 이것이 꿈으로 나타납니다.

이곳에서 처음 밝히는 비밀이지만, 꿈은 인간의 뇌를 거치지 않고 의식 자체가 느끼는 현상입니다. 그것은 마치 육체를 떠난 영혼이 수많은 영적 환상을 겪는 것과 같습니다. 과학자들은 인간이 잠을 자거나 꿈을 꿀 때도 뇌가 깨어 있다고 말하지만, 그것은 그들의 가설일 뿐입니다. 그들은 독립된 의식체나 영혼의 존재를 부정하기에 잠을 자는 상태에서 의식 작용을 느끼는 것을 설명할 수 없으니 뇌가 깨어 움직인다고 말합니다. 그러나 뇌가 깨어 있으면 인간이 잠을 깨고 일어나야지 계속 잠들어 있을 수가 없는 것입니다.

꿈을 꿀 때 인간의 뇌는 잠들어 있지만, 의식체가 활동하면서 뇌에

미세한 자극을 일으켜 마치 뇌가 활동하는 것처럼 보이는 것입니다. 그러나 실제로 뇌는 잠들어 있는 상태이기 때문에, 꿈을 꿔도 피로가 풀리는 것입니다. 즉, 꿈은 육체와 관계없이 의식 자체가 독립적으로 생각을 일으키는 현상입니다.

이처럼 의식이라는 존재는 육체와 별개의 독립적 존재이기 때문에 자신 속에 들어 있는 기억을 가지고 연상하기도 하고 외부의 의식체와 만나 생각을 일으키기도 합니다. 따라서 꿈을 자신 속에 있는 기억과 소망, 욕망과 충동의 상징으로만 해석하는 프로이트학파의 '꿈 분석 기법'은 한계가 있습니다. 이것만 가지고서는 꿈 현상에 대한 완전한 해석은 거의 불가능합니다. 왜냐하면, 인간은 기억과 전혀 관계없는 기이한 꿈들도 많이 꾸고 있기 때문입니다.

그러한 꿈이 꾸어지는 이유는 인간의 의식 자체가 영적 존재로서 언제든 다른 외부의 영적 세계와 이어질 수 있기 때문입니다. 그래서 잠잘 때 외부에서 영적 존재가 개입하게 되면 전혀 생각해 본 적도 없는 이상한 꿈들이 갑자기 꾸어지게 되는 것입니다.

즉, 인간의 꿈은 자기 자신의 내면에 있었던 기억들에 의해서 나타나는 경우도 있고, 다른 외부의 영적 기운들이 들어와 일으키는 경우도 있습니다. 그래서 영적으로 음침한 곳을 가거나 신들린 사람을 접하거나 하면 이상한 나쁜 꿈을 꾸는데, 그것은 그곳에 있는 영적 기운들이 자신의 의식에 영향을 미치기 때문입니다. 따라서 건강한 삶을 위해서는 올바른 생명의 이치를 깨쳐 마음을 맑게 하고 신기(神氣)를 멀리하는 것이 중요합니다.

박지윤(여자 대학생)

우리나라 사람들은 흔히 태몽을 이야기하고, 실제로 현실에서 성공한 이들의 태몽은 좀 별나고 대단해 보이기도 합니다. 그리고 태몽처럼 특별한 경우는 아니어도, 간혹 꿈에서 나왔던 일이 실제 현실로 나타나는 '예지몽'이 있다고 하던데요. 태몽과 예지몽은 어떻게 나타나며 맞는 것일까요?

 저자

태몽은 임신을 소망하니 의식이 닿아 나타나는 것입니다. 즉, 의식계(意識界)는 서로 연결되어 있어 서로 영향을 주고받기도 하므로 다른 이의 태몽을 대신 꿔 줄 수도 있습니다. 그러나 태몽 역시 맞지 않는 경우가 대부분으로, 수많은 꿈 중의 하나일 뿐입니다. 그리고 좋은 태몽을 꿨어도 출세를 못 하고 비천하게 사는 사람도 많습니다. 따라서 태몽은 출세한 사람이 훗날 자신이 애초부터 대단한 존재였다며 의미를 부여하는 식의 일종의 자기 정당화일 뿐 믿을 게 못 됩니다.

그럼 예지몽 속에는 어떤 비밀이 숨어 있길래 꿈에서 본 것이 현실 속에 나타나는 것인가?

세상일은 완전한 인과의 이치에 의해, 근본과 바탕과 환경이라는 세 가지 요인의 상호 작용에 의해 일어납니다. 즉, 현실이라는 바탕 위에 인간이 근본이 되는 원인을 지으면 사회적 환경과 부딪히면서 종합적인 결과가 나타나는 것입니다. 그러니 아직 씨앗(원인)이 심어지지 않은 미래의 결과가 나타날 수가 없는 것입니다. 이것이 세상의 이치입니다. 따라서 아무도 미래를 알 수는 없습니다.

그러면 절대적인 존재나 영계의 신이 다가와 알려 줄 수 있지 않은가? 물론 이 또한 아닙니다. 우선, 절대적인 존재, 즉 조물주(God)는 진리로 세상일을 주재하지, 사소한 인간의 일에 간섭하는 경우는 절대 없습니다. 그리고 세상을 떠도는 신(ghost) 또한 영적인 특성으로 물질을 투과하는 성질이 있어 사람의 의식 속에 담겨 있는 과거의 일을 볼 수는 있어도 아직 정해지지 않은 미래의 일은 절대 알지 못합니다. 따라서 세상을 떠도는 유혼이 꿈에 나타나 미래의 일을 알려줄 수는 없습니다. 만약에 유혼이 미래의 일과 진리에 대해 안다면 하찮은 영적 기운이 되어 세상을 헤맬 이유가 있겠습니까?

　우리가 영적인 기운의 개입 없이 미래를 예측하는 듯한 꿈을 꿀 때는 인간에게는 지혜가 있어서 자신의 현실을 판단할 수 있고, 대부분의 경우 과거에 지었던 일로 인해 결과가 지어질 방향이 정해져 있기 때문에, 미리 그러한 가능성을 감지하고 그것을 예견하는 경우입니다.

　그리고 정확히 들어맞는 예지몽은 매우 위험하다는 것을 알아야 합니다. 그것은 유혼의 장난일 가능성이 크기 때문입니다. 즉, 유혼이 자기의 의식 속에 들어와 암시를 주고서 진짜 일이 일어나도록 현실에 개입하여 장난을 치는 경우입니다. 즉, 꿈에 사고를 예견하고 실제 현실에서 의식을 흐리게 만들어 진짜 그런 사고가 일어나도록 술수를 부리는 것입니다. 그러니 이런 일이 자주 벌어지는 사람은 자기를 해치려는 악령이 들어온 것임을 알아차려야 하며, 그러한 신과의 인연을 단호하게 끊어야 합니다. 안 그러면 앞으로 자신과 주변 사람들에게 큰 불행이 일어날 수 있습니다.

박지윤(여자 대학생)

제 주위에 10년 넘게 '가위눌림'에 시달려 온 친구가 있습니다. 한 번 가위에 눌리면 몸을 움직일 수가 없다고 하는데, 신기한 건 천장을 바로 보고 누우면 더 심해져서 그동안 항상 옆으로 누워서 잤다고 합니다. 어쩌면 심장에 문제가 있을 수 있겠다 싶어서 병원에서 검사도 해 봤지만, 지극히 정상이었답니다. 이 경우 혹시 안 좋은 기운 탓일까요?

 저자

가위에 눌리는 것은 영적인 기운이 몸에 침입하여 의식을 괴롭히기 때문입니다. 이처럼 외부의 영이 인간의 의식 속에 침입하게 되면, 그 정신이 점점 흐려지고 정신분열이 오며 불면증과 식욕부진에 시달려 폐인이 되고 맙니다. 따라서 가위에 잘 눌리는 사람은 자신이 매우 위험한 상황에 처해 있다는 것을 명심하고 영적 감염에서 벗어나려고 노력해야 합니다.

똑바로 잘 때 가위에 잘 눌리는 것은, 바로 누우면 몸의 기문(氣門)이 열려 영들이 몸에 영향을 주기 쉽기 때문입니다. 따라서 옆으로 자는 것도 한 가지 방편이 될 수 있습니다.

하지만 근본적으로 문제를 해결하려면 자기의 주변에서 영의 그림자를 지워야 합니다. 여기서 "영의 그림자를 지운다."는 것은 바른 생명의 이치를 깨쳐 주위에 있는 영적인 기운과의 인연을 모두 끊는 것을 뜻합니다.

　음기(陰氣)는 사람의 생명력이 약해질 때 침입하기 쉽습니다. 따라서 생명력을 강화해야 하는데 사람은 순환 활동을 통하여 생명력을 회복하고 더욱 강해지도록 되어 있으므로 규칙적으로 운동을 하며 활발한 삶을 살아야 합니다. 사람이 세상에 태어난 이유는 좋은 원인을 많이 지어 더 움직임을 통해 좋은 자기를 만들기 위해서입니다. 따라서 삶의 본질은 움직임에 있는 것이니 자신에게 주어진 시간을 힘차고 유용하게 사용하도록 노력해야 할 것입니다.

　그러나 떠도는 영들은 인간의 생명을 허약하게 만들어 자신의 노예로 삼으려 하기 때문에, 인간을 조용히 가라앉혀 기운을 침체시키는 술수를 부립니다. 그래서 고요한 명상이나 금식으로 유혹하고 잠을 안 재우며 남과 어울리기를 싫어하게 만듭니다. 따라서 이런 현상이 나타나면 자신에게 영적 감염이 있는 게 아닌지 경계하고, 조용하고 정체된 삶의 방식을 바꿔 활발하게 생활해 나가야 합니다. 그래야 생명력이 강해져 영의 영향에서 벗어날 수가 있습니다.

살생이 갖는 의미

 백형식(40대 직장인)

사람은 먹고살아야 하며 먹지 않으면 죽게 되어 있습니다. 채식이든 육식이든 간에 무조건 다른 생명체를 먹어야 합니다. 어쩔 수 없이 살생해야 한다면 어떤 기준에 의해 해야 할까요?

 저자

분명히 살생은 좋지 않습니다. 다른 생명이 세상에 태어나 살아갈 가능성을 극단적으로 침해하는 행위이기 때문입니다. 그러나 살생을 하지 않음으로써 모든 존재의 살려고 하는 의지를 지켜주는 것도 좋은 일이지만, 세상 모든 것이 서로의 일부분이 되어 하나로 돌고 있는 것도 세상의 이치이니 크게 보면, 다른 생명체를 먹고 사는 것도 극히 자연스러운 일입니다. 그래서 세상은 완전한 먹이사슬을 이루며 지구라는 하나의 생명체를 유지해 나가고 있는 것입니다.

만약 이러한 엄연한 현실을 무시하고 모든 것이 살아남기 위해 존재하는 것이라는 관념에 빠져, 모두 생명체를 살리기만 한다면 전체적인 조화가 무너져 세상은 멸망하고 맙니다. 따라서 우리는 꼭 필요한 경우 살생을 해야 합니다.

그러면 어떠한 기준을 가지고 살생을 할 때 정당화될 수 있는가? 그것은 '사실'을 기준으로 하면 됩니다. 우리는 세상을 살아가면서 수많은 문제와 만나고, 일의 경중과 선악의 갈림길에서 만나게 됩니다. 이러한 선택의 순간마다 가능한 한 중요한 일을 해야 하고, 선을 택하려고 노력해야 합니다. 왜냐하면, 선한 공덕이 악한 업을 극복함으로써 더 좋은 삶을 가져오기 때문입니다.

내일 인생을 결정짓는 중요한 시험이 있어 그동안 공부한 것을 집중해서 정리하고 빨리 잠을 자야 하는데, 공부방에 모기가 많이 들어와 앵앵거리며 방해를 한다면 어떻게 해야 할까요? 살생해서는 안된다는 관념에 사로잡혀 모기에 뜯겨 가며 공부도 못하고 잠도 못 자고 시험을 치를 것인지, 아니면 모기를 잡고 편히 공부한 후 내일 시험에 합격할 것인지, 결론은 당연히 살생이라도 모기를 잡아 공부에 집중하고 시험에 붙어 자신과 가족을 부양하는 것입니다. 자신의 삶을 이루고 가족들을 부양하는 것이 모기를 잡는 '업'과는 비교도 할 수 없는 큰 '공덕'이기 때문입니다. 국가의 명운을 이끌고 전쟁터에 나간 장수는 살인이 된다고 해도 적군을 무찔러야 합니다. 적의 목숨을 빼앗아 생기는 업보다 나라를 구하는 일이 훨씬 중요하기 때문입니다.

먹고사는 문제도 마찬가지입니다. 이 세상은 하늘이 지어놓은 완전한 뜻과 이치에 따라 돌고 있으며 그 속에서 모든 생명체는 자연의 순환에 따라 먹이사슬을 이루고 있습니다. 따라서 초식동물이 풀을 뜯어 먹고, 육식동물이 초식동물을 잡아먹고, 사람이 동식물을 먹는 것은 매우 자연스럽고 당연한 일입니다.

그러므로 동식물을 먹는 업을 생각하기보다는 몸과 마음을 건강하게 하여 세상을 축복하는 공덕을 짓는 일을 더 소중하게 여겨야 합니다. 사람은 먹고살아야 세상을 위해 좋은 일을 할 수 있고 인간 완성의 경지로 나아갈 수 있는 것입니다.

다만, 살생이 습관이 되어 생명을 죽이는 것을 가벼이 생각한다면 그것은 큰 업이 되어 세세생생(世世生生) 자신의 운명에 영향을 미치게 되니 살생은 항상 신중에 신중을 기울여야 합니다.

그리고 살생이라고 다 같은 것이 아니라, 의식이 강한 것을 죽일수록 더 큰 업이 됩니다. 강한 의식을 가진 생명일수록 그 의식의 힘이 강하고 한을 가지고 있어 가해자의 영혼에 큰 영향을 미치기 때문입니다. 그래서 개나 원숭이 같은 고등동물을 죽이거나 먹으면 당장 마음이 어두워지지만, 하등생물에 이를수록 한과 업이 적어져 풀과 같은 것을 먹으면 거의 영향이 없습니다. 그래서 식물의 경우 그 의식이 매우 순수하기에 그 기운이 인간의 몸에 바로 흡수되고 의식에 거의 영향을 미치지 않습니다.

 박지윤(여자 대학생)

밭에 새파랗게 올라오는 채소나 작물을 보면서 '인간이 저만 살겠다고, 저렇게 살려고 태어난 생명체를 먹어야 하는가?'라는 의문이 들 때가 있습니다. 육식도 생명을 죽이는 것이고, 채식도 생명을 죽이는 것이지 않습니까?

그렇게 보면, 자기가 살기 위해 살려고 하는 다른 생명을 해쳐야 하는 인간은 살아 있는 한 이미 죄인일 수밖에 없는 것 같습니다. 그렇다면 '어차피 죄인인 인간이 좋은 일을 해봐야 무슨 소용이 있을까?' 하는 생각이 듭니다. 최소한의 살생조차 옳지 못하다고 생각되면 더 이상 존재하기를 거부하고 자살하는 것이 답이라는 생각마저 들기도 합니다. 모든 것을 인간 위주로 생각하는 것이 과연 세상을 위한 것인지, 인간을 위한 것인지 궁금합니다.

 저자

님은 지금 너무 관념 속에서 살고 있습니다. 사실을 중시하고 현실 속으로 나와야지 사회에 필요하고 가치 있는 사람이 됩니다.

인간이 다른 생명을 해쳐 음식으로 먹는 행위의 정당성을 설명해 달라고 했습니다. 님은 생각이 너무 많습니다. 생명을 먹지 않으면 먹을 게 없고, 먹지 않으면 죽게 되는데, 먹는 이유를 알아야 먹을 수 있다고 주장한다면 어찌 세상을 제대로 살아갈 수 있겠습니까? 먹는 것마저 이유를 알아야 한다면 왜 화장실에 가야 하는지, 왜 잠을 자야 하는지, 왜 숨을 쉬어야 하는지, 왜 위험을 피해야 하는지 결론을 내리기 전에는 아무 일도 하지 못하겠군요.

항상 현실을 중시해야지, 생각에 빠져서는 안 됩니다. 님의 생각대로 하자면 인류의 생존 자체가 위기에 빠지게 됩니다. 그런 관념에 빠진 대표적인 사례가 인도의 '자이나교(Jainism)'입니다. 그들은 무의식적으로 저지를 수 있는 살생마저 피해야 한다고 손에 빗자루를 들고 개미와 같은 벌레를 쓸고 다닙니다. 생각에 빠져 삶이 관념화돼 버린 것입니다.

이 세상은 완전한 뜻 속에 있습니다. 물질은 큰 에너지에 휩쓸리고 자연에서는 강함에 의해 지배됩니다. 그리고 정신의 영역에 들어가면 완전한 뜻에 따라 적용받게 되어 있습니다. 거친 물질의 단계에서부터 순수한 인간의 의식으로 올라갈수록 단순한 힘의 이치를 벗어나 완전한 뜻의 이치에 의해 적용받게 됩니다.

사람이 채소와 과일을 따 먹고 곡식을 추수해 먹는 것에 채소와 과일과 곡식이 항의하는 것을 봤나요? 호랑이가 사슴을 잡아먹는데 사슴이 원망하는 것을 봤습니까? 그것은 자연의 질서이며 호랑이의 정당한 식사일 뿐입니다. 정의를 느끼고 원한을 갖는 것은 인간의 의식 차원에 이르러서 나타나는 뜻이지, 동식물 단계의 자연 속에서 그런 것은 존재하지 않습니다.

자연 속에는 오직 힘의 원리를 통한 자연의 순환이 있을 뿐입니다. 호랑이가 사슴을 잡아먹는 것은 호랑이가 나쁘고 불의해서 그런 것이 아니라 먹고살기 위한 자연스러운 행동일 뿐이며, 사슴이 아무 원망하지 않고 도망치는 것도 풀을 뜯어 먹고 사는 것은 하늘이 지어놓은 완전한 뜻에 따라 살아가는 사슴의 자연스러운 생의 흐름일 뿐입니다.

그들은 아직 의식의 맑음을 갖지 못한 수준의 업을 지니고 있기에, 그렇게 약육강식의 원리에 따라 살아가야 하는 운명 속에 살고 있는 것입니다. 이러한 흐름 자체가 하늘이 지어놓은 완전한 뜻이니, 자기 생각으로 한 치의 어김 없이 돌아가는 자연의 질서를 제멋대로 왜곡해서는 안 됩니다.

이러한 동물적 단계를 지나서 인간의 의식 단계로 진화하면 그 의식은 완전한 이치로 움직이기 때문에, 단순한 힘의 원리 이외에 모든 것에서 완전한 뜻의 질서와 이치를 요구하게 됩니다. 완전성을 추구하며 조금의 어둠도 용납하지 않는 인간의 의식은 단순한 힘에 의한 생존뿐만이 아니라, 모든 면에서 공정하고 이치에 맞는 것을 요구하는 것입니다.

"모든 것을 인간 위주로 생각하는 것이 과연 세상을 위한 것인가? 인간을 위한 것인가?"라고 물었습니다. 세상은 하나의 질서 속에 조화체로 돌고 있고, 인간은 그 속에서 우주의 주체로서 생태계의 균형을 유지하며 우주의 정화인 의식의 완성을 위해 살아가고 있습니다. 따라서 인간이 생명을 유지하기 위해 살아가는 과정은 단순히 인간만을 위한 과정으로 한정할 수 없으며 거대한 세상의 움직임을 완성시키는 정점의 모습이라 할 수 있습니다.

인간이 동물적 탐욕에 휩싸여 세상과 환경을 약탈적으로 해치고 살아간다면 결국 자신과 세상을 망치게 되겠지만, 자연의 질서를 지키며 생명의 이치와 영혼의 정화를 실천한다면 완전한 세상과 우주의 열매인 인간 완성의 경지에 도달하는 것이니, 이것은 인간과 세상 모두를 위하는 길입니다.

그리고 식물이나 동물이 잡아먹힐 때 한을 갖지 않는다는 이유만으로 이를 먹는 것을 정당화하고, 또 자연스럽다고 표현하는 것은 부적절한 것 아니냐고 반문할 수 있지만, 이러한 주장은 현실을 무시한 관념적 사고입니다. 모든 생명들은 살려고 하는 생명의 의지도 있지만, 또 상대에게 자신을 주어 하나로 조화되어 순환하는 이치도 있습니다.

이 세상의 모든 생명체는 서로 생명력을 주고받으며 하나의 조화를 이루고 있습니다. 나무와 풀은 살려고 태어났지만, 초식동물에 먹힘으로써 초원의 질서를 유지하고, 초식동물은 육식동물에 먹힘으로써

생태계의 균형이 유지됩니다. 그리고 식물이나 동물은 인간의 몸속에 들어옴으로써 동물과 식물의 한정된 인연과 순환에서 벗어나 사람의 인연을 받아 높은 차원의 영혼으로 진화할 원인을 짓기도 하는 것이니, 먹히는 것이 어떤 면에서는 축복이 되는 것입니다.

만약 님의 말대로 생명체들이 살려고 하는 모습이 불쌍해서 모든 것을 있는 그대로 가만히 둔다면 생태계의 질서와 조화는 무너져 모든 생명체가 한꺼번에 사라지고 말 것입니다. 따라서 세상이 이루어지는 실상의 진리를 무시하고 전해 오는 관념과 생각에 빠져 세상이 움직이고 있는 자연의 이치를 왜곡해서는 안 됩니다.

 백형식(40대 직장인)

그렇다면 절에서 수행하는 스님이나 기 수련을 하는 분들은 섭생을 어떻게 하는 게 좋은가요? 몸과 마음을 닦고자 한다면, 육식을 금해야 하나요?

 저자

서구 문명의 영향으로 육식이 식습관으로 보편화되고 있습니다. 그러나 전통적으로 육식에 관해 전해져 내려오는 여러 가지 속설이 있어, 사람들에게 많은 오해와 궁금함을 불러일으키고 있기에 그 진실을 말씀드리겠습니다.

수행과 관련된 이야기들 중에, "도를 닦는 사람은 육식을 해서는 안된다."는 말이 전해지고 있습니다. 과연 그것이 사실일까요? 사실이라면 그 영향은 얼마나 될까요?

육류는 그 기운이 강하여 먹는 사람에게 강한 에너지를 제공하나, 그 탁함과 야수성으로 말미암아 욕망과 탐심을 일으키게 하고 몸을 탁하게 합니다. 이에 반해, 식물은 그 기운이 순수하여 사람의 몸에 순수한 기운을 제공할 뿐 다른 해가 없습니다. 그래서 채식을 하는 동물은 모두 순하며, 육식을 하는 동물은 모두 사납고 공격적인 것입니다. 동양 사회가 수동적이고, 서양 사회가 공격적인 것에도 이러한 원인이 작용하고 있습니다.

그러나 육식을 하는 자는 도를 이루지 못한다거나 큰 악업이 쌓여 불행한 운명을 받게 된다는 말은 사실과 다릅니다. 육식이 인간에게 영향을 주기는 하지만, 그것이 운명에 결정적이거나 직접적인 영향을 주지는 않습니다. 왜냐하면, 세상의 일은 먹는 것에 의해서가 아니라, 지은 원인에 의해 결과가 나타나기 때문입니다.

세상에는 수많은 중요한 일들이 지어지고 있습니다. 먹고살기 위해 열심히 일하고, 세상을 위해 의미 있는 큼직큼직한 일들이 끊임없이 삶을 구성하고 있습니다. 이러한 일들 가운데서 얼마나 좋은 마음을 가지며 좋은 원인을 짓느냐에 의해 운명이 결정되는 것이지, 어떤 것을 먹느냐 하는 것은 크게 중요하지 않습니다.

그래서 『성경』에도 "입으로 들어가는 것이 사람을 더럽게 하는 것이 아니라 입에서 나오는 그것이 사람을 더럽게 하는 것이니라."라고 하여 인간의 언행이 가장 중요하다는 것을 밝히고 있습니다. 먹을 것이 고기밖에 없는데 관념에 사로잡혀 아무것도 먹지 않고 해야 할 일을 안 한다면, 그보다 어리석은 일은 없습니다. 육식을 하면서도 세상에 공덕을 짓는 것이, 육식을 해서 생기는 어둠보다 훨씬 크다면 육식도 해야 하는 것입니다.

다만, 진리의 길을 가는 자는 가능한 한 좋은 원인을 짓는 것이 올바른 자세이므로, 가능하면 욕망을 부추기고 마음을 흐리게 할 가능성이 있는 육식을 멀리하고 깨끗한 음식을 먹을 필요가 있습니다. 부처님이 육식을 금하라 한 이유 또한 구도에 뜻을 두고 진리에 몸을 바친 제자들에게 한 말이지, 결코 모든 사람에게 똑같이 행하라고 한 말은 아니었습니다. 육식이 인간에게 탐심을 일으키고 욕정을 일으키는 만큼 진리를 구하는 자라면 작은 악연이라도 조심하는 것이 당연하기 때문입니다.

또한 세상 사람들은 삶의 수준과 생활 방식이 다 다르기 때문에, 육식을 하는 것은 그들의 애욕적인 삶과 동물적인 욕구를 충족시키는 데 도움이 됩니다. 더구나 오늘날과 같은 자본주의 물질문명은 모든 사람들을 욕망 속에 살도록 밀어붙이고 있기 때문에 사람들이 육식을 하고 쾌락을 즐기며 사는 것은 자연스러운 현상이라 해야 할 것입니다.

부처님도 깨달음을 얻기 전에는 왕자의 신분으로 온갖 향락을 즐기고 술과 고기를 드셨으나, 해탈하여 티 하나 없는 맑은 반야심(般若心)을 얻고 난 후에는 그 몸까지 반야의 기운으로 순수해져 탁한 고기와 오욕을 받을 수가 없게 되었던 것입니다. 따라서 이러한 사실은 그 사람의 깨달음의 정도를 판단하는 데도 중요한 기준이 됩니다.

요즈음 도를 깨치면 아무것에도 걸리지 않는다고 함부로 행동하면서 육식을 하고 술을 마시는 이들이 많이 있는데, 그들은 깨달음이 뭔지도 모르면서 말법(末法)에 물들어 자신을 망치고 세상을 오도하고 있는 것입니다. 마음이 순수해지면 그 몸도 순수해져 저절로 육식과 술을 할 수 없게 되는데, 아무것에도 걸리지 않는다는 식으로 술과 고기를 즐기는 것은 아직 그 마음이 순수함을 얻지 못했다는 증거입니다.

그렇다면 어떤 사람은 맑은 의식을 지닌 예수님은 왜 육식을 했는가 하고 물어볼 것입니다. 예수님이 육식을 했다는 것은 그 사회에 먹을 것이 주로 육류였기 때문에 그런 것이지, 육식을 좋아했다는 말이 아닐 것입니다. 마음이 순수해지면 몸의 기운도 그에 순응해 순수해지기 때문에 탁한 고기를 좋아할 리가 없는 것입니다. 다만, 인간의 삶에 있어서 좋은 마음으로 좋은 원인을 실천하는 것이 중요하기에, 먹는 것에 그리 구애받지 않았다고 봐야 할 것입니다.

성욕은 죄인가

 김종민(남자 대학생)

예로부터 성과 관련된 범죄는 나이를 불문하고 일어났었고 성에 대한 안 좋은 인식은 성을 인간의 원죄로까지 보고 있습니다. 성은 단순히 육체적 욕망일 뿐인지, 아니면 그 이상의 가치가 있는지 여쭤봅니다.

 저자

성이 좋은 것이라든가 또는 나쁜 것이라고 일률적으로 말할 수 없습니다. 현대사회에는 과거로부터의 전통적 관념과 종교적 교리로 인해 성 자체를 죄악시하는 경향이 있는데, 이것은 성의 실상을 모르고 관념적 논리에 빠져 흑백논리로 성을 판단했기 때문에 생긴 일입니다.

성욕은 생명 유지에 있어 가장 기본적이고 필수적인 요소입니다. 인간 사회도 생명의 흐름 속에 있는 만큼 성으로부터 인연이 시작되고 사회가 이루어지고 있어서 성은 매우 중요하며, 남을 해치지 않는 한

성을 즐기는 것은 죄가 아닙니다.

그러나 성이 생명과 사회의 유지에 근본이기는 해도, 이는 생물적인 부분에 해당하며 그것이 인간의 전부는 아닙니다. 왜냐하면, 인간은 동물로 태어났지만, 점차 여기에서 벗어나 신성에 이르게 되어 있는 고귀한 존재이기 때문입니다.

진리의 빛이 사라져 버린 현대사회에서는 인간의 삶이 그저 쾌락을 즐기고 부귀영화를 누리는 것에 있다고 생각하는 경향이 있는데, 인간은 즐기고 생존하는 데에 그치는 것이 아니라, 신성한 근원에서 태어나 세상을 축복하는 좋은 뜻을 행하여 궁극적으로는 완성에 이르고자 살아가고 있는 것입니다.

그래서 인간 세상에는 본능에 충실한 사람만 살고 있지는 않습니다. 겉보기에는 다 똑같은 사람 같아도 그 속에는 수많은 부류가 있습니다. 동물적 충동에 따라 짐승처럼 사는 사람에서부터 권력이나 재물이나 명예만을 추구하는 사람이 있는가 하면, 세상을 축복하고 완성의 경지에 이르고자 하는 사람까지 천차만별의 다양한 사람들이 공존하며 살아가고 있습니다.

물론 이러한 인간 유형 중에서 누가 좋고 나쁘다고 일률적으로 말할 수는 없습니다. 다만, 분명한 것은 인간은 자기가 지은 대로 자신을 스스로 이루게 되며, 무한한 가능성을 지닌 신성한 존재로서 누구나 동물적 차원에서 벗어나 완성으로 나아가야 한다는 사실입니다. 따라서 한정된 시간을 너무 성적 욕망에 얽매지 말고 더 큰 가치와 더 좋은 자기를 이루기 위해 살아야 하는 것입니다.

김종민(남자 대학생)

하지만 제 주위엔 지금 하신 말씀과 다르게 생각하는 이들이 더 많아 보입니다. 성욕이 올라오고 음란한 마음이 드는 걸 나쁘다고 말하기도 하고, 생각으로 남을 탐하거나 범하는 것도 죄라고 주장합니다. 정말 그게 죄가 될까요? 음란한 마음은 왜 나쁜가요?

 저자

우리들은 유교적 전통으로 인하여 성에 대해 너무 엄격한 잣대를 들이대 왔습니다. 그러나 성욕은 자연스러운 것입니다. 성이란 짝을 찾고 자손을 낳아야만 생존하게 되는 모든 생명체의 공통된 현상입니다. 그 자체에는 선악이 없습니다. 상대방에게 해를 끼치지 않는 한 자율적으로 자신의 책임 아래 자신의 성생활을 선택하는 것은 인간의 권리라고 할 수 있습니다.

그리고 "생각으로 남을 탐하는 게 죄가 되는가?"라고 질문했습니다. 결론부터 말씀드리면, 그건 죄가 되지 않습니다. 사람은 근본적으로 본능과 이성을 함께 가지고 살아갑니다. 인간 세상이 약육강식과 본능적인 활동으로만 이루어지지 않고 조화와 발전을 이루는 이유는 인간의 이성이 본능을 억누르고 살기 때문입니다.

따라서 개인이 본능을 억누른다는 것은 자기 자신의 의식이 그만큼 강해 본능을 통제하며 산다는 것을 의미합니다. 인간에게는 엄연히 본능이 있으니, 본능이 일어나는 것은 지극히 자연스러운 일입니다. 그런데도 이성이 그것을 통제했다면 그건 죄를 지은 게 아닙니다.

혹자는 "여자를 보고 생각만 일어나도 간음이다."라고 말하기도 하

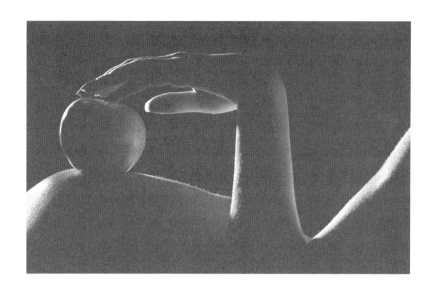

는데, 그건 분명히 간음도 아니고 죄도 아닙니다. 대상을 보고 감각이 일어나는 것은 자연스러운 생명의 반응으로 세속의 남자가 여자를 보고 감정이 안 일어나면 그것이 문제인 것입니다. 그러한 자연스러운 생명 반응 속에서 아무런 문제를 안 일으키고 사회 구성원으로서 생활을 잘하는 것은 자기 자신의 이성이 그걸 이겨낸 결과이니 어찌 죄라 하고 간음이라 하겠습니까?

비슷한 예로 물건을 보고 갖고 싶은 마음이 들었는데 그걸 억제하고 안 훔쳤다면, 그가 나쁜 사람일까요? 우리는 결과를 보고 판단해야 합니다. 견물생심이라 좋은 것을 보고 갖고 싶지 않은 사람이 어디 있겠습니까? 그러나 탐이 나도 훔치지 않았다면 나의 의지와 양심이 커서 이겨낸 것이니 죄가 되지 않는 것이며, 나 자신의 의지가 탐심을 이겨냈으므로 그만큼 선하고 강한 사람이라고 보는 것이 타당합니다.

행복한 가정 만드는 법

행복이란

…

행복이란 배고프지 않고,
근심 걱정이 없고,
외로움이 없는 것이다.
인간으로 태어나서 이것을 구하면
더 이상 얻을 것이 없다.
더 이상 구하는 것은
욕망이며 현대 문명의 병이다.
더 이상 구할 것이 없는 평안을 얻으면
세상의 진실들이 저절로 드러난다.

PART 2

부부의 인연

 조희경(30대 주부)

부부의 인연은 전생의 원수가 이생에서 이어진 거라는 말은 정말일까요? 실제로 부부 사이가 나쁜 분들을 보면 그럴 것 같기도 해서 그 말이 우스갯소리로 들리지 않습니다. 부부의 인연은 과연 전생에서부터 정해진 것일까요?

 저자

세상일이 이루어지는 것은 자신이 지은 원인에 의해 생기기도 하지만, 인연이 닿아 생기기도 합니다. 따라서 부부의 인연도 인연이 닿았다고 말할 수는 있어도, 정해진 부부의 인연이 따로 있다고는 말하기 어렵습니다. 왜냐하면, 이생에 몸을 받을 때 모든 과거의 기억은 사라지고 그 기질과 특성만 남아 현생의 운명을 결정짓기 때문입니다. 그러므로 부부가 과거에 연인이었다거나 원수였다고 하는 말은 말 좋아하는 사람들이 만들어낸 얘깃거리에 불과합니다.

　부모, 자식, 형제자매는 태어남과 동시에 맺어지는 천륜이지만, 부부간의 인연은 다른 삶의 여정과 마찬가지로 자신이 만들어 나가야 하는 것입니다. 따라서 어떻게 만들어 나갈지는 자신이 선택해야 합니다. 인생이란 과거로부터 주어진 인연의 거미줄 끝에서 자신의 의지로 새롭게 거미집을 만들어 나가는 과정입니다. 인간이 과거의 영향에서 완전히 벗어날 수는 없다 해도, 자기 운명의 주체로서 이를 수정하고 발전시켜 나가는 것은 자기 자신의 몫입니다.

　세상의 모든 일은 원인이 있어야 결과가 생기듯이 좋은 사람을 만나기 위해서도 적극적인 자세로 새로운 원인을 지어야 합니다. 따라서 부부의 인연을 어떻게 만들어 나갈지는 자신이 선택하는 것입니다. 세상에는 수많은 부류의 사람이 있기 때문에 서로의 기질과 성격과 취향이 다 다르며 남녀 간에 원하는 것도 다 다릅니다. 어떤 사람은 물질적 풍요와 쾌락을 원하고 어떤 사람은 출세와 권력을 원하며 어떤 사람은 봉사와 보람 있는 삶을 원합니다.

　따라서 결혼을 앞둔 사람은 자신이 바라는 이성이 있으면 망설이지 말고 적극적으로 다가서서 자신의 장점과 능력을 보여주고 인연이 맞는지를 타진해 봐야 합니다. 열심히 노력해 보고 서로 호감이 있으면 인연이 닿겠지만, 아무리 자신의 장점과 능력을 보여주어도 이를 외면한다면 이미 서로의 성품과 취향이 다른 것이니 인연이 아니라고 판단하고 헤어지는 것이 좋습니다. 시도하지도 않은 인연이 생기기를 바라는 것처럼 어리석은 일도 없지만, 맞지 않는 인연을 억지로 이으려 하는 것처럼 바보스러운 짓도 없습니다.

작년 이맘 때 결혼했던 친구가 이혼을 했습니다. 둘은 동창생 모임에서 만나서 오랜 시간 교제한 사이라 이혼할 줄은 생각도 못했습니다. 들은 얘기로는 서로 함부로 대하고 매일 싸웠다고 합니다. 둘은 친구로 만나고 친구같이 편안한 부부 사이가 될 줄 알았는데 행복한 부부가 되는 데는 무엇인가 부족했나 봅니다. 행복한 부부의 만남은 무엇일까요?

 저자

세상살이가 남녀가 만나 사회생활을 하며 사는 일이라 수많은 사연과 문제가 부부 사이에 다가옵니다. 대부분의 사람들은 다가온 문제를 원만하게 해결하고 살지만, 일부 부부들은 그 문제를 잘 해결하지 못하고 밖으로 불거져 나와 심각한 불행으로 표출되기도 합니다. 그 이유는 각 부부에게 닥친 문제의 경중도 있겠지만, 대부분의 경우 그 문제를 해결하는 부부의 정신적 미성숙성 때문입니다.

어떤 부부는 배우자의 큰 잘못도 이해하고 잘 극복합니다. 그런데 실제로는 심각한 문제가 없으면서 이혼을 고려할 정도로 심각하게 발전하는 부부도 있습니다. 그러한 부부는 잘못을 견뎌낼 수 있는 지혜와 인격적 성숙성이 부족한 것입니다.

부부가 좋은 조건이 갖춰진 완벽한 환경에서 살 수 있으면 좋겠지만, 현실은 항상 부족한 게 있기 마련입니다. 그리고 물질적인 조건이 갖춰진다고 해서 부부가 행복한 것은 아닙니다. 물질보다 더 중요한 것이 마음이 맞는 것입니다. 따라서 끝없는 욕망과 쾌락 속에 떠밀려가는 말세의 흐름에 너무 물들어서는 안 됩니다.

인생은 단순한 동물적 생존과 쾌락만 있는 것이 아니라 인간 완성이라는 깊은 의미와 가치가 있습니다. 따라서 너무 현실적 기준에서 남과 비교하며 살지 말고 삶의 의미와 가치를 찾아 노력하는 진지한 자세가 필요합니다. 오늘과 같은 어두운 세상에서는 인간이 가야 할 길을 보지 못하면 항상 어둡고 비틀거리며 한순간 불행에 빠지게 됩니다.

인간도 동물의 일종이니만큼 인간 세상을 구성하는 근본 동력은 애욕입니다. 애욕에 의해 남녀가 만나 아이를 낳고 기르면서 인간 세상이 이루어지는 것입니다. 그러나 인간의 삶은 육체적 생활에 한정되지 않습니다. 인간은 동물로 태어나 신에 이르는 여정을 걸어가는 중간자적인 존재이기 때문입니다.

따라서 부부간의 사랑도 아이 낳고 살림 잘하고 서로 위해 주는 육체적 인연에만 머물 것이 아니라 참된 삶의 의미와 바른 이치를 깨우쳐 서로 인간 완성으로 나아갈 수 있도록 도와주는 게 가장 바람직한 부부의 모습이라 할 것입니다.

이혼과 사별

 백형식(40대 직장인)

아내와의 사이에 많은 갈등이 쌓여 마주 대하기가 싫습니다. 애들 때문에 이혼하지 못하고 어쩔 수 없이 함께 살고 있는데, 이것이 과연 올바른 선택일까요?

 저자

부부 관계가 서로 상대를 위해 주며 부족한 점을 채워서 인간 완성의 길로 함께 갈 수 있으면 좋겠지만, 현실 속에서 그런 부부는 찾아보기 힘들고, 대부분 오욕칠정(五慾七情)의 인연에 얽혀 살아가고 있습니다. 그래서 한평생 살고 나면 회한과 미운 정만 남는 게 세상에 흔한 부부의 모습이 아닌가 싶습니다.

부부사이는 두 사람의 관계로 지금 여기서 님의 의견만 듣고는 누가 옳은지 알 수 없습니다. 누가 옳고 누가 그른지를 판단하기 위해서는 구체적인 사실을 놓고 판단해야 합니다.

그리고 대부분의 부부가 서로 마음이 딱 맞거나 서로 죽고 못 살아서 평생 사는 것은 아닐 것입니다. 대부분이 생활과 부모와 자식의 인연에 얽매여 있어서 헤어지는 것보다는 같이 사는 것이 나으니 이혼을 안 하고 사는 것입니다.

만약 인연을 유지하며 사는 것이 헤어지는 것보다 이로우면 참고 사는 것이고, 같이 사는 것이 헤어지는 것보다 힘이 든다면 헤어지는 것이 좋겠지요.

그러나 님이 세상과 나라를 위해 큰일을 한다면 몰라도 단순히 개인적인 사정으로 이혼을 생각한다면, 같이 사는 것이나 헤어지는 것이나 큰 차이는 없을 겁니다.

따라서 상대방에게 불륜과 같은 이혼 사유가 없다면 자기에게 주어진 부부의 인연을 잘 추스르며 살기를 권합니다. 시련이 정신을 고양시키는 데 가장 큰 도움이 되듯이, 자신을 힘들게 하는 배우자 또한 자신을 깨우치는 데 가장 큰 스승이 될 수 있기 때문입니다. 헤어짐을 감당할 자신이 있는지 아니면 시련을 복 밭으로 삼아 자신을 닦을 계기로 삼을 것인지 잘 생각해보시기 바랍니다.

 김갑수(70대 노인)

죽은 지 몇 년이 됐는데도 매일같이 남편 영정 사진 앞에 밥상을 차려놓고 사는 사람을 매스컴을 통해 봤습니다. 처음에는 지나치다는 생각도 들었지만 매일매일 하는 모습이 대단하고 가식적으로 보이지가 않았습니다. 이런 정성스런 행동이 두 분에게 얼마만한 복락을 주게 될까요?

 저자

  모든 생명은 생사를 거듭하며 끝없이 돌고 돕니다. 이러한 윤회는 자신이 그치려 해도 그칠 수 없고, 자신이 지은 대로 자연의 법칙에 따라 돌게 되는 것입니다.

  질문 속의 여성분은 이러한 생명의 이치를 알지 못해 이생에서의 인연이 전부인 줄 알고 이생의 인연을 어떻게 놓을지 모르는 것입니다. 이러한 집착은 망자에 대한 축복이 아니라 저주가 됩니다.

  이처럼 망자에 대해 집착하면 망자가 계속 현실에 머물게 되어 윤회하기 어렵게 되는데, 이렇게 세상에 머무는 영혼을 귀신이라 합니다. 결과체인 영혼이 저세상으로 떠나지 않고 이 세상에 남아 계속 움직이게 되면, 활동한 만큼 그 영혼 속에 간직된 진기(眞氣)를 까먹고 쭉정이가 되어 자신을 망치게 되며, 산 자는 그 영혼의 간섭으로 몸과 마음에 좋지 않은 현상이 나타나게 됩니다. 그러니 그분이 죽은 남편을 대하는 모습은 생명의 이치에서 볼 때 잘못된 행동입니다.

  생은 한 번으로 그치는 것이 아니라 완성에 이르기까지 계속 이어지면서 끝없이 자기 농사를 짓는 여정입니다. 따라서 이생의 삶을 여한 없이 살다가 죽으면, 모든 것을 잊고 떠나 다음 생을 맞이해야 합니다. 그리고 산 자에게는 떠난 인연을 잊고 자신의 영혼을 더 좋게 지어야 하는 살아남은 자로서의 책임이 남겨져 있습니다. 이것이 생명의 이치입니다.

원만한 가족 관계를 위하여

 조희경(30대 주부)

부모나 부부, 그리고 자식들 간에 친하다는 이유로 함부로 대하는 경우가 많습니다. 그래서 가족 간에 다툼도 생기고 심하면 인연도 끊어지게 됩니다. 원만하고 바람직한 가족 관계를 위해 지켜야 할 원칙이나 방법을 제시해 주셨으면 합니다.

 저자

원만한 가족 관계를 위해서는 가족 간이라 해도 너무 편하게 생각하지 말고 남을 대할 때처럼 예우를 갖추어 대하며, 가정의 대소사를 모두 가족에게 공개하고 서로 토론하고 협력하여 합리적으로 해결해야 하며, 각자가 책임을 분담하여 긴밀한 공동체가 되도록 해야 합니다.

모든 인간은 각자 자신의 영혼을 농사짓기 위해 이생에 태어났습니다. 자식도 나의 몸을 인연으로 해서 태어났을 뿐 그 영혼은 자기 것입니다. 따라서 가족에 지나친 애착을 갖거나 내 소유라고 생각하지 말고, 독립된 주체로서 자립심을 갖고 성장할 수 있도록 격려해 주고, 인간의 도리를 지키고 은혜를 갚을 줄 알게 하는 양심을 길러줘야 하겠습니다. 그래서 자기가 해야 할 일을 성실히 행하며 받은 은혜를 갚는 마음으로 살아가게 한다면, 앞으로 가정과 사회의 모범적인 구성원으로 자기 역할을 충실히 해내며 자기의 가능성을 최고로 발휘해 나갈 수 있을 것입니다.

김종민(남자 대학생)

부모님께서는 제가 학업으로 엘리트 코스를 밟고 출세하시길 바랍니다. 하지만 그런 기대감이 저를 부담되게 하고 힘들게 합니다. 그리고 무엇보다 제가 부모님 뜻대로 살아가는 것이 진정한 효도인지도 의문입니다. 의견을 듣고 싶습니다.

 저자

유교 관습이 강하게 남아있는 우리사회에서의 부모들은 자식에게 자신의 모든 것을 바치고, 또 그 자식이 자신에게 모든 것을 다해주기를 바랍니다. 그러나 자식은 부모의 몸을 빌려 태어났을 뿐 그 근본은 자기 자신의 영혼으로부터 온 것입니다. 그러니 자식을 하나의 인격체로 봐야지 부모의 소유물로 봐서는 안 됩니다. 따라서 성년이 된 자식은 스스로 자기 삶을 살도록 떠나보내야 하며, 계속 잡고 있는 것은 옳지 않습니다.

그런데 유독 한국 부모들은 자식에게 강한 애착을 보이는 경향이 있는데, 이는 큰 갈등과 고통의 원인이 됩니다. 왜냐하면 인간 세상에 영원한 것은 없으며, 가족도 인연이 다하면 헤어져야 하기 때문입니다. 세상 이치에 눈을 뜨지 못한 부모는 이러한 생명의 길을 이해하지 못하니, 자식에게 정과 집착이 크고 바라는 게 많습니다.

다행히 세상이치와 옳고 그름을 아는 부모라면 자식과도 문제가 없겠지만, 이러한 이치를 모르는 무지한 부모는 자식과 문제를 일으킵니다. 만약 이런 부모를 만났다면 시의적절한 때에 세상의 이치를 하나씩 설명해 드려야 합니다. 이생에서 몸을 주시며 큰 은혜를 베푼 부모님이 자신의 생명의 씨앗인 영혼을 망치는 소멸의 길에서 헤매지 않고, 참된 생명의 길을 찾아 좋은 곳에 나고 좋은 후생을 받도록 해드리는 것이 가장 큰 효도입니다.

세속의 욕망과 집착이 많은 부모님께는 한과 욕망과 집착을 갖게 되면 세상을 떠나지 못하고 계속 헤매게 되어 유혼이 된다고 살아 계실 때 일깨워 드리고, 임종을 맞으실 때는 모든 것을 잊고 떠나야 하는 것이 생명의 이치임을 알려 주시기 바랍니다. 그리고 만약 임종 뒤에도 살아 계실 때처럼 주변 현상이 생생하게 그대로 보인다면, 모든 것을 잊고 깊이 잠들려고 노력해야 한다는 것을 알려드리기 바랍니다. 그래야만 유혼 신세를 면하게 됩니다. 물론 욕망과 집착과 한이 크면 잠이 잘 오지 않겠지만, 이러한 이치를 알고 계시면 조금이나마 빨리 유혼에서 벗어나 좋은 후생을 만나실 수 있을 겁니다.

그리고 관습에 따라 제사에 연연하여 계속 자식의 곁을 따라다니면 자식의 앞날에 어둠이 오고, 자신의 영혼은 지옥의 고통에 시달리게 되니 자식에게 제삿밥을 기대하지 말고 모든 것을 잊고 떠나시라고 말씀드리는 것도 좋습니다. 이생에 머물지 않고 저승으로 떠나는 영혼에게는 굳이 제사가 필요 없기 때문입니다.

낙태의 진실

조희경(30대 주부)

낙태에 대한 찬반론이 팽팽한 상황입니다. 저는 원칙적으로 반대론자이지만, 찬성론자의 입장도 무시할 수 없어 보입니다. 낙태에 대해 찬성과 반대 중 어느 쪽이 옳다고 보시는지요?

저자

이 세상에 어떤 상황에도 불구하고 무조건 해야 한다고 하늘이 정해놓은 것은 없습니다. 모든 일은 상황에 따라 문제를 보고, 해답을 찾아야 합니다.

살인도 마찬가지입니다. 살인은 절대 해서는 안 된다고들 말합니다. 그러나 경우에 따라서는 조국을 위해서, 적을 막기 위해서, 더 많은 사람의 목숨을 구하기 위해서, 죽음으로 적을 방어하라고 수천 명의 아군의 목숨을 요구해야 할 때도 있습니다. 과거 역사를 살펴보면 적을 막기 위해 수많은 사람이 자신의 목숨을 기꺼이 바친 대가로 조국을 구한 사례는 너무나 많습니다.

그 명령을 내린 장군은 많은 부하의 생명을 요구했지만, 그 결과로 나라 전체와 민족을 살린 것입니다. 만약 그가 살인해서는 안 된다는 관념에 사로잡혀 부하들에게 목숨을 요구하지 못했다면, 그 민족과 나라는 모두 적의 창칼 앞에 죽거나 노예가 되는 화를 당했을 것입니다.

마찬가지로 절대로 낙태해서는 안 된다는 글이 하늘에 쓰여진 것은 없습니다. 모든 것은 상황에 따라 문제를 보고 좋은 결과가 나오도록 해야 합니다. 모든 일은 좋은 결과가 있어야 진정 좋은 일이 됩니다. 따라서 불행이 뻔히 보이는데도 정해진 교리나 관념에 의해 다른 사람의 고통을 강요해서는 안 됩니다. 착하고 좋은 일이라는 것은 항상 결과로 판단해야 합니다. 따라서 좋은 일을 하려고 했지만 실제로 좋은 결과를 얻지 못했다면, 그것은 좋은 일이 아닙니다. 단지 좋은 일을 하려 했을 뿐입니다.

어떤 단체에서는 절대 낙태를 해서는 안 된다고 하는데, 그러나 그것은 하늘의 법칙이 아니라 그 단체의 교리일 뿐입니다. 여학생이 겁탈로 인해 임신했고 불행한 삶이 예상된다면, 아이를 낳으라고 강요해서는 안 됩니다. 그러나 주부가 키우기 힘들다거나 아들이 아니라는 이유로 낙태를 한다면, 그것은 부도덕한 일이며 생명을 경시하는 업이 되는 것입니다. 이처럼 우리는 항상 사실을 기준으로 옳고 그름을 판단해야 합니다.

질병의 원인

 조희경(30대 주부)

알 수 없는 병에 걸려 고통에 시름하는 사람들이 많아지고 있습니다. 그런 사람들을 보면 너무 안타까운데, "모든 것은 마음먹기에 달렸다." 라는 말처럼 마음에서 어떤 해결책을 찾을 수 있을까요?

 저자

사람의 생명은 몸과 마음으로 구성됩니다. 따라서 서로 영향을 주고받는 것이지, 어느 하나가 일방적으로 작용하는 것은 아닙니다. 다만, 정신이 맑고 강해질수록 마음이 육체를 이끌게 되지만, 보통의 경우 몸의 영향력이 더 강한 편이지요.

몸에 병이 생기는 것은 물리적 충격에 의한 외상이나 신체기관의 노쇠화, 변질된 음식을 먹어 생기는 중독, 세균이나 바이러스의 침투, 마음에 큰 충격을 받아 생기는 정신병, 사기(死氣)에 의한 감염 등 여러 원인이 있습니다.

그러므로 아무리 마음을 잘 다스린다 한들 마음이 아닌 원인으로 병에 걸렸다면, 그에 맞는 적절한 처방을 쓰지 않으면 고칠 수 없습니다. 물리적 외상에는 외과 치료가 필요하고, 몸이 탁하면 절식으로 풀어야 하며, 독이 들어온 경우에는 해독을 시켜 주어야 합니다. 또한, 마음이 막히고 스트레스를 받았다면 현실 속에서 마음을 답답하게 하는 근본적인 원인을 풀어야 하며, 사기가 들어온 것은 건강한 생활과 강한 정신력으로 이겨내야 합니다.

 김갑수(70대 노인)

사기에 의한 감염으로 병이 날 수 있다고 하셨습니다. 사기에 의한 감염이란 무엇인지 설명을 부탁드립니다.

 저자

이해를 돕기 위해 자동차를 예로 들어 설명하겠습니다. 자동차는 그 자동차를 운전하고 관리하는 사람에 따라 고장이 많이 날 수도 있고, 적게 날 수도 있습니다.

인간 역시 그 몸을 움직이고 관리하는 사람의 의식에 따라서 질병이 쉽게 발생할 수도 있고 안 생길 수도 있는데, 그러면 어떤 상황에서 질병이 나타나는지 살펴보겠습니다.

먼저 병의 원인으로 외상, 신체기관의 노쇠화, 변질된 음식에 의한 중독, 바이러스와 세균의 침투, 마음의 상처, 사기에 의한 감염 등을 들 수 있는데, 외상과 노쇠처럼 불가항력적인 경우를 제외하면 크게 세 가지 형태에 의해서 질병이 생깁니다.

우선, 변질된 음식물을 섭취하여 나쁜 성분이 우리 몸속으로 들어와 질병을 일으키는 경우입니다. 우리가 뭔가를 먹으면 체내에서는 그 속에 있는 기운을 섭취하고 나머지 찌꺼기는 배설물로 몸에서 내보냅니다. 이 과정에서 배출이 정상적으로 이뤄지면, 체내에 생긴 혼탁한 기체나 찌꺼기들은 자연히 밖으로 나가고, 질병을 일으키는 일이 거의 없습니다.

하지만 그 반대로 나쁜 음식이 들어오면, 당연히 몸을 해치게 됩니다. 이처럼 음식을 잘못 섭취해서 그 독소로 병이 나는 경우는 전체 질병의 약 20% 정도로 볼 수 있습니다. 다음으로 특정 바이러스에 의해 감염되어 감기나 장티푸스 같은 전염성 질병을 일으키는 경우는 약 10% 정도 됩니다. 그리고 현대과학으로 증명되지는 않았지만 생명의 이치에서 보면, 나머지 60~70%는 일반인들이 잘 알지 못하는 사기와 같은 영체(靈體)와의 접촉이 원인입니다.

과거 50~100년 전까지는 바이러스에 의한 치사율이 가장 높았습니다. 그런데 항생제가 개발되면서 바이러스에 의한 치사율은 10% 정도로 낮아졌지만, 최근에는 영체와의 접촉 때문에 질병이 가장 많이 발생한다고 볼 수 있습니다.

그러면 영체와의 접촉에 의한 질병은 어떻게 해서 생기는가? 1970년대 이후 급속히 산업화가 진행되면서 사람들의 마음이 혼탁해지고 그만큼 정신적 스트레스가 많아졌습니다. 또한 모든 생명체는 활동과 순환으로 자신의 생명력을 재생시키고 보존하게 되는데, 점점 문명이 발달하자 사람들의 활동이 줄어들어 몸과 정신이 나약해졌고, 이 나약한 의식에 세상을 떠돌던 나쁜 기운이 붙기 쉬워져 과거에 없던 많은 질병들이 나타나고 있는 것입니다.

그리고 현대인의 정신적 방황을 틈타 영적 환상과 말법을 전하는 곳이 늘어나면서 떠돌아다니는 영체나 나쁜 기운들이 사람의 몸속에 들어오는 것이 빈번해지고 있습니다.

이러한 기운들은 죽은 기운, 즉 사기(死氣)가 대부분이므로 인간의 생체에 붙으면 몸과는 이질적이라 거부반응을 보여 원인 모를 통증이나 병을 일으키게 되며, 의식에 붙으면 그 사람의 정신을 조종하여 자기의 한과 욕망을 풀려고 하므로 많은 정신병의 원인이 됩니다.

사기에 의한 질병은 증상은 분명 있으나 병원에 가도 원인을 알 수 없는 경우가 많은데, 이런 경우는 사기가 원인이 아닌지 의심해볼 필요가 있습니다.

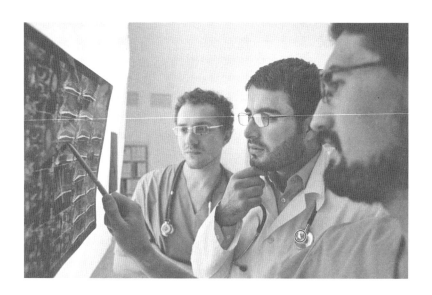

술을 끊고 싶은데

 백형식(40대 직장인)

술자리가 잦습니다. 물론 필요한 자리도 있겠지만, 이제는 음주에서 벗어나 살고 싶습니다. 의지가 약한 것은 스스로 인정하고요. 몇 번 노력은 했지만, 며칠만 지나면 쉽게 무너집니다. 이번 기회에 단주하고 맑은 정신으로 살고 싶네요. 어떻게 해야 할까요?

 저자

좋은 삶을 꾸려나가기 위해서 사람은 무지에서 벗어나 밝아져야 하고, 사실을 바로 보고 세상이 흘러가는 이치에 따라 좋은 원인을 지으며 살아야 합니다. 인류가 고통스러운 이유는 인간의 의미와 길을 모르고 욕망이 삶의 전부인 양 동물처럼 살기 때문입니다. 인간의 의미와 가야 할 길을 분명히 알고, 좋은 결과가 나타나는 분명한 원인을 안다면, 굳이 나쁜 결과가 나타나는 일을 하며 살아갈 수가 없는 것입니다.

그래서 성자들은 인간 세상에 완전한 뜻과 이치와 인간 완성의 길이 있음을 보시고 완전한 법계의 실상과 이치, 그리고 그 속에서 인간이 가야 할 길을 밝히신 것입니다. 그 길을 알게 되면 인간은 동물적인 삶에서 벗어나 자신의 정신을 맑고 좋고 강하게 하는 법을 깨치게 되어 좋은 운명과 좋은 후생과 인간 완성을 얻게 되는 것입니다. 진리를 깨우쳐 완성에 이르는 길도 그러하고 알코올 중독에서 벗어나 좋은 사람이 되는 길도 마찬가지입니다.

따라서 알코올 중독인 사람도 알코올의 실상에 대해 깨우쳐 이를 반성하고 좋은 원인을 지으면 반드시 좋은 삶을 얻게 되는 게 한 치의 어김없는 인과의 이치가 작용하는 세상 속에 나타나는 일이니 이를 바로 알아야 합니다.

알코올의 폐해에 대해서는 세상에 이미 명확히 나타나 있습니다. 술을 먹으면 나타나는 백해무익한 많은 폐해들이 이미 다 드러나 있고 술을 먹지 않을 여러 가지 방법이나 대응법들도 다 나와 있습니다. 이처럼 술로 인한 나타나는 나쁜 운명이 정해져 있고 좋아지는 길도 다 나와 있는데 굳이 알코올에 빠져드는 이유는 첫째 그 행위가 가져올 결과에 대한 분명한 깨우침이 없기 때문입니다. 세상은 완전한 법계이기 때문에 그대가 지금처럼 계속 알코올에 의지한다면 한 치의 어김없는 인과법에 의해 불행은 반드시 다가오게 되어 있습니다. 이미 세상에 밝혀져 있는 온갖 알코올성 질환이 예외없이 자신에게도 나타날 것이며 그대의 삶은 불행으로 귀결될 것입니다. 이것은 인과법에 의해 이미 정해진 일입니다.

그리고 그대는 길을 알고도 실천하지 않을 정도로 욕망과 쾌락에 얽매이는 업이 강하며 그대 자신을 통제할 수 있는 의지와 근기가 약한 상태입니다. 그래서 깨우침이 있어도 실천하지 않기 때문에 자신의 운명을 영원히 개선하지 못합니다. 이러한 습은 현생의 운명을 불행하게 만들며 후생에서도 계속 이어져 영원히 나쁜 과보를 받게 됩니다.

이 세상에 한번 지어진 원인은 저절로 사라지는 법이 없으며 영원히 계속 따라다니며 인간의 운명에 영향을 주게 된다는 사실을 명심해야 합니다. 사람들은 이러한 완전한 법계 속에 흐르는 철저한 인과법을 모르기 때문에 대충 살고 가려고 하다가 자신의 근본을 망치고 자신의 영혼마저 소멸시키는 어둠의 길로 들어서는 것입니다. 따라서 그대가 이를 분명히 이해한다면 결코 지금과 같이 방일하게 살아서는 안 되는 것입니다.

이제 그대가 해야 할 일은 업의 충동을 극복할 수 있는 의지를 기르는 일입니다. 인간의 근본은 깨우침을 통해 빛을 보고 실천을 통해 빛을 밝히게 됩니다. 깨우침이 잡철에 열을 가하는 것이라면 실천은 잡철을 두드려 순철로 만드는 과정입니다. 이것은 술을 끊을 때뿐만 아니라 모든 현실의 문제를 해결할 때도 마찬가지로 적용됩니다. 그러니 이러한 이치를 명심하여 모든 분야에서 자신의 문제를 해결할 때 적용해 보시기 바랍니다.

따라서 지금 그대가 알코올 중독의 엄중한 인과에 대해 충분히 이해했다면 그대가 할 수 있는 유일한 길은 실천하는 것밖에 없습니다. 길이 그것밖에 없는데 실천에 들어가지 않고, 어떻게 쉽게 끊을 수 있을 것인가 하는 요령을 피우고 생각에 빠지는 것은 아무 도움이 되지 못합니다. 사실을 바로 아는 것으로 세상의 일은 정해지는 것이며 그러한 사실과 이치를 자신의 복으로 만드는 것은 실천뿐입니다.

의지가 약한 사람이 좋은 가르침을 통해 길을 보았다면, 더 이상 생각에 빠지지 말고 현실과 부딪혀야 합니다. 이 일이 좋을까? 저 일이 괜찮을까? 헤아리지 말고 현실과 맞닥뜨려야 합니다. 사실을 가지고 부딪혀보면 그에 대한 지혜와 대책이 생겨나는 것이며 이를 통해 깨우침과 근기가 자라나는 것입니다. 그렇게 한번 행하게 되면 그것이 자신 속에 쌓이게 되며 의지가 되고 근본이 됩니다. 그래서 점차 더 큰 깨우침과 좋은 근본과 좋은 운명과 좋은 자기를 얻어 나가게 되는 것입니다. 그리고 실패하면 실패를 통해 배우고 부족했던 원인을 다시 실천하면 됩니다. 자신을 극복할 수 있는 원인은 이미 정해져 있기 때문에 그 원인을 지어야 문제가 해결되고 다른 방법이 없다면 절대 포기해서는 안 됩니다. 열 번 실패한 경우, 열한 번 일어나 노력한다면 반드시 성공하게 되는 것이 세상의 어김없는 이치입니다.

그러니 음주 문제는 포기하지 말고 지금 당장 실천해야 할 것이며 실패하더라도 계속 노력하면 반드시 의지와 근본이 강해져 습을 이겨내게 될 것입니다. 이것은 자신의 근기와 후생의 좋은 운명을 위해서도 반드시 극복해야 할 그대의 과제입니다.

자녀 교육

 조희경(30대 주부)

좋은 엄마가 되고 싶고 저 나름대로는 엄마 역할을 잘하려고 노력하는데, 매번 어떻게 가르치는 게 옳은 일인지 의문이 들 때가 많습니다. 아이 키우는 일을 몇 마디 말로 다 표현할 수는 없겠지만, 부모의 역할을 과연 어디까지 해야 하는지 조언을 부탁드립니다.

 저자

자식을 키우는 데 있어서 부모는 가장 큰 선생님이며, 혈육의 정을 넘어 아이에게 세상을 보는 올바른 시각과 자세를 갖게 해주는 나침판의 역할을 해야 합니다. 만약 부모가 자식을 지나친 애정(情)과 집착으로 키워 세상을 제대로 보지 못하고 주체적으로 살지 못하는 사람으로 만들었다면, 그것은 실패한 교육으로, 부모의 책임이라고 할 수 있습니다. 그러므로 부모는 항상 어떻게 해야 자기 자식이 세상의 주체가 되어 좋은 일을 할 수 있는 사람으로 만들 수 있는가를 생각해야 합니다.

그럼 어떻게 교육해야 자식을 축복하는 길이 되는가?

인간은 더 나은 자기를 짓기 위해 이 세상에 태어났습니다. 그러기 위해서는 자기 인생을 스스로 키우는 힘과 자질을 가져야 합니다. 이것이 그의 근본이며 열매가 되는 것입니다. 부모와 자식 간의 양육 관계는 일시적인 것으로 모든 사람은 긴 인생을 자기 혼자 견뎌내고 만들어가야 합니다. 따라서 아이에 대한 교육도 어려움이 닥쳐도 스스로의 힘으로 살아갈 수 있도록 강하게 키워야 합니다.

그러기 위해서는 아이 교육은 부모와 자식 간에 애착을 버리는 것에서부터 시작해야 합니다. 여린 아이를 혼자 서게 하는 일이 매우 안타깝고 애처로운 일이지만 그것이 아이에게 가장 큰 선물이라 생각하고 냉정해져야 합니다. 그래서 모든 일을 아이가 주체가 되어 스스로 판단하고 행동하게 하고 부모는 뒤에서 조언하고 문제가 생겼을 때 도와주는 역할에 그쳐야 할 것입니다.

그리고 세상을 바로 보고 스스로 문제를 해결할 수 있는 자질과 능력을 기르기 위해서는 현실과 부딪혀 세상의 이치를 깨닫게 해야 합니다. 이를 위해서는 아이가 해낼 수 있을 정도의 일을 만들어 자꾸 시켜야 합니다. 그래야만 힘든 노력의 과정이 없이는 결실을 얻을 수 없다는 사실을 알게 되고 성실함과 인내를 배우게 되며 일을 하는 과정에서 세상을 보는 시각과 문제를 해결하는 지혜를 터득하게 되는 것입니다.

그러므로 자식을 키울 때는 정에 의존하지 말고, 이치에 따라 냉정해지려고 노력해야 합니다. 자식이 일하는 것을 안쓰럽게 생각하지 말고 강하게 키운다면, 아이는 부모를 걱정시키지 않는 훌륭한 일꾼으로 성장하게 될 것이며 결국 최고의 부모로 대접받게 될 것입니다.

백형식(40대 직장인)

요즘 세상이 너무 혼탁해져서 자식이 부모를, 부모가 자식을 해치는 몹쓸 세상이 된 것 같고, 실제 그런 일이 종종 나타나고 있습니다. 자식 교육이 더욱 중요해진 것 같은데, 자식 교육에 있어서 가장 중요시해야 할 게 있다면 무엇일까요?

저자

아이를 교육할 때는 어릴 때부터 거짓말하지 않고, 남에게 해를 끼치지 않으며, 자기가 해야 할 도리를 다하는 '양심교육'을 해야 합니다. 불효하는 자식은 부모가 양심을 길러 주지 않았기 때문입니다.

자식을 양심을 가진 참된 인간으로 만들려면, 세상의 진실과 삶의 이치를 알려 주어야 합니다. 사실과 이치를 일깨워 주어야 하는 이유는 사실 속에 인간의 길이 있고, 삶의 원리가 있기 때문입니다. 좋은 것이나 나쁜 것이나 세상에 있는 일 속에는 그 일을 있게 한 원인이 있으니, 그 속에 있는 참된 원인과 결과를 알려주면, 현실을 주체적으로 살아가는 지혜와 능력을 지니게 됩니다.

사회에 문제를 일으키거나 잘못된 사람들을 보면 게으르고 나쁜 원인을 지었기에 저런 결과를 받는다고 사실에 따른 인과의 이치를 설명해 주어야 합니다. 범죄자의 경우, 남을 해치거나 거짓말하면 저렇게 벌을 받게 된다고 알려 주고, 사치나 허영에 젖으면 결국에는 파산

하여 쭉정이 같은 삶을 살게 된다고 알려 주어야 합니다.

그리고 좋은 환경에서 과일이 잘 자라는 것을 보면, 씨앗과 바탕과 환경이 좋아야 좋은 열매를 맺듯이, 근면, 검소, 정직하면 성공하고 좋은 친구가 있으면 좋은 결과가 온다는 이치를 깨닫게 해주어야 합니다. 그리고 어려운 환경에서 성공한 사례들을 자주 보여주어 인내하고 노력하는 자세를 갖도록 해야 합니다.

이처럼 세상에 존재하는 모든 일이 자녀에게 교훈을 줄 수 있는 교과서입니다. 세상을 보고 깨달음이 있으면, 인간의 도리를 깨쳐 양심이 커지고 세상을 보는 지혜가 생겨 환경에 능동적으로 적응하는 훌륭한 사회인이 될 것입니다.

우리나라 부모들은 정으로 살기에 자식이 어릴 때는 안쓰럽고 여리게 보여 모든 것을 다해주고, 장성한 자식에게는 자신의 모든 것을 다 주고 나서, 그 자식에게 의지해 살고자 합니다. 그러나 그렇게 키운 자식은 받을 줄만 알았지 스스로 양심을 지켜 인간적 도리를 해나가지 못합니다. 부모로부터 받기만 했으니 자기가 상전인 줄만 알지, 부모에게 그에 대한 보답으로 인간적 도리를 다해야 한다는 사실을 알지 못하는 것입니다. 보고 들은 게 없고 부모가 양심을 일깨우지 않았으니 당연한 귀결인 거지요.

그래서 예로부터 "엄하게 키운 자식이 효도한다."는 말이 있는 것입니다. 내 자식이라 끌어안고 살면 나중에는 자식에게 모든 것을 다 빼앗기고도 다른 부모보다 못 받았다고 원망을 듣게 될 것입니다. 그러므로 아이를 무조건 감싸 안고 돌 게 아니라 주체적인 인간으로 설 수 있도록 강하게 키우고, 인간의 도리와 양심을 우선적으로 가르치기 바랍니다.

독서교육의 방향

조희경(30대 주부)

요즘 조기 교육 열풍으로 어린 아이에게도 많은 독서를 권장하고 있는데 책을 많이 읽도록 하는 게 아이들에게 좋은 일일까요? 어떤 유명한 강사는 딸이 『신데렐라』 동화책을 읽고 있는 걸 보고 두 시간이나 딸과 심각하게 그 책 속에 있는 환상과 문제점에 대해 이야기를 했다고 합니다. 어떻게 독서를 해야 하는지 궁금합니다.

저자

요즘에는 어린아이들에게 동심, 상상력, 창의력을 심어준다는 이유로 현실에 존재하지도 않는 이야기를 만들어 함부로 가르치고 있습니다. 하지만 그러한 현실과 동떨어진 환상과 불합리한 이야기들은 아이들이 세상을 살아가는 데 도움이 되지 않습니다.

앞으로 아이들이 살아가야 할 세상은 사실과 이치가 냉엄하게 작용하는 현실이기 때문에, 아이들에게 가장 필요한 것은 사실을 있는 그대로 바라볼 수 있는 사실적인 눈과 현실을 이치에 맞게 풀어내는 지혜입니다.

사람의 정신적 성장은 그 진실성을 완성하는 데 있습니다. 거짓과 환상을 버리고 마음이 진실해질 때 그 맑은 마음에 세상이 있는 그대로 비쳐 세상을 바로 보게 되는 것입니다.

따라서 아이들에게 거짓과 환상을 멀리하고 자연 속에 있는 사실과 이치를 깨우치게 하는 것이 가장 좋은 교육입니다. 아이들이 사실을 바로 보게 되면, 헛된 망상을 하지 않고 세상을 있는 그대로 바라보는 올바른 판단력과 지혜가 생기게 됩니다. 따라서 아이들에게 동심을 심어 준다면서 상상 속의 일들로 감성을 자극하고 현실에 존재하지 않는 거짓과 환상을 심어 준다면 그 아이들은 현실을 보는 시각이 흐려지고 실천적인 인간이 되지 못해 좋지 않은 운명을 맞게 될 가능성이 커집니다.

『잭과 콩나무』라는 동화책을 보면, 잭이라는 아이가 소와 콩을 바꾸었고, 이에 화가 난 어머니가 콩을 버리자 콩나무가 하늘 거인이 사는 구름나라까지 자라 잭이 그것을 타고 올라갑니다. 잭이 거인이 사는 성에서 보물을 몰래 훔쳐서 부자가 되었고, 자신의 보물을 훔쳐간 잭을 잡으러 거인이 내려오려 하자 잭은 콩나무를 잘라 거인을 죽게 합니다. 그리고 자기들 좋을 대로 '해피엔딩(happy ending)'이라 결론짓습니다. 하지만 이를 사실에 비춰 보면 도둑질한 잭은 착하게 포장하고 자신의 보물을 잃어버려 성난 거인은 이유없이 악하게 표현했음을 알 수 있습니다.

사실은 잭이 도둑질이란 잘못을 저지른 것이며, 책의 줄거리도 현실에서 열심히 노력하여 바르게 성공하는 이야기가 아니라, 상상 속에서 일확천금의 욕망만 부추기는 옳지 못한 이야기일 뿐입니다. 그리고 이러한 이야기는 현실 속에 있을 수 없는 환상으로 아이들의 마음을 맑고 진실하게 가꾸는 데 도움이 되지 않습니다.

따라서 이러한 동화는 아이들에게 올바른 가치관이나 주관을 심어 주지 못하는, 단순히 재미만을 위한 소일거리에 지나지 않습니다. 이런 동화는 모험에 대한 무조건석인 환상을 심어 주고, 수단과 방법을 가리지 않고 상대방의 것을 빼앗아 부귀영화를 얻으려는 이기적인 사고까지 갖게 합니다.

그러나 대부분의 부모는 '아이들이 읽는 동화까지 진지할 필요가 있나? 상상력을 키우는데 이 정도쯤이야.' 하며 아이들에게 무의식적으로 용인하고 있습니다.

그러나 세상의 이치는 엄연하여, 사람이 사실과 이치에 맞는 올바른 가르침을 받아들이면 의식이 맑아져 사리 분별이 정확해지지만, 반대로 거짓된 환상이나 잘못된 가르침을 받아들이면 점점 의식이 흐려지고 삶에 악영향을 주게 됩니다.

따라서 무조건 책을 많이 읽게 하는 것이 능사는 아닙니다. 아이에게 책을 읽히고 싶다면 세상을 위해 살다 간 분들의 위인전을 읽게 하여, 위인들이 어려운 환경에서 고통을 이겨내고 지혜를 발휘하여 세상에 기여했던 모습을 본받게 해야 합니다. 그러한 교훈을 통해 세상을 올바른 이치로 축복하는 마음을 배우고 실천하는 삶을 살게 한다면, 아이의 의식이 맑아지고 용기와 지혜와 인내를 길러주어 현실을 힘차게 살아가는 데 큰 도움이 될 것입니다.

스마트폰 중독

●

 조희경(30대 주부)

스마트폰 중독 현상이 너무 심해 교육에 큰 지장을 줄 걸 알면서도 아이가 같은 반 친구들에게 따돌림을 당하는 것보다는 나을 것 같아 내년에는 스마트폰을 사주려고 합니다. 많은 고민을 통해 내린 결정이 지만 현명한 선택인지 걱정이 됩니다. 선생님께서는 아이가 스마트폰을 갖는 것이 대해 어떻게 보시는지요?

 저자

스마트폰의 폐해가 심각합니다. 인터넷에는 세상의 좋고 나쁜 것이 모두 다 들어 있습니다. 과거에는 어른이 되어야 모든 것을 경험할 수 있었으나, 이제는 어린아이들도 모든 선과 악에 노출된 상태입니다. 따라서 나쁜 요인을 만날 위험이 커졌고, 정상적인 성장을 방해할 만큼 위험한 상황이 되었습니다.

많은 부모들이 이런 위험을 인지하여 모든 위험 요소를 막아버리고 과거와 같이 성장 과정에 따른 정상적인 교육이 이루어지도록 하고 싶겠지만, 현실적으로 그럴 수 없는 상황이 되었습니다.

이미 세상은 욕망 속에 흘러가고 있고, 현대 문명은 인간의 욕망을 부추기며 성장해가고 있습니다. 대기업들은 스마트폰과 같은 각종 욕망을 자극하는 제품을 생산하며 인간 세상을 더욱 복잡하게 만들어가고 있으니, 세상은 욕망 속에 풍요로워지고 있지만, 한편으로는 자원 부족과 환경오염이 심해지고, 인간의 심성 또한 더욱 어지러워지고 있습니다.

이처럼 도도한 오탁악세(五濁惡世)의 탁류 속에 휩쓸려가고 있는 것이 우리의 삶인데, 어찌 혼자 흙탕물을 묻히지 않고 청정하게 살 수 있겠습니까? 다른 아이들이 모두 스마트폰을 가지고 있는데 내 아이만 갖지 못하게 한다면, 내 아이는 또래 아이들에게 무시를 당하고 마음에 깊은 상처를 입게 될 수도 있으며, 부모는 아이들로부터 소통이 안 되는 꽉 막힌 부모 취급을 받게 될 수 있습니다.

어차피 세상살이가 함께 뒹굴며 사는 것이니 피할 수 없는 일이라면 이를 유용하게 활용하는 방안을 모색하는 것이 현명한 일입니다. 어쨌든 스마트폰은 이제 문명의 이기를 넘어 삶의 주요한 부분이 되었습니다. 더구나 아동들은 막 자라나는 시기라 그 영향력이 매우 커졌으니 앞으로 어떻게 스마트폰을 사용하게 하느냐에 따라 아이의 인생에 큰 영향을 줄 것입니다.

따라서 스마트폰을 올바르게 사용하게 하여 좋은 결과가 나오도록 해야 합니다. 아이가 훌륭하게 성장하기 위해서는 좋은 원인을 가능한 한 많이 만나도록 하고, 나쁜 원인을 멀리하도록 해야 하는데, 이러한 인격 완성의 이치는 모든 부처님의 공통된 가르침인 칠불통계(七佛通戒)에서도 이미 밝혀진 적이 있습니다.

즉, 스마트폰 사용 시에도, 좋은 것은 많이 받아들이고 나쁜 것은 가능한 한 적게 받아들이도록 하는 여러 방법을 모색해야 합니다. 아이가 스마트폰을 간절히 원하거든, 무조건 사주지 말고 조건을 내거는 것도 한 방법입니다. 즉, 사주는 조건으로 스마트폰으로 부모가 제시한 좋은 내용들을 많이 찾아, 이를 정리하여 매주 한 번씩 발표하게 하는 것입니다.

이 조건을 아이가 수용하면 스마트폰을 사 주고, 그렇지 못하면 절대 사 주지 않는 결단력이 부모에게 필요합니다. 만약 아이가 이 조건을 받아들이고 열심히 실천하면, 아이는 정보의 바다에서 유용한 자료를 많이 흡수하게 되어 통찰력과, 발표력이 크게 성장할 것이며 부모가 시키는 교육보다 스마트폰이 훨씬 더 교육적으로 유용하게 활용될 수 있을 것입니다.

자녀 용돈의 의미

 조희경(30대 주부)

용돈을 주는 것이 아이들에게 낭비벽을 심는다는 말도 있고, 계획성을 높인다는 말도 있습니다. 아이들에게 정기적으로 용돈을 주는 것이 괜찮은 것일까요?

 저자

부모가 자녀에게 줄 수 있는 최고의 선물은 스스로 세상을 살아갈 수 있는 자립심과 문제를 해결해 나갈 수 있는 지혜입니다. 언젠가 부모가 떠나고 나면 모든 일을 자식 혼자서 해결해야 하는데, 부모가 살아 있을 때 모든 것을 해결해 준 아이는 혼자서 살아갈 능력과 지혜를 갖지 못해 인생에서 실패할 가능성이 큽니다.

따라서 용돈을 주는 것도 아이의 자립심에 도움이 되는 교육이 되어야 합니다. 그러므로 아이에게 아무 조건 없이 정기적으로 용돈을 주는 것은 좋지 않습니다. 왜냐하면, 공짜로 주는 용돈은 아이에게 허황되고 사치스런 마음을 키우는 요인이 되기 때문입니다.

자립심이 있는 아이로 키우기 위해서는 가정에서 해야 할 일을 시키고 그에 상응하는 대가로 용돈을 주는 것이 바람직합니다. 노력을 통해 용돈을 벌게 하면 노력이 없이는 결과가 없다는 사실을 알게 되어 돈의 소중함을 알고 씀씀이도 검소해질 것입니다.

우리는 어떤 일이 생길지 모르는 불확실한 미래를 살아가야 합니다. 그러니 항상 검소하고 부지런한 삶을 살아간다면, 어려운 일이 생겼을 때도 인내와 성실함을 발휘하여 고난을 헤쳐 나가 행복을 지킬 수 있습니다. 용돈도 그러한 좋은 습관을 기르는 방편이 될 수 있도록 활용해야 할 것입니다.

 조희경(30대 주부)

아이가 친척들에게 용돈을 받으면 부모가 그것을 관리하는 경우가 많은데, 자녀가 어른에게 받은 용돈에 대해서도 간섭하지 말고 스스로 알아서 쓰도록 나둬야 할까요?

 저자

어른들께 받은 용돈이든 자녀 스스로 번 용돈이든 간에 용돈에 대해 부모가 직접 간섭을 하거나 빼앗는다면, 아이의 자립심이나 부모와 자녀 간의 신뢰 관계에도 문제가 생길 수 있습니다. 만약 용돈이 있어도 자신이 쓰지 못하거나 일일이 간섭을 받는다면, 아직 부모에게 의지하고 있는 자녀의 입장에선 용돈이 없어도 딱히 큰 문제가 없으

니 돈의 중요성이나 관리의 필요성을 느끼지 못할 것이고 부모에 대한 의존심리가 커져 주체적인 자아를 형성하는 데 방해가 될 것입니다. 이는 노력한대로 대가를 받을 수 있다는 성실한 근로의식을 형성하는 데도 지장을 주어 앞으로 삶을 살아가는 데 나쁜 영향을 초래할 것입니다.

그리고 무엇보다 아이는 부모의 소유물이 아닙니다. 부모와 육체적 인연으로 만났지만 자기의 영혼을 가지고 자신의 삶을 살아가는 엄연한 독립된 인격체입니다. 따라서 하나의 사회적 주체로서 홀로 설 수 있도록 도와주는 것이 부모의 역할입니다.

그러니 어릴 적부터 모든 것을 스스로 처리할 수 있도록 도와주어야 합니다. 따라서 아이가 받거나 번 용돈을 부모가 가져다 관리할 것이 아니라, 자기 스스로 계획을 세워 잘 쓰도록 하고 부모는 조언자의 역할을 한다면 자율적인 인격체로 성장해 나가는 데 큰 도움이 될 것입니다.

밝은 세상 만들기

정의

....

정의(正義)는 인간 사회를 밝히는 빛이다.
정의가 없는 사회와 정의가 있는 사회의 차이는
어두운 한밤중에 행동할 때와 밝은 대낮에 행동할 때
와 같다.

정의를 잃어버린 사회는 빛을 잃어버린 사회로서
그 속에서 옳고 그름을 구분할 수도 밝힐 수도 없으며
따라서 바르게 보고 듣고 배울 것이 없다.

정의가 없는 사회에선 있는 일을 있는 그대로 밝힐 수
없고
이치가 통하지 않기 때문에
어둠과 거짓이 넘치고 불신으로 할 수 있는 일이 없어
스스로 붕괴하고 만다.

PART 3

정의란 무엇인가

 김종민(남자 대학생)

트라시마코스라는 그리스 철학자가 "정의는 강자의 이익이다."라는 말을 했다고 하는데, 그 말이 정말 맞는다는 생각이 들 만큼 약자에게는 정의라는 말이 적용되지 않는 것 같습니다. 과연 정의란 무엇이며, 어떻게 해야 정의로운 세상을 만들 수 있을까요?

 저자

국가와 민족에 관심이 있는 사람이라면, 누구나 이 땅에 자유롭고 정의로운 나라를 만들고 싶어 합니다. 그러나 길을 모르고 마음속에 양심이 없는 한, 자유롭고 정의롭고 밝고 평안한 세상을 만들 수 없습니다. 따라서 정의로운 사회를 만들기 위해서는, 무엇보다 먼저 모든 사람들이 삶을 통하여 바른 이치를 실천하고 양심을 키워야 합니다.

그러나 오늘날 현실은 진리가 사라진 세상이라 오직 동물적 생존만 가르칠 뿐 인간의 바른길과 신성한 삶의 의미에 대해서는 제대로 가르치지 못하고 있습니다. 학교에서도 국민 생활의 바탕이 되는 덕성과 인간이 알아야 할 기본적인 진실을 가르치기보다는 개인의 이기심과 현실적 욕망을 가르치는 데 중점을 두고 있습니다.

지금 대중들에게 가장 큰 영향을 주는 매스컴에서는 시청률을 위하여 자극적이고 쾌락적인 정보의 생산에 관심을 기울이며 인간의 감정과 욕망을 부추기는 일에 치중하고 있습니다. 옳고 그름보다는 대중의 인기에 영합하는 것이 최고의 가치가 되고 있는 것입니다.

그 결과 국민들의 마음은 온통 애욕과 집착과 환상으로 들끓고 있습니다. 그리하여 욕망과 집착으로 어두워진 마음에 사리분별이 사라지고 동물과 같은 인간이 양산되어 무질서와 불성실, 사회 붕괴 현상이 나타나고 있습니다.

이처럼 우리 주변에 왜곡된 현실이 나타나고 있는 이유는 삶을 받치고 있는 올바른 이치와 참된 인간의 길을 가르치지 않고 쓸데없는 지식과 약육강식의 동물의 길을 가르쳤기 때문입니다.

따라서 우리나라 교육은 새로운 방향 전환이 있어야 하며, 세상을 유지하고 가꾸어 나가는 진리에 대한 새로운 자각과 가르침이 있어야 합니다. 이것만이 인간성 넘치고 바른 이치가 확립된 밝은 사회로 나아가게 할 것입니다.

지금 우리에게 가장 중요한 덕목은 '양심'과 '정의'입니다. 양심과 정의가 확립되면 세상의 모든 문제는 저절로 해결됩니다. 양심은 자신과 세상을 소중히 생각하고 인간답게 살아가려는 마음이며, 정의는 바른 이치에 따라 밝고 공정한 세상을 만들어 가는 덕목입니다. 양심은 자신을 밝히는 등불로써 자신을 완성으로 이끌며, 정의는 세상을 지키는 등불로써 세상을 밝고 행복하게 만듭니다. 과거 역사를 살펴보건대, 양심과 정의가 약해진 나라는 모두 역사 속에서 사라져 버렸다는 사실을 명심해야 합니다.

그래서 정의로운 세상을 만들기 위해서는 '양심교육'이 필요합니다. 지은 대로 받는 인과의 이치를 가르쳐야 하며 거짓말 안 하기 운동을 벌여 마음에서 거짓과 환상을 제거해야 합니다. 초등학교에서부터 고통 속에서도 세상을 위하여 자신의 뜻을 꺾지 않고 양심과 정의를 실천한 위인의 이야기를 많이 들려주고, 선한 마음으로 세상을 축복한 좋은 사례들을 많이 가르쳐서 아이들의 마음에 양심과 정의가 자리 잡도록 해야 합니다.

진리는 밝음이고 생명이며, 비진리는 어둠이고 고통입니다. 현재 우리나라가 어려워진 것은 바로 이러한 진리의 빛이 우리 사회에 희미해져 버렸고, 삶을 기초하고 있는 인간의 존엄과 가치, 양심과 성실함이 사라졌기 때문입니다.

따라서 이 세상 속에 분명히 존재하는 진리와 인간의 의미를 밝히고 이를 확립한다면, 우리나라는 세계에서 최고의 자질을 가진 국민들이 점점 많아져 정의롭고 부강한 나라를 이루게 될 것입니다.

악법도 법인가

 백형식(40대 직장인)

사회 질서와 안정을 위해 잘못된 법도 지켜야 한다는 의미로 "악법도 법이다."라는 말이 곳곳에서 사용돼 왔습니다. 하지만 소크라테스가 했던 이 말은 권력자의 권위를 강요하려는 의도로 악용될 때가 많았고, 그래서 지금도 많은 논란을 불러 오고 있습니다. 과연 악법도 법이니 지켜야 하는 것입니까?

 저자

요즘같이 녹음기와 인터넷이 발전한 시대에도 앞뒤 문맥은 잘라 버리고, 자신들의 입장에 맞게끔 남의 말을 인용하여 그 내용을 완전히 다른 이야기로 바꿔 버리는 일이 수없이 일어나고 있습니다. 따라서 몇 천 년 전 성인들의 가르침을 바로 이해하기 위해서는 그분들이 어떤 삶을 살아왔으며, 그전에는 어떤 말씀을 했으며, 또 그런 말을 하

게 된 배경을 훑어봐야 그 말의 정확한 의도와 의미를 이해할 수 있습니다.

소크라테스가 악법에 의해 억울하게 죽임을 당하는 과정에 대해서는 그의 친구이며 제자인 크리톤(Kriton)과의 대화를 기록한 『크리톤』이라는 책에 비교적 자세히 기술되어 있습니다. 여기서 소크라테스는 자신의 정당성과 국가와 법률의 중요성, 악과 정의롭지 못한 것에 대한 거부, 법과 국가의 잘못된 주장에 대한 자신의 견해를 제시하고 있지만, "악법도 법이니만큼 그것이 정당하다거나 당연히 준수되어야 한다."는 식의 말을 한 적은 없습니다.

그분의 주장은 많은 주제에 걸쳐 있어서 그것을 읽는 사람의 관점에 따라 여러 가지로 해석할 수가 있지만, 사실과 이치에서 보면 다음과 같이 해석됩니다.

"국가와 법체계는 그 나라 국민을 보호하기 위한 목적으로 만들어지는 것이므로 준수되어야 하는 것이 원칙이며 이를 무조건 부정한다면 그 나라는 붕괴하고 만다. 따라서 나는 나를 키워 준 국가와 법의 명령을 거부하거나 파괴하지 않고 죽어가지만, 나는 그것이 정당한 것이라고 인정할 수는 없다. 가능하다면 나는 그 법이 잘못되었다는 것을 세상에 전하고 설득하며 개정하도록 하고 싶다.

하지만 이를 위해 지금 내가 도피한다면 그것은 내 잘못을 인정하는 것이 되며, 내가 여태껏 펴온 주장이 정당하지 않다는 것을 인정하는 꼴이 된다. 따라서 나는 내가 죽더라도 내가 여태껏 주장해 온 진리와 정당성을 포기할 수가 없다.

그래서 나는 잘못된 악법에 의해 죽임을 당한다. 그러므로 법을 만들고 집행하는 사람은 악법도 법이라며 무조건 따르라고 말할 것이 아니라, 이같이 잘못된 악법이 생기면 나처럼 억울한 한을 갖는 수많은 시민이 생긴다는 사실을 명심하고, 법과 공권력을 올바르게 만들어 정당하게 집행해 주기 바란다."

즉, "악법도 법이다."라는 말은, 악법도 법이니 반드시 지켜야 한다는 뜻이 아니라, "악법이 법으로 시행된다면 수많은 사람이 억울한 고통을 당하게 되니 악법을 제정하지 않도록 주의해야 한다."는 의미로 이해해야 합니다.

 백형식(40대 직장인)

요즘 부정부패 문제가 심각해지자 '김영란법'의 제정이 국가의 주요 과제로 떠올랐습니다. 이 법에 대한 반대도 많은데 왜 이 법을 시행해야 하며 그 효과는 어떠하리라 보십니까?

 저자

그동안 우리 사회의 많은 불행은 거짓과 부정부패에서 비롯되었습니다. 진실과 공정함보다 힘과 권력이 모든 것을 좌우하고, 정실과 배경이 출세를 좌우했습니다. 이와 같이 정의가 없는 사회에서는 사람들이 바른 이치와 능력에 의지할 수 없기 때문에 거짓과 권모술수, 정실과 뇌물에 의지해야 합니다.

밝은 세상에서는 성공하기 위해서 성실하게 일하고 이치대로 살아야 하지만, 어두운 세상에서는 성실하게 일하면 바보 취급을 받기 때문에, 모두 줄을 잡으려고 애쓰고 뇌물과 아부로 세상을 혼탁하게 만드는 것입니다. 이런 세상은 어둠과 원망과 불신으로 치달아 결국 파멸의 길로 들어서고 맙니다.

지금 우리 사회를 어려움에 빠뜨린 최순실 게이트나 세월호 사태, 각종 부정부패 사건에서 볼 수 있듯이 모든 분야에 요령과 편법, 정실과 부패가 일반화되고 있습니다. 우리나라에서 사업을 할 때 규정대로 하면 되는 일이 아무것도 없지만, 아는 사람만 있으면 안 되는 일도 된다고 합니다.

따라서 이제 명실상부한 선진국이 되려면 과거의 틀에서 벗어나 모든 거짓과 부정부패를 버리고, 국민정신 속에 참된 삶의 가치와 정의가 자리 잡도록 해야 합니다.

그러므로 더 이상 거짓과 부정부패가 자리 잡지 못하도록 김영란법을 더욱 강화하여 엄정하게 시행해야 합니다. 지금 그 대상이 확대되어 언론기관 종사자들이 포함됐다고 반발이 있는 것으로 알고 있습니다. 인간은 누구나 정직하고 성실하게 살 때 자신의 정신을 고양할 수 있고, 성숙한 인격을 도야할 수 있습니다. 따라서 그 누구보다 공익성이 강한 언론기관 종사자들이 자신과 세상에 유익한 삶의 길인 정직하게 살자는 데 반대할 명분은 없는 것입니다.

기존 관행과 부패의 사슬이 끊기는 과정에서 일시적으로는 고통이 오겠지만, 밝은 빛으로 움직이는 세상이 가장 편안하고 활기가 넘치는 것입니다. 밝은 세상은 양지와 같고, 어두운 사회는 음지와 같습니다. 양지에서는 모든 생명이 활기를 띠어 자신의 소질과 능력을 최대로 발휘하여 여기저기 풍성한 열매를 맺지만, 음지에서는 모든 것이 비실비실해 부정부패와 협잡이 없으면 살아남기 어렵습니다. 따라서 사회의 부정부패와 정실을 뿌리 뽑을 수 있는 김영란법의 기본 취지가 훼손되지 않도록 시행에 차질이 없도록 해야 할 것입니다.

경제의 원리

 김종민(남자 대학생)

우리나라의 경제 상황이 점점 안 좋아지고 있습니다. 제가 일하는 매장도 전보다 손님이 많이 줄어 사장님 걱정이 이만저만 아닙니다. 무엇인가 경제가 잘못되어 가고 있는 것 같은데 경제를 살리는 묘책이 있을까요?

 저자

경제를 제대로 움직이기 위해 가장 중요한 일은 일할 수 있는 여건을 만드는 것입니다. 이를 위해서는 일한 대로 결과가 오는 제도와 풍토를 조성해야 합니다. 사람은 일한 대로 결과가 나타난다는 것을 알면 자신의 모든 것을 바쳐 최선을 다하게 되고, 그러면 경제는 활성화되어 최고의 효율과 발전을 이루게 됩니다.

오늘날은 사회주의의 여파로 국가는 무조건 모든 국민의 먹고사는 문제를 보장해야 한다는 주장이 강하게 힘을 얻고 있습니다. 그러나 일을 하지 않아도 먹고 사는 문제가 해결된다면 열심히 일할 사람은 아무도 없습니다. 따라서 일해야만 먹을 게 있고 일하지 않으면 굶어야 한다는 경제의 기본 원칙을 확립해야 합니다. 이 일은 매우 작고 지엽적인 문제 같지만 자본주의 경제를 지탱하는 가장 중요한 가치입니다. 이것이 무너지면 자신의 능력을 다해 열심히 일할 사람은 아무도 없으며, 결국 스스로 먹고사는 문제도 해결하지 못해 붕괴하고 맙니다. 그 대표적인 사례가 소련으로 대표되는 과거의 공산주의 국가였습니다.

따라서 일하려는 동기와 공정한 경쟁을 저해하는 모든 제도와 관행은 개선되어야 합니다. 자유로운 기업 활동이 가능하도록 규제를 완화하고, 과격한 노조 활동이 없어야 하며, 투자 의욕을 악화시키는 시나친 세금을 억제하고, 성실히 일하려는 근면성을 해치는 투기 풍조를 근절해야 모든 분야에서 활발한 경제활동이 일어날 수 있습니다. 경제를 활성화해야 기업 투자가 일어나고 실업이 해소되어 실질적인 복지가 향상되는 것입니다. 이것이 경제를 살리는 기본 원리입니다.

 백형식(40대 직장인)

최근 국제 경제 환경이 나빠짐에 따라 과거에 잘 나가던 조선, 해운 분야의 경우 경쟁력이 약화되어 구조조정을 해야 하는 사태가 벌어지고 있습니다. 과거에도 구조 조정으로 많은 실업자가 생겨나고 사회문제가 되었는데 산업체 구조조정을 하지 않고 해결하는 방법은 없을까요?

저자

경제는 살아 움직이는 생명체와 같아서 기업의 생과 사는 피할 수 없는 숙명입니다. 자연이 완전한 질서 속에서 영원히 살아 움직이는 것은 생과 사가 순환하면서 전체가 하나의 조화체를 이루기 때문입니다. 즉, 죽을 자는 보내고 산자는 대를 이어가기에 전체가 제대로 돌아가는 것입니다. 만약 미련이 많아 동상으로 썩어가는 팔다리를 자르지 않는다면 결국 몸 전체가 죽게 됩니다.

이것은 경제의 경우도 동일합니다. 마음은 아프지만, 경쟁할 힘이 모자라고 부실한 기업은 정리하는 것이 국가 경제 전체를 위해 바람직합니다.

이런 경우 가능성이 희박한 기업에 혈세를 쏟아 부어 낭비하는 것보다 잘되는 기업을 지원하여 이들이 주도하여 경제를 성장시키도록 하는 것이 올바른 방향입니다. 즉, 구조조정의 원칙은 망할 기업에 하는 것이 아니라 흥할 기업에 하는 것입니다. 이와 같이 공정한 경쟁과 능력에 따른 보상과 퇴출이 확실하게 이루어질 때 국가 전체적으로 효율이 높아지고 지속적인 발전이 가능해집니다.

그리고 퇴출된 기업과 인원들은 자신의 능력에 맞는 새로운 분야를 찾도록 대책을 세워주어야 합니다. 사람의 능력과 소질은 제각각이기 때문에 의욕과 힘만 있다면 반드시 각자에게 맞는 새로운 활동의 장을 만들어 나갈 수 있습니다. 국가는 이들에 대해 적절한 대책을 마련해주면 이들이 새로운 분야를 개척하여 경제가 확대되는 것입니다. 그러므로 산업 구조조정을 두려워할 것이 아니라 새로운 활동의 장을 마련하는 데 초점을 두어야 할 것입니다.

최근 우리 사회에서는 자본주의 경제의 폐해와 자본가의 이기심에 대한 비판이 많이 나오고 있습니다. 자본주의는 우리에게 무엇을 줄 수 있는지요? 오히려 제한하고 축소해야 하는 것이 아닌지 모르겠습니다.

 저자

오늘날 자본주의 체제하에서 이루어지고 있는 우리나라의 각 부문에서 나타나는 문제는 인간의 탐욕과 잘못이 부르는 지엽적인 문제이지 체제 자체의 본질적인 문제는 아닙니다. 그러므로 사회 어디서나 존재하는 인간의 한계로 인해 나타나는 일시적인 문제점을 가지고 자본주의 근본 원리를 외면하거나 체제 자체를 부정해서는 안 될 것입니다.

물론 언론에 보도될 정도로 악질적인 부도덕한 기업 사례가 있었지만, 대부분의 경우는 정해진 계약에 의해 정당한 임금을 받고 있습니다. 만약 이것을 어기는 기업이 있다면 그 책임을 물어야 하는 것이며, 이것 자체를 자본주의의 폐단으로 보아서는 안 됩니다.

전체적으로 보면 개인의 자유와 공정한 경쟁에 기초한 자본주의는 인간의 삶에 기적적인 풍요를 가져다주었으며, 그중에서 기업가의 역할이 결정적이었습니다. 수백만의 노동자는 각자 먹을 것을 찾기도 힘들지만, 한 사람의 뛰어난 기업가는 수백만의 일자리를 창출한다는 사실을 이해해야 합니다. 미국이 세계의 경제 대국으로 계속 자리를 유지하는 것은 마이크로소프트의 빌 게이츠, 애플의 스티브 잡스와 같은 혁신적인 기업가들이 끊임없이 나타나고 있기 때문입니다.

따라서 노동자들의 불만을 조직화하기 위해 만들었던 이데올로기에 사로잡혀 자본주의 자체를 혐오하고 기업가들을 근로자를 착취하는 악마로 보는 것은 올바른 생각이 아닙니다. 따라서 자본주의 경제의 꽃이며 핵심인 기업가를 무시하거나 경멸해서는 안 됩니다.

오늘날 기업가들은 이윤 창출을 위해 기술을 개발하고 판매처를 발굴하며 적정한 투자와 인력 고용으로 경쟁력을 확보하려고 합니다. 즉, 이윤 창출에는 자본, 지대, 기술, 노동력 등 여러 가지 요소가 작용하기 때문에 오늘날 기업가 중 계약을 벗어난 불합리한 임금으로 노동자의 임금을 착취하여 이윤을 올리려는 기업가는 거의 없을 것입니다.

따라서 실업이 만연하고 있는 우리나라 형편에서는 기업가들이 노동자를 부리는 것을 너무 지나치게 문제 삼을 것이 아니라, 기업가들을 격려해 조금이라도 더 투자토록 해서 한 명의 노동자라도 더 고용하도록 하는 것이 필요합니다.

그러므로 우리는 어려운 여건 하에서 사업을 일으켜 고용을 늘리고 있는 기업가들을 정당히 평가해야지, 그들이 근로자의 임금을 착취한다는 시각을 가지고 힘으로 기업가들과 갈등을 일으켜 기업의 경쟁력을 약화시키는 일을 해서는 결코 안 됩니다. 그래서는 냉혹한 자본주의의 무한 국제경쟁에서 살아남을 수 없고, 기업이 붕괴되면 결국 우리 모두의 비극으로 다가오게 될 것입니다.

빈부 격차

●

 김종민(남자 대학생)

우리 사회는 빈부의 격차가 너무 심하나고 생각됩니다. 시간이 갈수록 상황이 더 심화되고 있습니다. 최근의 통계들도 이러한 사실을 뒷받침해주고 있고요. 어떻게든 돈만 많이 벌면 된다는 생각으로 부자가 된 사람들이 너무 많은 것 같습니다. 이제 부자를 보면 부자가 되서 타락하는 것인지, 타락한 사람이 부자가 되는 것인지 판단이 서지가 않습니다. 과연 부자가 존경받는 세상은 존재하지 않는 걸까요?

 저자

세상은 한 치의 어김없는 이치로 이루어지기 때문에, 원칙적으로 세상에서 돈을 많이 버는 것은 열심히 일하고 절약하고 사실을 정확히 판단하여 투자를 잘했기 때문입니다. 원인 없는 결과가 없듯이, 돈을 버는 원인을 짓지 않고서 돈이 저절로 생길 리가 없는 것입니다. 이런 경우 부를 존중해야 합니다. 이것은 밝은 세상에서 정상적인 이치로 개인이 열심히 노력하여 돈을 번 것이기 때문입니다.

두 번째는, 어두운 세상에서 악으로 돈을 버는 현상입니다. 이러한 경우는 잘못된 자들이 남을 위협하거나 부정부패와 불법으로 돈을 버는 것입니다. 이런 경우 그의 삶은 언젠가 그 실체가 드러나 파멸하고 영혼은 악으로 인해 소멸하게 됩니다.

세 번째는, 투기로 돈을 버는 현상입니다. 일은 하지 않고 투기 심리를 이용하여 앉아서 돈을 버는 것입니다. 이처럼 일하지 않고 큰돈을 만지려는 일확천금의 요행 심리가 사회에 자리 잡으면, 근로 의욕이 사라지고 성실하게 일하는 사람들이 힘을 잃어 그 사회는 생산성이 급속히 떨어지고 붕괴되고 맙니다.

이렇게 투기와 범죄로 돈을 버는 것이 일반화된 사회는, 정상적인 사회가 아니라 악으로 물든 사회이기 때문에, 이런 사회는 저절로 무너지게 되어 있습니다. 그래서 세상은 공정한 것입니다.

우리 사회에는 이와 같은 세 가지 현상들이 동시에 공존하고 있습니다. 따라서 이러한 현상들을 잘 살펴서 어떻게 해야 공정한 세상을 운영해 나갈지를 지혜롭게 판단해야 할 것입니다.

불로소득의 경우, 자본의 정상적인 이자율만 보상하고 나머지 소득은 대부분 과세하여 일확천금의 허황된 마음이 사회에 발붙이지 않도록 해야 합니다. 그리고 부정부패는 일벌백계로 강력히 다스려야 하며 부정 축재한 돈은 반드시 환수해야 합니다. 또한, 부패 범죄를 신고하면 몰수한 불법 이익에 대해 일정 비율을 보상하는 것도 좋은 방법입니다.

모든 것이 이치대로 이루어지는 밝은 세상으로 만들어 나갈 때 그 사회는 지속적으로 발전할 수 있지만, 투기와 범죄가 용납되는 어두운 사회를 조장하면 그 사회는 결국 무너지게 됩니다. 따라서 부자를 볼 때도 똑같이 볼 것이 아니라, 그 사람의 살아온 이력과 생활 자세를 보고 과연 어떤 부자인지 판단해야 합니다.

 김종민(남자 대학생)

대학을 나와 사회생활을 시작하려 해도 우리나라는 좁은 취업 문 탓으로 일할 곳이 마땅치 않습니다. 꼭 남들이 원하는 대기업에 들어가야 하는지 의문이 들고, 일자리를 제공하지 못하는 나라가 원망스럽기까지 합니다. 꼭 직장을 구해야 할까요?

 저자

큰돈을 벌던 적은 돈을 벌던, 일은 매우 신성하고 숭고한 것입니다. 일하는 가운데 살아 움직이는 힘이 생기고, 현실을 유지하는 생활력이 생기며, 세상의 이치를 깨치는 것이니, 돈을 많이 벌려는 욕망이나 좋은 직장을 얻으려는 허명을 구하기보다는 먼저 삶의 가장 기본적인 수단으로 일자리를 마련하는 것이 필요합니다.

지금은 매우 어려운 시기입니다. 모두 허리를 졸라매야 할 시기입니다. 나라의 경제 현실은 매우 부실하고 불충분한데 국민들의 기대와 이상이 너무 높아 타협점을 찾기가 어렵습니다.

그러므로 정치가는 너무 국민들에게 영합하려 하지 말고 현실의 문제점을 솔직히 이야기하여 협력과 고통을 요구해야 하며, 국민은 국가와 기업에게 무조건 요구만 할 것이 아니라, 먼저 자신의 능력을 기르고 스스로 해야 할 일을 실천하는 자세를 보여야 합니다.

기업가들이 치열한 경쟁에서 살아남기 위해 목숨을 걸고 기업경영을 하는 것처럼, 모든 국민도 각자 현실에서 살아남기 위해 자기의 일에 온 힘을 다해야 합니다. 현실이 부족하고 어려운 만큼 당장 좋아지기를 바라면 안 되며, 미래는 자신이 노력한 만큼 다가온다는 평범한 진리를 잊지 말고 더 나은 자기를 만들기 위해 남들보다 더 열심히 노력해야 합니다.

요즘 우리사회에는 삶이 어려운 것을 모두 세상 탓으로 돌리거나 자본가나 노동자로 나누어 편을 가르는 현상이 많이 나타나고 있습니다. 그러나 이것은 세상을 증오와 파멸로 몰아넣으려는 어두운 세력들의 음모입니다. 왜냐하면, 세상은 하나로 움직이는 거대한 조화체이기 때문입니다. 이 땅에서 함께 숨을 쉬며 살아가고 있는 우리들은 서로 나뉘어 대립하기보다는 하나의 생명체로 조화를 이루며 상대를 축복하는 길을 찾아야 합니다.

그리고 정부에서는 안정적인 일자리를 창출하도록 노력해야 합니다. 역대 정부는 국민의 인기에 영합하기 위해 공공근로나 파트타임과 같은 임시직을 많이 만들어 성과를 자랑하고 있는데 그런 임시적인 일자리는 실업 해소에 큰 도움이 안 되며 장기적으로 나라의 예산만 소모하게 됩니다. 근본적으로 고용은 기업이 자기 필요성에 의해 만들어낼 때 정상적인 일자리가 됩니다. 기업이 스스로 필요하여 만든 일자리가 아니라 인위적으로 만들어낸 일자리는 곧 사라지기 마련입니다.

따라서 정부는 매년 수천억의 돈을 퍼부어 억지로 일자리를 만들어낼 것이 아니라 기업이 투자할 수 있도록 환경을 조성하여 가능한 많은 기업들이 생겨나도록 해야 합니다. 일할 수 있고 돈 벌 수 있는 환경이 만들어지면, 기업은 스스로 투자해 창업과 일자리는 저절로 늘어나게 됩니다.

그러기 위해서는 기업들이 창의와 활력을 낼 수 있도록 자유롭고 공정한 시장 질서를 만들어야 합니다. 규제를 풀고 부담을 줄여 마음껏 뛸 수 있게 해준다면, 신에 이르는 무한한 가능성이 나오게 됩니다. 자본주의 경제는 이것이 가능하기에 가장 우월한 경제체제로 정착이 된 것입니다. 미국이 세계 최고의 국력을 자랑하고 있는 것도 자유롭고 공정한 경제 질서를 확립하여 록펠러, 카네기, 빌 게이츠, 스티브 잡스와 같은 기업가들이 계속 출현하기 때문입니다. 이것이 경제를 살리고 일자리를 만드는 가장 중요한 요체입니다.

부자 되기

질문 1 **박지윤(여자 대학생)**

  어린 시절부터 가난하게 살아 부자인 친구들을 보며 부러워한 적이 많았습니다. 그리고 재벌들을 보면서 나는 왜 저렇게 살 수 없는지 의문을 가진 적도 많았고요. 저도 돈을 많이 벌어 부자로 살고 싶습니다. 좋은 방법이 있을까요?

답변 1 **저자**

  자본주의 경제 속에서는 개개인의 능력에 따라 무한한 부가 축적될 수 있습니다. 큰 부를 모으기 위해서는 모든 것이 이치에 맞게 갖추어져야 합니다. 근면 검소해야 하며, 지혜로워야 하며, 리더십과 사회성이 있어야 합니다. 이 모든 것이 갖추어지지 않으면 부를 모으는 데 한계가 생깁니다. 이 말은, 곧 정당한 부는 인간의 미덕에 근거하므로 존경받을 가치가 있다는 것입니다.

현대그룹 회장 정주영은 춘추복 한 벌을 주로 입고, 내복으로 겨울을 났으며, 등산 바지는 재봉틀로 덕지덕지 기워 입고, 굽에 징을 박아 30년이 넘게 신은 구두도 있었다고 합니다. 물론 일면을 보여주는 것이겠지만 그만큼 근검절약이 몸에 뱄다고 볼 수 있습니다. 부자가 되기 위해서는 이러한 근면 검소한 정신이 있어야 합니다.

세상의 이치는 정해져 있어서 원인을 짓는 만큼 결과가 생겨나게 됩니다. 남과 똑같이 움직여서는 남보다 더 많은 부를 얻을 수 없습니다. 부자가 된 사람들은 하나같이 남이 따라오지 못할 정도로 부지런합니다. 당장은 그 노력이 적게 느껴질지 몰라도, 그것은 마치 눈덩이가 커지는 것처럼 처음에는 작은 부로 시작하지만, 이것이 움직이게 되면 눈덩이처럼 기하급수적으로 불어나 부가 증가하게 됩니다. 따라서 근면 검소는 부의 근본 요소입니다.

이처럼 돈을 모으기 위해서는 돈을 소중히 알아야 하며 작은 액수라도 함부로 쓰지 말아야 합니다. 굳은 땅에 물이 고이는 법입니다. 가난한 사람일수록 구멍이 뚫린 항아리처럼 돈이 줄줄 새지만, 부자의 지갑은 함부로 열리지 않습니다.

그런데 공정한 사회에서는 이와 같이 부가 정당한 노력의 결과로 나타나지만, 어두운 세상에서는 부정부패와 투기로 재물을 모으는 경우가 많습니다.

이런 경우 일시적으로는 많은 재물을 모을 수 있으나 언젠가는 거짓과 위선이 드러나 불행한 결과를 보게 됩니다. 하늘의 이치는 매우 성긴 것 같아도 한 치의 어김이 없어 아무도 빠져나갈 수 없습니다. 잘 나가던 정치인이나 공직자들, 그리고 사업가들이 한순간 쇠고랑을 차는 사례에서 우리는 그러한 진리를 쉽게 목격할 수 있습니다.

돈 쓰는 법

●

 백형식(40대 직장인)

　재벌들이 부럽기도 하지만 국가에 세금도 안 내고 자식들에게 증여
하며 온갖 비리를 저지르는 것을 보면 밉기도 합니다. 그들을 보면서
돈에 대한 근원적인 의문을 갖게 됩니다. 돈은 어떻게 써야 합니까?

 저자

　인간이 돈을 버는 목적은, 첫째는 삶을 살아가는 의식주를 해결하
기 위함이고, 둘째는 그 돈을 잘 사용하는 데 있습니다. 사람들은 돈
자체를 모으기 위해 애를 쓰고 있으나, 인생은 유한하여 결국 모두
다 놓고 가야 하므로, 돈은 많이 모으기 위해서가 아니라 잘 쓰기 위
해 버는 것입니다.

　만약 돈에 집착하면 그 돈이 아까워 편하게 눈을 감지 못합니다. 그
래서 돈독이 오른 자들은 죽어서도 그 집착이 계속 남아 눈을 감지

못하므로, 유혼이 되어 재물 주위로 떠돌다 자신의 영혼을 망치고 맙니다. 그래서 예수님은 부자가 천국에 가는 것은 낙타가 바늘귀에 들어가는 것보다 어렵다고 하신 것입니다.

따라서 떠날 때는 모든 것을 놓고 떠날 수 있는 걸림 없는 마음을 지니고 살아야 합니다. 살아서는 근검절약하며 부지런히 돈을 벌되 보람 있고 가치 있게 돈을 쓰고, 죽을 때는 자기가 한 일에 보람을 느끼며 모든 것을 잊고 편안히 떠나야만 합니다.

살아서는 모은 것이 아깝다고 사치로 몸을 휘두르고, 떠날 때는 놓고 가는 것이 아깝다고 자식들에게 많은 재산을 남겨주고 가는 경우가 우리사회에 많습니다. 그러나 사치를 하면 마음이 허황되어 자신을 망치고, 자식에게 재산을 남기면 그 재산이 자식을 망치게 됩니다.

인간은 검소하고 절약하는 건실한 기풍을 유지해야 그 영혼이 허황되지 않고 진실하여 다음 생에 가서도 고생하지 않고 밝은 정신을 유지할 수 있습니다.

돈이 많다고 돈을 제대로 쓸 능력도 없는 자식에게 많은 돈을 남겨주면 사치가 생기고 근면성이 떨어져 험한 세상의 시련을 이겨낼 큰 인물이 되지 못합니다. 그리고 재물이 많은 곳에는 항상 나쁜 인연이 들끓기 때문에, 자식이 현명하지 못하면 재물을 잃고 화를 당하기 쉽습니다. 따라서 자식에게는 삶에 대한 좋은 가르침을 주고, 실생활에서 유능한 생활인으로 살아갈 수 있도록 주체적인 인간으로 교육시키는 것으로 충분합니다.

그리고 현실을 바로 보지 못하면 남을 위해 돈을 써도 세상을 축복하지 못하고 오히려 세상을 망치게 되는데, 그 이유는 세상이 어두운 까닭에 남의 선한 마음을 자신의 사심에 이용하는 경우가 많기 때문입니다. 세상을 축복하기 위해서는 선이 많아지고 모든 것이 이치대로 돌아가도록 도와야 합니다. 그와 반대로 악한 자를 돕거나 나쁜 의도를 가진 자를 도우면 오히려 그 도움이 악을 번성시키게 됩니다. 그러므로 남을 도울 때도 세상을 바로 보는 눈이 필요합니다.

누구나 돈을 쓸 때는 보람 있고 가치 있게 써야 합니다. 그러나 남을 돕는 데 쓰더라도, 그 결과를 따져 보지도 않고 무조건 나누어 준다면, 그 돈은 대부분 낭비되고 말며 큰 공덕이 되지 못합니다. 따라서 남을 돕더라도 바른 이치로 올바른 삶을 가르쳐 상대가 스스로 자존할 수 있게 해야 그 사람의 인생을 축복하고 좋은 세상을 만들 수 있습니다.

하지만 요즘과 같이 진리가 뒤집힌 세상에서는 진리를 찾아 돈을 잘 쓰기가 어렵습니다. 요즘 많은 노인들이 여생을 마치면서 세상을 위해 돈을 쓰고 싶다고 종교단체나 사회단체에 자신의 전 재산을 기증하는 경우가 많습니다. 그러나 사실과 이치에 맞지 않는 관념과 미신을 전하는 종교단체나 갈등과 편견을 전하는 사회단체에 돈을 기증한다면, 그 돈은 세상의 이치를 흐리고 세상을 불행하게 만드는 데 사용될 것은 불 보듯 뻔한 일이니, 공덕이 아니라 오히려 악업을 짓는 일이 되고 맙니다. 따라서 돈을 잘 쓰는 것도 참된 이치를 알아야만 가능합니다.

 김갑수(70대 노인)

요즘, 불교에서는 무주상보시(無住相布施)를 해야 진정한 보시가 된다고 합니다. 돈을 쓸 때도 "내가 남을 위하여 베풀었다."는 생각이 있으면 참된 보시가 안 되며, 오히려 집착을 키우게 된다고 합니다. 그런데 보시를 할 때 내가 한 행동을 기억에서 지우는 것이 매우 힘듭니다. 무주상보시를 할 수 있는 특별한 방법이 있을까요?

 저자

　오늘날 불교에서는 세상을 환으로 보는 논리를 근거로 세상에 존재하는 모든 것을 허망하게 봅니다. 그래서 선과 악의 구별을 부인하고 악업은 물론 선업도 지어서도 안 된다고 말합니다. 왜냐하면, 악업은 아귀, 축생과 같은 지옥계에 빠지는 나쁜 과보를 받기 때문에 지어서는 안 되지만, 선업 또한 영원하지 못한 천상에 나서 인연이 다하면 다시 윤회에 들어 고해의 굴레를 돌아야 한다고 보기 때문입니다. 그래서 유루공덕·무루공덕, 유주상보시·무주상보시라는 관념적 구분을 만들어 놓고, 세상에 분명히 도움이 되는 좋은 원인마저 유위 공덕이니 집착하지 말라 하며, 보시를 할 때도 베푼 마음이 없이 베푸는 무주상보시를 해야 한다고 주장합니다.

　그러나 무루(無漏)는 오직 부처님의 경지를 말합니다. 따라서 신도들이 알지도 못하는 부처님의 무루 경지를 흉내 내어 분별심을 버리고 함부로 행동하는 것은 관념적인 행동에 지나지 않습니다. 그런데 현 불교에서 대중들이 이해하지 못하는 무루의 경지를 가정하여, 베푼 마음이 없는 공덕을 행하라고 하니 그리할 길이 없는 것입니다.

　그러면 좀 더 무주상보시의 함정을 살펴봅시다. 현 불교에서는 재물에 대한 집착이 없어야 큰돈을 벌 수 있으며 다른 이를 위해 보시를 할 때도 아깝다는 마음 없이 무주상보시를 해야 돈에 머물지 않는 큰 공덕을 짓게 된다고 합니다.

그러나 이것은 관념의 유희이며 말장난에 지나지 않습니다. 의식을 지닌 사람이 자신이 행한 것을 아무런 자각 없이 모르고 할 수 없으며, 기억에서 지울 수가 없기 때문입니다.

또한, 주었다는 생각 없이 결과도 생각하지 않고 아무런 뜻과 의미 없이 행하는 보시는 공덕이 되는 것이 아니라 자신을 무지하게 만들어 자신과 세상을 망치게 합니다. 따라서 돈을 쓸 때는 그것이 세상에 좋은 원인이 되도록, 바로 알고 바른 이치로 써야 합니다.

우리는 나이 많으신 분들이 이상한 선원이나 종교단체에 빠져 자신의 전 재산을 아낌없이 희사하는 것을 보게 됩니다. 자신은 무주상보시를 했다고 하겠지만, 그 돈이 말법을 전하거나 탐욕스런 자의 배를 불리는 역할을 하여 세상에 어둠을 번지게 했다면 그것은 공덕이 아니라 악덕이 되는 것입니다.

왜냐하면, 자신이 잘 알고 세상을 축복한 것은 자신의 마음을 밝게 하여 다음 생에도 좋은 근본을 갖게 하고 밝은 시각을 갖게 하지만, 이치를 몰라 자신의 의도와는 다르게 세상을 어둡게 하고 상대를 망치는 결과를 가져온다면 그러한 행위는 어리석은 자신과 불행한 세상을 가져오는 것이며, 다음 생에도 똑같은 일을 저질러 세상을 바로 보지 못하고 말법을 좋아하는 악업을 쌓게 되는 것입니다. 이것이 한 치도 어김없는 인과의 이치입니다.

그리고 무주상보시는 현실 속에서 아무런 이유 없이 준 다음 그 용처를 묻지도 따지지도 말라고 합니다. 돈을 받는 사람에게는 이것보다 편한 일이 없습니다. 그러나 돈이 오고 갈 때는 보시를 한 사람은 반드시 자신이 아껴 모은 돈이 좋은 곳에 쓰이도록 관심을 쏟아야 하며, 받은 사람은 좋은 곳에 쓰도록 노력하고 그 결과를 거짓 없이 살

샅이 알려주어야 올바른 것입니다.

그동안 우리나라 복지역사를 살펴보면, 전쟁 후 고아원이나 복지시설, 종교시설을 운영한 사람들 중 많은 이가 큰 치부(致富)를 했으며, 수없이 행해졌던 재해 성금과 불우이웃돕기 성금이 제대로 쓰인 적이 없었다는 것이 일반적인 평가입니다. 이러한 현상은 우리의 보시가 올바르게 쓰이지 못했으며 오히려 세상을 어둡게 만드는 데 기여했음을 의미하는 것입니다.

세상의 인과는 지은 대로 이루어지는 것이니 이것은 본인이 의도하든 않든 관계가 없습니다. 인과는 본인이 알든 모르든 지은 대로 그대로 세상에 펼쳐지는 것입니다. 따라서 사실과 이치에 맞게 좋은 원인을 지어 상대도 좋고 세상도 좋고 나도 좋은 공덕을 짓는다면, 본인이 의도하든 의도하지 않던 간에 그것은 좋은 공덕이 되는 것입니다. 따라서 복잡하게 유주상보시, 무주상보시라는 말을 만들어 업이 되고 안 되고를 따지는 것은 관념으로 만들어낸 말장난에 지나지 않습니다.

직업의 의미

 김종민(남자 대학생)

저는 야간에 편의점에서 일을 하고 있습니다. 일이 능숙해지고 부지런히 매장관리를 했더니 사장님과 손님께 칭찬도 받고 일의 소중함을 많이 느끼고 있습니다. 그래서 졸업을 하면 마냥 대기업에 원서를 넣을게 아니라 소질을 살려 중소기업에 취업할 생각입니다. 주위에서는 순진한 생각이라고 극히 만류하는데 직업에 귀천이 있나 싶습니다. 선생님의 고견을 여쭙고 싶습니다.

 저자

사람은 일을 통해 성장합니다. 그래서 현실을 사는 사람에게 직업은 단순히 돈벌이만을 위해 존재하는 것이 아니라, 일을 통해 자신의 사회적 성장과 정신의 완성도 이룰 수 있으므로 직업은 소중하며 신성한 것입니다. 즉, 일하는 가운데서 살아 움직이는 힘이 생기고, 세상의 이치를 깨치게 되므로 돈을 많이 벌려는 욕망이나 좋은 직장을 뽐내려는 허명보다는 먼저 삶의 가장 중요한 조건으로서 일자리를 마련해야 합니다.

그러한 일들을 통해 성실하게 노력하여 마음에 게으름과 거짓이 없고 노력한 대로 벌어 생활에 걱정이 없으며 근면한 모습이 남에게 인정받는다면, 사회의 건실한 일꾼이 되고 자신의 영혼도 제대로 가꿀 수가 있습니다. 그런 의미에서 아르바이트에 충실해서 상사에게 인정받은 것은 매우 바람직한 모습입니다.

물론 아르바이트 중에 임시직이라는 이유로 부당한 일을 겪을 때도 있을 테고, 미래에 대한 불안도 생길 겁니다. 하지만 자신에게 분명한 목표가 있다면, 그 모든 일들을 배움과 성장의 과정으로 삼을 수 있을 것입니다.

오늘날 현실은 매우 어둡고 혼란스러워 모든 진실이 힘을 잃고 거꾸로 돌아가는 듯 보이는 경우가 많습니다. 그래서 이런 세상에선 진실이 사라지고 이치가 통하지 않으니, 내실 있는 사람보다는 화려한 외형의 사람을 더 좋아하고, 수단과 방법을 가리지 않고 출세하면 그뿐이라는 경향이 나타나고 있습니다.

이렇게 겉모습을 중시하므로 차근차근 삶을 내실 있게 꾸려갈 수 있는 중소기업보다는 대기업을 선호합니다. 또 어떤 사람은 이름을 날리기 위해 십 수 년간 고시 공부만 하다 인생을 망치기도 합니다.

그러나 돈과 출세를 위해 사는 것이 인생이 아닙니다. 그런 것들은 내 것이 아니며, 결국 모두 놓고 가야 합니다. 인간은 바르고 성실하게 살아감으로써 인격적 완성을 이루고, 세상을 축복하는 좋은 일을 하여 태어난 보람과 가치를 찾아야 합니다. 따라서 직장을 구할 때는 외부의 평가에 따를 것이 아니라, 자신의 삶을 밝고 내실 있게 꾸며 갈 자신에게 적합한 곳을 골라야 합니다.

 김종민(남자 대학생)

저는 몇 해 전, 휴학 중에 주식 트레이딩으로 이익을 봤던 경험이 있습니다. 그리고 그 뒤로 전업 투자자의 길을 알아보기도 했지만, 주위의 시선이 안 좋아 멀리하게 되었습니다. 친한 친구는 아직 전업 투자자가 되기 위해 노력하고 있고 평생 직업으로 생각하나 봅니다. 제가 친구에게 어떤 조언을 해줄 수 있을까요?

 저자

지은 대로 받는 직업으로 사는 것이 가장 바람직한 생활이며, 그래야만 세상이 바로 보이고 정신이 점점 밝아지게 됩니다. 그런 의미에서 노력한 대로 거두는 농사일이 정신 건강에는 가장 좋다고 할 수 있습니다.

직업은 단순히 돈만을 위한 것이 아니라, 그 속에서 인생의 의미를 깨치고 자기 자신을 닦는 인생 수업의 한 과정이 되어야 합니다. 즉, 어려운 일이 부딪힐 때 그 극복을 통해 자기 도야를 하고, 그 속에서 옳고 그름을 보는 지혜를 깨치며, 세상을 위해 마음을 태우는 사랑의 실천도 해야 합니다.

그런 의미에서 단순히 돈만을 위해 주식 투자를 하는 것은 바람직하지 않습니다. 왜냐하면, 사회적 성공과 정신적 성장의 측면에서 볼 때 좋지 않기 때문입니다. 물론 증권 전문가가 되어 시장경제의 건전한 육성을 위해 장기적 관점에서 성장형 투자를 한다면 괜찮겠지요.

하지만 이른바 '돈 놓고 돈 먹기' 식의 데이트레이딩(day trading)은 돈만을 위한 것으로, 의미 있고 가치 있는 성숙한 삶을 위해 바람직하지 않습니다. 더구나 우리나라 개미 투자자들이 데이트레이딩을 주로 하는 코스닥 시장은 시세를 둘러싼 많은 음모가 벌어지고 있습니다. 정보를 장악하고 시장을 조작하는 수많은 전문 꾼들과 비교하면 개미 투자자들의 정보는 매우 취약하므로, 결국 전문 꾼들의 희생양이 되기가 쉽습니다.

주식으로 생활을 영위하는 방법은 정상적인 경제구조 하에서는 있을 수 있는 일이지만, 거짓과 속임수가 많은 어두운 세상에선 현명한 생활 방식이 아닙니다. 그러므로 열심히 일하고 노력한 만큼 수익을 가지려는 사고방식을 가지고 수익이 적고 힘이 들어도 건전한 삶을 이끌어 가는 데 도움이 되는 정상적인 직장을 찾도록 친구에게 권해 주시기 바랍니다.

적성과 진로

 박지윤(여자 대학생)

대부분의 부모가 어릴 적부터 자식의 적성을 찾아주고자 비싼 비용을 마다하지 않고 다양한 교육을 시키고 있습니다. 하지만 어릴 때 적성이 뚜렷하게 나타나는 사람도 있지만 그렇지 않은 사람도 많아 보입니다. 적성이란 어떻게 드러나며 어떤 식으로 발전시켜야 하는지 궁금합니다.

 저자

그동안 생명 속에 있는 진실을 알지 못하는 서구의 철학자들은 인간이 백지인 상태로 태어나며, 그 후 경험을 통해 이성을 형성하고 진리를 인식한다고 말해 왔습니다. 하지만 그 말은 생명의 실상과 어긋나는 말입니다.

콩에서 콩이 나고 팥에서 팥이 나듯이, 모든 존재는 과거에 지니고 있던 근본을 가지고 태어납니다. 인간도 이와 마찬가지로 과거에 자신이 지은 근본을 가지고 이생에 태어나는 것입니다. 부모들은 자기 자식이 자신의 몸에서 태어난 분신이라 생각하지만, 그것은 착각입니다. 자식은 부모와는 관계없이 스스로 과거 생을 통해 지은 자신의 근본을 가지고 태어납니다.

우리는 밭에서 콩이 자라는 것을 관찰함으로써 그러한 사실을 확인할 수 있습니다. 농부가 밭에서 자라고 있는 콩에게 "너의 근본이 무엇이냐?" 라고 물으면, 콩은 "나의 근본은 밭입니다." 라고 대답할 것입니다. 왜냐하면 콩이 보기에 자신은 밭에다 뿌리를 내리고 있기 때문입니다. 그러나 이를 보는 농부는 그 콩의 근본이 밭이 아니라 자신이 작년에 수확하여 뿌린 콩씨라는 것을 알고 있습니다.

이와 마찬가지로 자식의 근원은 부모가 아니라 전생에 자신이 농사지은 자신의 영혼이며, 부모는 밭과 같이 자식의 영혼이 뿌리내린 바탕에 해당하는 것입니다. 이처럼 인간은 자신의 영혼으로부터 태어나고 전생에서 이어져온 자질과 성품이 부모를 바탕으로 이생에서 뿌리내려 다시 피어나는 것입니다.

따라서 교육의 본질도 백지 상태로 태어난 인간에게 주입식으로 지식을 구겨 넣어 로봇 같은 인간을 만들어 내는 것이 아니라, 타고난 자신의 근본을 일깨워 주어 자기의 가능성을 이끌어내는 것이어야 합니다. 이렇게 볼 때 획일적인 주입식 교육은 암기 능력을 키우는 데는 도움이 되겠지만, 각기 개인이 타고난 특별한 소질을 살리거나 탁월한 창의성을 발휘하는 데는 도움이 되지 못합니다. 그러므로 각자 자신이 타고난 소질과 능력을 키워 줄 수 있는 자율적인 교육을 해야 하고, 이를 위해서는 사실을 기초로 한 현장 교육이나 현실들 속의 이치를 밝히는 교육이 필요합니다.

하지만 인간의 타고난 적성은 살아가면서 점차로 자신 속에서 피어나는 것이니, 어릴 적부터 적성을 발견하기는 쉽지 않습니다. 그러한 일은 자연에서도 볼 수 있습니다. 같은 종에 속하는 박, 호박, 수박, 참외 같은 걸 보면 어릴 때의 모습은 다 비슷해 보입니다. 그런데 시간이 흘러 꽃이 피고 열매가 맺히면 그 근본이 다르다는 것을 분명히 알아볼 수 있습니다.

사람도 이와 같이 그 적성이 늦게 깨어나거나 지혜가 늦게 열리는 사람이 있는데, 이는 우리처럼 주입식 교육이 강한 곳에서는 더 흔한 일입니다. 따라서 아이가 어릴 때 남들과 달리 적성을 못 찾거나 뒤처진다고 애타거나 포기할 필요는 없습니다. 왜냐하면, 과거 전생에서 아무리 능력이 뛰어났던 사람도 현생에 태어날 때는 모든 것을 잊고 오며, 그 적성을 언제 찾고 잠재력이 언제 발휘될지는 모르기 때문입니다.

그런데 여기서 한 가지 생각해야 할 문제가 있습니다. 적성이 강조되는 예술가나 장인들은 과거 전생부터 관련된 분야와 인연이 있는 경우에 그 방면에서 뛰어난 소질을 발휘하곤 하지만, 신(神, 靈)이 붙어도 그러한 경향을 보일 수가 있다는 점입니다. 요즈음 어린아이 때부터 기이한 그림을 그리며 천재소리를 듣거나 삶이 건강하지 못한 괴팍한 예술가 중에는 그런 사람들이 종종 있는데, 이들은 그 영혼이 신에게 감염되었기 때문에 그런 이상한 모습을 보이는 것입니다.

이러한 신기를 타고 하는 행동들은 시간이 지나 그 기운이 사그라지면 당연히 그 소질도 사라지게 됩니다. 하지만 순수한 소질과 적성은 온전히 자기의 것이니 당연히 인생 끝까지 이어지게 됩니다. 따라서 이러한 차이를 잘 구분해야 합니다.

박지윤(여자 대학생)

적성에 맞춰 진로를 정하고 싶지만, 여러 가지 조건을 따지다 보면 적성대로 취업하는 경우가 거의 없는 것 같습니다. 진로가 적성을 벗어나면 잘못된 길이고, 인생을 허비하는 걸까요?

 저자

인생의 방향이나 미래의 직업이 처음부터 정해진 사람은 없습니다. 그러니 당연히 남이 알려 줄 수도 없는 일입니다. 우리는 단지 자신의 근본을 바탕으로 열심히 살아가면서 기회를 찾고 환경에 맞게 자신을 뿌리내려야 합니다. 세상살이는 한 생명체의 살아 있는 거대한 움직임이라고도 할 수 있으니, 끊임없는 활동 속에서 인연에 따라 자신의 삶을 만들어 나가야 합니다.

인과의 이치상 모든 일은 '근본'과 '바탕'과 '환경'의 관계 속에서 나타납니다. 이를 식물에 비유하면, 씨앗의 상태가 근본이면 토양은 바탕이고 어떤 날씨 변화를 만나는가는 환경에 해당합니다. 이를 질문하신 직업의 문제에 대입해 보면, 나의 타고난 적성은 근본이고, 그 적성을 활용할 분야는 바탕, 그리고 일터에서 만나는 인연이 환경에 해당합니다. 조금 전에 "인연에 따라 자신의 삶을 만들어 나가야 한다."고 했던 것도, 그 인연이라는 환경의 중요성을 말씀드린 겁니다.

예를 들어, 내가 수학에 적성이 맞고 소질(근본)이 있다면, 수학 교사가 될 수도 있고, 통계나 회계 쪽으로 갈 수도 있고, 응용 분야인 이공계를 택할 수도 있습니다. 그리고 그 분야(바탕)에서도 어떤 직장을 택해 어떤 사람들과 어울리고 어떤 여건(환경)에서 일할 것인가에 따라 그 사람의 운명은 천차만별이 될 것입니다.

　다시 말하지만, 타고난 직업도 정해진 미래도 없습니다. 단지 나 자신과 내가 처한 상황을 계속 살피면서 자문해 봐야 합니다. 내가 어디에 소질이 있고 잘할 수 있는 것이 무엇인가? 이 환경 속에서 내가 해야 할 일이 무엇인가? 하고 끊임없이 노력하고 맡은 일에 최선을 다하다보면, 자신이 타고난 근본과 노력만큼 자신의 미래와 운명을 만들게 될 것입니다. 그리고 좋은 근본을 가지고 태어난 사람은 세상을 보는 지혜가 있고 의지와 용기와 실천력이 강하기 때문에, 어디를 가도 적응을 잘하고 성공합니다. 따라서 너무 적성만 강조할 필요는 없습니다.

　세상살이의 어려움과 경쟁을 생각하면 짜증이 나고 도피하고 싶은 생각이 들겠지만, 올바른 길은 항상 현실을 떠나 있지 않음을 명심해야 합니다. 따라서 현실을 피해 생각 속에서 고민하지 말고, 먼저 행동으로 나서기 바랍니다. 흐르는 물이 썩지 않듯이 인간은 움직임 속에 인연과 생명력이 생기고, 자신의 자질과 능력을 계속해서 발전시켜 나갈 수 있습니다. 인생은 가만히 있으면 아무것도 생겨나지 않습니다. 용기 있고 성실하게 실천하는 자만이 행복한 미래를 만들 수 있습니다.

직장 생활과 경쟁

 백형식(40대 직장인)

사회생활을 하다 보면 경쟁 때문에 다투며 서로에게 돌이킬 수 없는 상처를 주는 경우를 많이 목격하게 됩니다. 경쟁이 현대사회에 필수불가결하다고 하지만 혹시 경쟁이 사람들 사이에 불신을 낳게 하고 세상을 어둡게 하는 원인이 아닌지 여쭤봅니다.

 저자

세상에 존재하는 모든 생명은 근본적으로 자신의 존재를 더욱 완성하기 위해 노력하려는 의지가 있습니다. 따라서 살아가는 과정에서 서로 노력하고 경쟁하는 것은 삶의 기본적인 과정이라고 말할 수 있습니다.

모든 존재는 완전한 이치 속에서 자신이 노력한 만큼 결과를 받게 됩니다. 힘을 축적하고 지혜를 가진 자는 경쟁에서 이길 것이며, 업이 많아 눈이 어둡고 노력이 부족한 자는 경쟁에서 지게 됩니다. 이러한 인과의 과정을 통해 이치대로 살아간 자는 완성에 이르게 되고, 이치를 거슬러 악업을 쌓은 자는 고통 속에서 소멸하게 되니 여기에 자연법의 완전함을 엿볼 수 있습니다.

이것은 너무나 자연스럽고 완전한 이치로, 이것을 아쉬워하는 것은 개인의 감정상의 문제일 뿐 자연은 한 치의 사심 없이 움직이고 있습니다. 몸의 각 부위가 서로를 이용하고 주고받으며 완선한 신체 기능을 유지하듯이, 이 세상과 사회의 각 부분도 서로 주고받으며 하나의 몸이 되어 완벽한 유기체를 유지하고 있습니다.

따라서 사람이 경쟁하는 것도 더 나은 자신과 세상을 위해 노력하는 것이지, 상대를 패배시키려는 목적으로 하는 것이 아닙니다. 그러므로 서로 세상을 위해 노력하는 과정을 통해 각자의 발전과 완성을 향해 나아가는 것에 경쟁의 진정한 의미가 있습니다.

 백형식(40대 직장인)

살아가면서 피할 수 없는 경쟁을 어떻게 받아들여야 할까요? 나의 성공이 곧 남에게는 피해가 되고, 또 그 반대의 경우가 성립되는 현실을 어떻게 이해해야 할까요?

 저자

경쟁이 과연 옳으냐 그르냐 하는 문제는 그것을 활용하는 사람이 어떤 원인을 짓느냐에 따라 달라지는 것이지, 경쟁 자체가 옳고 그르다고 말할 수는 없습니다. 그것은 마치 칼만 보고 칼이 좋은 것인지 나쁜 것인지를 말할 수 있는 것이 아니라, 어떤 사람이 칼을 쓰느냐에 의해 칼의 해악과 유용성이 결정되는 것과 같은 이치입니다.

현실은 인간이 지은 대로 나타나며, 어떤 세상을 만드느냐는 인간이 결정합니다. 따라서 경쟁의 과정에서도 '선인선과 악인악과(善因善果 惡因惡果)'라는 인과의 이치는 어김없이 적용됩니다. 경쟁을 통해 더 좋은 원인을 소망하고 이를 성취하기 위해 노력하는 자는 강한 기운과 의지, 밝은 지혜를 갖추게 되어 세상을 축복하고 인간 완성으로 나아가게 됩니다.

그러나 마음이 흐려 노력하지 않고 일확천금을 노려 권모술수로 상대방을 이기려는 자는 자신의 탐욕으로 인해 자신과 세상을 고통스럽게 하고 불행하게 만듭니다. 이것이 경쟁의 이치입니다.

 백형식(40대 직장인)

직장 생활에 어려움이 너무나 많습니다. 나보다 잘난 것도 없어 보이는데도 함부로 부하 직원들을 욕하고 무시하는 직장 상사들이 꼴 보기 싫고, 다른 사람들과 경쟁하면서 부딪히는 것이 두렵고 싫습니다. 차라리 혼탁한 세상에서 벗어나 조용한 장소에서 정신 수양이나 하면서 살다가 가는 것이 오히려 제 영혼을 맑게 하는 것이 아닐까요?

 저자

살아 있는 생명체는 먹고사는 게 최우선으로 현실을 떠나서는 존재할 수가 없습니다. 현실을 버리면 삶을 유지할 수 없으며 현실에서 살아남아야 이 세상에 태어난 의미와 가치를 찾을 수 있습니다.

누구나 원하듯 가능하면 좋은 환경에서 많은 보수를 받고 살 수 있으면 좋겠지만, 현실 자체가 삶의 무게에 치여 있으니, 모든 조건이 맘에 드는 곳에서 생활할 수는 없습니다. 인간은 이러한 한계 속에서 자신의 부족함을 극복하면서 더 나은 자기를 만들어 나가는 것입니다.

기본적으로 모든 문제는 자기를 중심에 놓고 상식과 이치를 기준으로 살펴보면 됩니다. 자기가 받는 돈보다 더 많은 돈을 벌어주고 직장을 활기차게 하는 직원이라면, 직장상사는 자기 돈을 주더라도 함께 일하고 싶을 것입니다.

물론 현실 속에 쉬운 일은 하나도 없습니다. 현실의 무게 속에 자신의 부족한 업이 어우러지니 세상 살기가 매우 힘들어지는 것입니다. 자기의 업이 시키는 대로 대충 살아가면 자신의 운명과 고달픔을 벗어날 수 없습니다. 따라서 자신의 운명을 개척하려는 사람은 이 업의 굴레에서 벗어나야 합니다.

따라서 세상이 힘들고 일이 잘 풀리지 않을 때는 의기소침해 있을 것이 아니라, 더 활기차게 움직이고 남에게 좋은 느낌을 주도록 해야 합니다. 현실은 자기 삶의 기반이니 여기서 무너져 내리면 자신의 삶도 무너져 내리는 것입니다. 더 열심히 일하고 지혜를 내어 사무실에서 꼭 필요한 사람이 되어야 할 것이며 그래서 조금씩 인정을 받게 되면 지겨운 직장 생활이 즐거운 일터가 될 것입니다.

그리고 요즘처럼 어두운 세상에서는 인격적인 사람을 만나 대접받기란 쉽지 않습니다. 인간적인 대우가 중요하다면 그만두고 나와야 하지만, 먹고사는 것이 더 중요하다면 이겨내야 합니다.

그러나 욕을 먹는다고 해서 본인의 가치가 깎이는 것은 아닙니다. 내가 욕먹을 이유가 없다면 인과의 이치상 욕하는 사람이 그 악업을 지니고 가는 것입니다. 그러므로 남이 욕한다면 먼저 자신을 돌아보고, 그래도 불합리하다고 판단되면 증거를 가지고 당당하게 따지기 바랍니다. 상대도 그것이 옳지 않고 불필요하다고 생각되면 더 이상 하지 않을 것입니다.

인구과잉

 김갑수(70대 노인)

세계 인구의 폭발적인 증가로 자원이 고갈되고 심각한 환경 파괴가 일어나고 있으니, 세계 인구수를 줄여야만 인류의 근본적인 먹거리 해결과 고통을 줄일 수 있다고 주장하는 이들도 있습니다. 그 말은 진실일까요?

 저자

아무리 인구가 많아도 인류가 인간의 도리와 양심을 안다면 세상은 천국이 될 것이며, 아무리 인구가 적어도 인간의 도리와 양심을 모른다면 세상은 지옥이 됩니다. 그 이유는 인간이 도리를 알아, 해야 할 일을 지키고 행하면 어떠한 문제도 생겨나지 않으며, 사심이 없는 맑은 마음으로 문제를 파악하여 해결책을 찾으면 풀지 못할 것이 없기 때문입니다.

그런데 인구 과다와 자원 부족, 환경 파괴와 같은 외형적인 조건이 근본적인 문제라고 주장하며 인구만 적으면 인류의 미래 문제가 해결될 것같이 주장하는 사람들이 많아지고 있습니다.

하지만 과거 인구가 적었을 때도 인류의 고통은 여전했습니다. 인구수가 적었던 몇 천 년 전에도 인간들은 노예제도로 같은 인류를 짐승과 같이 취급했으며, 칭기즈칸이 세계 정복 전쟁을 벌였던 13세기는 21세기 인구의 십분의 일 수준에도 못 미쳤지만, 침략 전쟁으로 인간의 목숨이 파리보다 못하게 죽어나갔고, 수많은 가정이 풍비박산이 나는 아비규환이 벌어졌습니다. 이처럼 인간이 참된 삶의 이유와 인간의 도리를 모르고 욕망의 노예가 되어 짐승처럼 함부로 산다면, 아무리 인류의 수가 적다고 해도 세상의 문제는 해결될 수 없습니다.

그것은 지금도 마찬가지입니다. 지금도 잘사는 사람들은 온갖 환락과 풍요 속에서 살아가고 있지만, 못사는 사람들은 먹을 것이 없어서 굶어 죽어가고 있습니다. 그러니 인구가 적든 많든 숫자에서 문제점을 찾으려 하면 해답이 나올 수가 없습니다. 그런데 극단주의자들은 이러한 삶의 이치를 보지 못한 채 단순한 산술적인 계산으로 과잉인구만 제거하면 문제가 해결된다는 듯이 주장하고 있는 것입니다.

인류의 문제는 복합적인 요인에 의해 나타나므로 인류의 숫자를 줄인다고 해결되지 않습니다. 세상이 점점 나빠지는 것은 인류가 탐욕에 빠져 함부로 살아가기 때문이니 무엇보다 인류가 삶의 의미와 길을 깨닫고 환경과의 조화를 추구한다면 해결책은 반드시 찾을 수 있습니다.

김갑수(70대 노인)

 말씀을 들으니 좀 안심이 되기도 합니다만, 늘어나는 인구와 거기서 생기는 문제들 앞에서 마냥 손 놓고 있기엔 그 문제가 너무 심각해 보입니다. 과연 해결책은 무엇일까요?

 저자

 모든 세상일은 외형적인 조건만 바꾼다고 해서 문제가 해결되는 것이 아닙니다. 그러한 현상을 만들어 낸 근본적인 원인을 찾아 해소해야 합니다. 수많은 인류가 행복하게 함께 사는 유일한 길은 인간의 도리를 찾고, 환경과의 조화를 이끌어내는 것입니다.

 지금도 자원이 모자란 것은 아닙니다. 아껴 쓰고 나누어 쓰면 인류 모두가 편안하게 살 수 있습니다. 인간의 도리를 망각하고 욕심이 가득 차서 함부로 자원을 낭비하니, 한쪽은 남아돌고 한쪽은 부족해서 세상이 불행해지는 것입니다.

 인간은 무한한 가능성과 지혜가 있어서 함께 마음을 모으고 해결책을 찾으면 어떠한 문제라도 해결할 수 있습니다. 지금 아프리카와 같은 곳에 굶어 죽는 사람들이 속출하고 있지만, 세계는 현 인류가 먹을 정도의 식량을 충분히 생산하고 있으며, 지혜를 모아 식량 증산 기술을 연구하면 지금보다 서너 배까지 증산할 수 있습니다. 에너지 문제도 기술적으로 어렵지만, 핵융합에너지(nuclear fusion energy: 핵을 분열시키는 원자력 발전과 달리 핵을 융합하여 에너지를 얻는 방법)가 실용화되기만 하면 아무런 환경오염 없이 0.03그램의 수소만으로도 서울과 부산을 세 번 왕복하는 에너지를 만들 수도 있습니다.

그러니 이 세상을 모든 사람들이 잘살 수 있는 낙원으로 만들려면 물질과 인구수 같은 외형적인 조건은 그리 중요하지 않습니다. 인간 세상에서 가장 중요한 것은 인간의 의식으로, 인간이 양심을 찾아 인간다운 도리를 다하면 주어진 환경 속에서 조화를 찾고 평안하게 살아갈 수 있습니다.

거짓을 행하지 않고 남에게 잘못을 저지르지 않으며 열심히 노력하여 지은 만큼 받는다면 문제가 생길 리가 없습니다. 설혹 환경의 변화로 새로운 문제가 생기더라도 한마음으로 대처하고 지혜를 모은다면 모두 해결할 수 있습니다.

따라서 가장 중요한 것은 인간의 양심 회복입니다. 이 세상에는 인간 완성과 세상의 행복을 위해 분명히 가야 할 길이 있기에, 성자들은 자신의 목숨을 바쳐 그 길을 밝히신 것입니다. 하지만 현대인들은 진리가 사라진 어두운 세상에서 그러한 길의 중요성과 가치를 보지 못하기에, 자원 문제나 인구 문제와 같은 외형적인 문제에만 집착하여 근원적인 해결책을 찾지 못하고 있을 뿐입니다.

PART 4

완성에 이르는 길

자기 극복

....

자기를 넘어서라.
자신의 모든 것을 진리화하라!
자기를 넘어서지 못하는 자가
어찌 중생의 운명을 극복하며
깨달음에 이를 수 있겠는가?

진리란 무엇인가

 박지윤(여자 대학생)

오늘날 혼란스러운 세상을 보면 진리가 있는지 의심스럽습니다. 만약 진리가 존재한다면 진리란 무엇이고, 우리 삶에 어떤 영향을 끼치는지 궁금합니다.

 저자

사람들이 매일매일 학교에 가거나 회사에 나가 일을 하고 있지만 그러한 평범한 일상 속에서도 위대하고 완전한 자연의 법칙은 작용하고 있습니다. 우리가 매일 출근하고 밥 먹고 대화하는 일상의 이면에는 그러한 행동의 결과가 우리가 원하는 대로 이루어지며, 새로운 원인이 가해지지 않는 한 기존 질서가 계속 유지될 것이라는 인과의 법칙에 대한 내면적인 확신이 숨어 있는 것입니다.

만약 이러한 인과의 법칙이 작용하지 않는다면 이 세상 속에는 어떠한 안정된 질서나 규칙도 존재하지 않을 것이며, 우리의 행동이 어떠한 결과를 가져올 것인지 전혀 예측할 수 없어 세상은 곧 붕괴되고 말 것입니다.

그동안 우리는 기성 사회의 모순과 부조리를 너무나 많이 목격했기 때문에 영원한 진리와 참된 가치가 인간 세상 속에는 존재하지 않는다고 생각해 왔습니다. 하지만 이러한 혼란과 무질서는 인간들의 근시안적이고 이기적인 욕심에서 나타난 결과이며, 인간들이 함부로 이치를 어기고 질서를 어지럽히는 원인을 지었기 때문에 나타난 자연스러운 결과로서 오히려 세상에 인과의 법칙이 완벽하게 작용하고 있다는 것을 말해주고 있습니다. 인류 역사가 흐르는 동안 인간들이 지은 악이 세상을 가득 메울 정도인데 이 정도나마 세상이 어지럽고 혼탁해지지 않았다면 그게 더 비정상적이고 이상한 일이지요.

진리를 구성하는 가장 큰 원리는 "원인이 있어야 결과가 있고, 그 결과는 지은 대로 받게 된다."는 '인과의 이치'입니다. 이러한 진리는 농사를 지을 때나 인간을 좋게 만들 때나 다 똑같이 작용합니다. 농사를 지을 때도 때를 맞춰 지킬 것은 지키고 가꿀 것은 가꾸어야 하듯이, 좋은 자신을 이루기 위해서는 지켜야 할 것을 지키고 가꾸어야 할 것은 부지런히 가꿔나가야 합니다. 따라서 생활에 부족함이 없으려면 열심히 노력해야 하고, 마음에 평안을 얻으려면 거짓이 없어야 하며, 좋은 자기를 이루어 인간 완성에 이르고자 한다면 좋은 마음으로 좋은 세상을 만들기 위해 자신을 다 바쳐야 합니다.

이처럼 '진리'는 공식이며, 공식은 정해져 있는 것입니다. 공식은 변하지 않으며 영원합니다. 즉, 우리 주변의 모든 일들을 통해서 드러나는 사실적인 공식이 바로 '진리'이며, 그 공식을 통해 현상 속에 나타난 일들을 '진실'이라고 합니다.

이러한 공식이 정해져 있기에 인간은 진실과 진리를 바로 알고 이치에 따라 행하게 되면, 자신이 지니고 나온 업의 굴레와 모든 어둠과 불행에서 벗어나 자신이 원하는 모든 소망을 이룰 수 있게 됩니다. 그래서 인간에게는 신에게 이를 수 있는 무한한 가능성까지도 주어져 있는 것입니다.

 백형식(40대 직장인)

진리가 하나의 원칙으로 절대적으로 존재하는 것 같기도 하고, 각자 느끼고 생각하는데 따라 상대적으로 존재하는 것 같기도 합니다. 진리의 실체는 과연 무엇인가요?

 저자

우리가 진리를 찾는 이유는 인간이 꼭 결정을 내려야 할 긴급한 시점에 진리가 삶의 기준이 되기 때문입니다. 따라서 만약 우리가 의지할 진리가 절대적 확신과 지침을 주는 완전한 진리가 아니라면, 그것은 있으나 마나 한 이야깃거리에 불과한 것이며 진리로서 가치가 없는 것입니다. 따라서 진리의 존재 여부를 묻는 질문은 근본적으로 "절대적 진리는 존재하는가?"라는 질문이 되어야지 상대적 진리도 진리인가를 따지는 것은 올바르지 않습니다.

사람들이 상대적 진리에 의해 혼란을 일으키는 이유는 모든 믿을 만한 진리는 사라지고, 오직 상대적 진리 속에 빠져 살고 있기 때문입니다. 세상이 이렇게 상대성에 빠지게 된 것은 현대 문명의 정체성과도 이어져 있습니다. 오늘날 현대 문명의 중심이 되는 서구 문명이 절대적 신이 만든 영원하고 이상적인 중세 기독교의 세계관을 깨고 나타난 것이기 때문입니다.

기독교가 서구사회를 정복한 이후 서구인들은 전지전능한 신이 만든 완전한 뜻과 질서 속에서 산다고 믿었습니다. 그 결과 그들은 일시적이나마 완전한 신의 품에서 영원한 생명의 질서를 느끼며 방황 없는 삶을 누렸습니다. 그러나 인간들이 신의 완전한 뜻과 진리를 알 수 없었으니, 그들이 만들었던 신의 세계는 완전한 진리의 세상이 아니었고 초기 교부(敎父)들의 인간적 시각과 입장에서 만든 것이었습니다.

따라서 인간이 자의적으로 만든 신의 뜻과 질서는 시간이 지남에 따라 모순을 드러낼 수밖에 없었고, 신의 뜻을 대변하는 교회는 비이성적이고 미신적인 행태로 사람들의 삶을 고통스럽게 만들었습니다. 그 대표적인 것이 십자군 전쟁과 면죄부 판매였습니다.

그리하여 이러한 모순과 부조리에 항거하며 나타난 것이 종교 개혁과 근대 서구문명이었습니다. 그들은 교회의 부패와 전횡에 반대하며 예수님의 참된 진리로 돌아가야 한다고 외쳤고, 신이 창조한 자연 속에 들어 있는 절대적 진리를 찾아서 그에 따라 살아야 한다고 주장했습니다.

그리하여 16세기 코페르니쿠스가 지구가 태양을 중심으로 돈다는 지동설을 발표한 이후 지구 중심의 기독교적 우주관이 무너지게 되었고, 사실과 이치에 기초한 서구 문명이 시작된 것입니다. 이후 서구인들은 인간의 이성과 과학에 의지해서 산업혁명을 일으키고 오늘날의 서구문명을 이루게 됩니다.

그들은 불합리한 신의 우상과 미신을 깨고 인간의 이성과 사실과 이치에 근거해 발전해 나가면 밝은 세상과 행복한 미래가 다가올 것으로 믿었습니다. 그러나 인간의 이성은 밝은 세상이 아니라 인간의 이기심과 욕망을 충족하는 것에 몰두했고 그 결과 전 세계를 전쟁 속으로 몰아넣어 두 차례의 세계대전을 겪게 되었습니다. 인간의 이성과 합리적인 사유가 인류의 불행을 가져오는 근본적인 문제에 봉착한 것입니다.

이러한 인간 이성의 한계는 근대철학의 태두인 칸트가 이미 증명한 바가 있습니다. 칸트는 3대 비판서 『순수이성비판』, 『실천이성비판』, 『판단력비판』에서, 인간은 고귀한 이성이 있어 사유할 수 있으나 그 사유는 완전할 수 없으며 경험에 의해 제한되므로 인간이 경험할 수 없는 신성이나 진리는 인간의 이성으로는 인식할 수 없다고 보았습니다.

그는 인간이 올바른 진리를 도출하여 여기에 따라 살아가는 것이 가장 합리적이지만 이것을 철학으로 해결하는 것은 불가능하며 이성보다 더 높은 천부적인 '실천이성'에 의해 무조건 도덕적으로 살아야 한다고 하면서, 이러한 실천이성의 근거로 사회 다수가 원하기 때문이라는 주장을 하게 됩니다.

이후 서구 정신사에는 미와 진리의 기준에 대한 혁명적인 변화가 나타나게 됩니다. 즉, 과거의 미와 진리에 대한 객관적 기준이 주관적 기준으로 바뀌게 된 것입니다. 서양사상사(西洋思想史)에서 도도히 흐르고 있던 플라톤의 미학(美學) 이론은, 아름다움은 그 속에 본질적인 진·선·미가 갖추어졌기 때문이라는 것이었는데, 칸트 이후 사회의 필요에 따라 미가 결정된다는 주관적 미를 중시하는 상대주의 미학과 진리론으로 넘어가게 된 것입니다. 그래서 현실적으로나 철학적으로 절대적 진리를 미와 진리의 근거로 활용할 수 있는 기반이 무너져 버린 것입니다.

　이처럼 근대 서구 철학은 인간의 이성이 갖는 한계로 인해 완전한 진리의 세계를 보지 못하고 상대성의 함정에 빠져버렸으며, 이것이 오늘날 현대인들이 세상을 이해할 때 상대적 논리에 빠지게 되는 사고의 배경인 것입니다.

　그래서 현대인들은 이 세상이 무질서하고 무의미하며 동물적인 생존만 존재하는 곳이라고 생각하게 되었고, 과학자들도 살아 움직이는 생명현상을 물리화학적으로만 분석하여 의식의 작용을 단순한 유기물의 복합체에 불과하다고 말하고 있습니다. 그리하여 현대 문명에선 이 우주가 물질을 근거로 우연히 생겨났으며, 불변의 진리나 가치 같은 것은 없다는 유물론(唯物論)과 회의론(懷疑論)이 주류를 이루고 있는 것입니다.

　그러나 우리가 인류의 스승으로 존경하고 있는 성자들은 이 우주가 완전하며 그 속에 절대적 진리가 존재한다고 말했습니다. 지금 사람들은 완전한 진리와 우주의 신성함에 대해 부정하고 있지만, 그것은 공기처럼 너무나 당연해 우리가 느끼지 못한 채 살아가고 있을 뿐, 우리들의 삶에 있어서 절대적이고 치명적입니다. 만약 그러한 진리가 존재하지 않는다면 우리는 한시라도 삶을 유지할 수 없게 됩니다. 즉, 지금 숨 쉬고 있는 공기가 아무 이유없이 나의 목을 막히게 하고 지금 발을 딛고 있는 땅이 갑자기 푹 꺼진다면 어떠한 생활도 할 수 없는 것입니다.

　그러므로 이 세상에는 개인의 생각과 관계없이 이 세상을 지키고 있는 진리가 존재합니다. 그래서 실상에 눈을 뜨셨던 성자들은 세상 속에 존재하고 있는 완전한 뜻과 인간이 가야 할 길을 분명히 보고 밝혔던 것입니다.

그런데 성자들께서 분명히 존재한다고 밝히신 진리를 인간들은 왜 보지 못하고 있는가? 여기에도 완전한 이치가 작용하고 있습니다. 그이유는 모든 존재가 자신의 능력만큼 행하게 되고, 눈뜬 만큼 세상을 보게 되어 있기 때문입니다. 그래서 일반인은 눈앞의 것만 볼 수 있지만, 완전한 경지에 도달한 분은 세상을 다 보게 되는 것입니다. 그래서 대다수의 세상 사람들은 우주의 진실과 진리를 알지 못해 헤매고 있으며, 눈앞의 일도 제대로 보지 못하면서 완전한 하늘의 뜻과 진리가 없다고 함부로 말하고 있는 것입니다.

 김갑수(70대 노인)

예부터 내려온 이야기 중에 "거스르지 말고, 순리대로 살라!"는 말이 있습니다. 그런데 제가 답답한 것은 "순리대로 살라!"고 하는 말만 있을 뿐, 뭐가 '순리'인지는 실체도 없고 답도 없는 것 같습니다. 칠십 평생을 살아왔지만 명확한 답을 찾지 못했습니다. 대체 '순리'란 무엇이고, 어떻게 사는 것이 '순리' 대로 사는 것인지요?

 저자

"순리에 따른다."는 말을 "물과 같다."거나 "거스르지 않는 것이다." 라는 식으로 대답하면, 그건 돌려막기 식의 순환 논리로 순리를 이해하는데 도움이 되지 않습니다. "순리에 따른다."는 말은 좀 더 정확히 말하자면, '자연의 흐름과 조화되어 사실과 이치에 근거하여 사는 것' 이라고 말할 수 있습니다.

이러한 사실과 이치는 태초부터 존재한 일로서 아무도 이 거대한 자연의 흐름을 어길 수 없습니다. 그러므로 지은 대로 결과가 나타나고 선이 선을 낳고 악이 악을 낳는 이러한 진실을 보게 되면, 인간은 함부로 악을 행할 수 없으며 거짓을 멀리하고 바른 이치로 세상을 축복하게 됩니다. 그리하여 자연의 이치대로 충실하게 살면 자신의 근본이 자연과 부합되어 좋은 열매를 맺고 마침내 인간 완성에 이르게 됩니다.

공자는 이러한 자연의 흐름을 하늘의 명(命)이라 하여 사람이 50세가 되면 지천명(知天命)해야 한다고 했습니다. 즉 하늘의 뜻을 안다는 것이며 세상 속에 흐르고 있는 진리를 흐르는 냇물처럼 듣고 느낀다는 것이며 그 뜻을 어기지 않고 그와 일치되어 산다는 것을 말하는 것입니다.

이처럼 이 우주에 사는 모든 존재는 자연의 흐름과 일치되어 살 때 비로소 삶이 헛되지 않고 보람을 찾을 수 있을 것이며, 자연의 흐름과 어긋나게 살면 삶이 허황되고 무의미하게 됩니다. 이것이 순리대로 사는 것이며 자신과 세상을 축복하는 가장 좋은 방법입니다.

우리는 살아가면서 많은 문제에 부딪힙니다. 문제가 있다는 것은 그동안 쌓여온 인과 속에 무언가 이치에 맞지 않고 일그러진 것이 있었다는 뜻입니다. 현실은 과거의 인과가 결과로 나타난 것이니, 현실 속에는 문제와 함께 그것을 만든 과거의 모든 원인이 같이 들어 있습니다. 따라서 현실을 살펴 문제를 낳게 한 원인을 밝히고, 이를 정확히 분석하여 대책을 세우고 부지런히 실천하면 모든 문제가 풀리게 되어 있습니다.

그러나 대부분의 사람들이 이러한 하늘의 완전한 뜻과 길을 모르고 삶의 목적을 소유와 쾌락에 두고 살기에, 문제를 푼다는 것이 더 큰 문제를 만들고, 결국에는 문제 속에 허우적대는 힘든 인생이 되고 맙니다. 이것이 순리를 따르지 않는 세상의 모습입니다.

 김종민(남자 대학생)

진리가 인간에게 왜 중요한지 그 이유를 알고 싶습니다. 그리고 진리가 소중하다면 그 가르침이 잘 지켜졌었을 텐데 오늘날 우리 주변에서 희미하게 된 이유가 무엇입니까?

 저자

이 세상은 완전한 이치로 이루어진 법계입니다. 세상의 모든 일들은 인과의 이치로 나타나기 때문에 모든 문제 속에는 그 일을 있게 한 원인과 결과가 있습니다. 따라서 문제 속에 있는 실상과 이치를 바로 보고 올바른 원인을 짓는다면 자신이 원하는 모든 것을 얻을 수 있습니다. 그래서 삶 속에는 행복해지는 일도, 성공하는 일도 해탈에 이르는 길도, 지상낙원을 만드는 길도 모두 다 존재하고 있기에, 성자들은 사람들에게 이 우주에 떠도는 수많은 영들 중에 인간의 몸을 타고 태어난 것이 최고의 축복이라 한 것입니다.

그런데 오늘날 왜 진리가 사라지고 세상이 이렇게 어두워졌는가? 그것은 과거에 성자들이 밝힌 완전한 진리가 왜곡되어 제대로 전해지지 않았기 때문입니다. 이미 수천 년 전 성자들이 완전한 진리를 밝힌 적이 있었습니다. 그러나 당시는 글이 거의 보급되지 않은 시절이라 깨달음의 빛이 세상에 제대로 전해지지 않았고 전하는 과정에서도 인

간의 무지와 사심이 개입되어 진리의 빛이 흐려졌습니다.

그래서 지금 사람들은 삶이 무엇인지 진리가 무엇인지 모른 채 욕망과 쾌락의 노예가 되고 있습니다. 더구나 진리와 실상을 알지 못하는 소위 지식인이라고 하는 사람들이 전해 들은 근거 없는 지식과 생각 속에서 함부로 만든 환상과 논리들이 번져 세상을 더욱 어둠 속에 빠뜨리고 있습니다.

그 결과 지금 인류는 파멸로 나아가고 있습니다. 헛된 욕망과 환상에 빠져 삶의 가치를 잃어버리고 사는 세상, 한과 미신에 빠져 자신을 버리고 사는 세상, 전쟁과 가난과 불안과 고통에 절규하는 이 세상의 어둠을 깨지 않으면 인류는 머지않아 대파멸의 위기에 처하게 될 것입니다.

오늘날의 세상은 칠흑같이 깜깜한 어둠과 같습니다. 빛이라도 한줄기 비추면 더듬거리면서라도 길을 찾아갈 텐데 한 치 앞을 내다볼 수 없으니 발 하나 내디딜 곳도 마땅치 않습니다. 따라서 세상을 바로 보고 가치 있는 인간의 길을 찾기 위해서는 어둠을 밝히는 참된 진리의 가르침을 만나야 합니다. 빛을 만나지 않고서 칠흑 같은 어둠 속에서 길을 찾기란 불가능합니다.

그러나 지난 수천 년간 수많은 사람들이 진리를 만나고자 했으나, 결국 그 빛을 만나지 못하고 안타까움 속에서 스러져간 것은 그만큼 진리를 만나기가 어렵기 때문입니다. 그래서 부처님은 참된 진리를 만나는 것은 하늘에서 떨어진 바늘이 겨자씨에 꽂히는 것 같다고 한 것입니다.

이러한 일은 부처님이 정법(正法)은 초기 500년만 유지될 것이라고 말한 사실에서도 잘 알 수 있습니다. 따라서 우리는 과거 성자들이 완전한 깨달음의 눈으로 밝혔던 세상의 실상과 진리의 가르침을 찾아야 합니다.

그렇다면 성자들이 나타나 밝힌 진리란 과연 무엇인가? 그것은 바로 '사실'과 '이치'입니다. 성자들은 세상 속에 존재하는 모든 사실을 있는 그대로 밝혔으며, 사실을 이루는 이치에 대해 밝혔습니다. 따라서 우리가 세상에 존재하는 사실과 이치를 알 수 있다면, 어지러운 현실에 가장 정확히 대처하여 참되고 보람 있는 삶을 살 수 있으며, 무지와 불행에서 벗어나 우리가 원하는 것을 모두 이룰 수 있습니다.

그러므로 항상 사실을 중시하고 사실을 구성하는 이치를 깨쳐야 합니다. 그것은 오늘날 과학이 추구하는 실증적인 법칙과도 같습니다. 그러나 현대과학은 물질에만 그러한 이치를 적용할 뿐, 인간에게 진실로 소중한 생명과 영혼에 대해서는 인과법의 적용을 외면하고 있습니다. 현대 문명의 한계는 바로 여기에서 오는 것입니다.

정신을 가진 인간에게는 물질적 측면만 중요한 게 아닙니다. 그보다 더 소중한 것이 삶의 의미와 가치에 있습니다. 그래서 물질과 정신, 생과 사, 신과 인간의 관계를 하나의 이치로 꿰뚫어 본 성자들의 깨달음의 시각이 필요한 것입니다.

세상의 이치는 만법귀일(萬法歸一)이라 모두 하나로 통하기 때문에 그것은 마치 수학 공식과 같습니다. 수학을 배울 때 우리는 조(兆)나 경(京), 해(垓)까지 일일이 다 배우는 것이 아니라 숫자 10까지만 배워도 나중에 공식을 깨치게 되면 모든 것을 계산해 낼 수 있습니다. 이처럼 세상의 이치는 공식과 같이 원인과 결과로 나타나기 때문에, 주변에 있는 문제를 풀고 답을 계산해 내는 인과법을 깨치기만 하면, 세상의 모든 일을 이해하고 해결해내는 지혜를 얻을 수 있습니다. 그래서 불교의 『아함경(阿含經)』에서는 "연기(緣起)를 보는 자는 법(法)을 보며, 법을 보는 자는 깨달은 자."라고 했던 것입니다.

진리를 알게 되면 강줄기가 자연스럽게 바다로 흐르듯 세상의 흐름과 조화되어 보람 있는 삶을 살게 되며 더 이상 허망한 일이나 잘못된 일을 하지 않게 됩니다. 즉, 나쁘고 위험한 일을 하면 흉한 꼴을 당하며 좋고 안전한 일을 하면 행복해진다는 것을 알게 되어 나쁜 원인을 짓거나 위험한 곳에 가지 않고 좋은 인연을 찾아 좋은 원인을 짓게 되는 것입니다. 따라서 어두운 세상일수록 진리를 밝히고 배우는 일이 가장 중요한 것입니다.

연기법이란

 김갑수(70대 노인)

예전에 불교에 관심이 있어 배웠던 내용 중에 "연기를 보는 자는 법을 보고, 법을 보는 자는 깨달은 자" 라는 내용이 있었습니다. 연기법의 의미에 대해 좀 더 상세한 설명을 부탁드립니다.

 저자

'연기법'과 '인과법'을 엄밀히 구분하는 견해가 있으나, 그것은 사변적인 문제이지 그 실체를 알게 되면 결국 같은 이야기입니다. 세상 모든 일은 서로 부딪쳐 인연을 지음으로써 새로운 현상을 만들어 냅니다. 따라서 우리 주변에 새롭게 일어나는 현상을 살펴보면, 모든 게 한 치의 어김없는 인과관계로 이루어지고 있음을 알 수 있습니다. 그래서 모든 세상일이 하나의 이치로 이루어진다고 해서, 이를 가리켜 '만법귀일'이라 말합니다.

그런데 이 말은 거꾸로, 하나의 이치만이라도 완전히 깨치면 전체의 법을 볼 수 있다는 의미가 됩니다. 그러므로 사실을 정확히 보고 그 선후 관계를 이루는 이치를 이해한다면, 숫자를 공식에 넣어 수학 문제를 풀듯이 자신에게 닥친 상황을 파악하고, 그 흐름을 읽어 결과를 정확히 예측하고 대책을 세울 수 있습니다.

　그러나 세상이 이루어지는 이치, 즉 인과법을 완전히 깨치는 것은 쉬운 일이 아닙니다. 고등수학을 초등학생이 풀지 못하는 것처럼, 인과법도 처음 몇 가지 요령을 익혔다고 해서 모든 문제를 다 볼 수 있는 것이 아닙니다. 자꾸 현실에 부딪히며 쉬운 문제부터 풀어보는 가운데 문제를 보는 요령과 이치를 깨칠 수 있고, 그래야 점차 어려운 문제도 풀 수 있는 것이며, 완전히 이해했을 땐 모든 문제를 풀 수 있게 되는 것입니다.

　그런데 좋은 선생님을 만나야 어려운 문제를 쉽게 푸는 시각과 지혜를 가질 수 있듯이, 진리의 길에서도 가장 중요한 일은 참된 진리의 인연을 만나는 것입니다. 안개 속을 헤매는 잘못된 길잡이를 만나면, 영원히 그와 함께 뿌연 안개 속에서 세상을 볼 수밖에 없는 것이 완전한 인과의 이치입니다. 따라서 세상의 실상과 이치를 있는 그대로 바로 보는 정법의 인연을 만나야만 비로소 세상을 보는 인과법을 깨칠 수 있습니다.

질문 2
김갑수(70대 노인)

　불교에서는 12연기(十二緣起)라 하여 "12연기법만 깨치면 세상 이치를 모두 꿰뚫고 깨달음을 얻는다." 는 말이 있습니다. 그럼 12연기도 앞서 말씀하신 인과법과 다르지 않은지요? 12연기 속에는 어떠한 인과의 이치가 있습니까?

 저자

불교에서는 '12연기'라 하여 최초의 원인인 무명(無明)을 원인으로 해서 계속 새로운 존재가 나타나 만물을 이루었다고 주장합니다. 즉, 태초에 무명이 있어 움직임[行]과 인식[識]이 생겨나고, 이로부터 명색(名色)·육처(六處)·촉(觸)·수(受)·애(愛)·취(取)가 나타나며, 이로부터 존재[有]가 나타나고, 태어남[生]과 늙음[老]과 죽음[死]과 고통[憂, 悲, 惱, 苦]이 있게 된다는 논리로 되어 있습니다.

그러나 우리는 이것이 과연 부처님이 직접 가르쳤던 말씀인지를 생각해 봐야 합니다. 왜냐하면, 부처님은 우주의 기원과 같은 궁극적인 의문에 대해서는 무기(無記)로 침묵했으며, 무명이 죄와 어둠의 원인이라 했지, 우주의 근원이라고는 말씀하지 않았기 때문입니다.

따라서 이 세상의 근원이 밝지 못한 '무명'이라고 하는 것은 부처님의 가르침이 아니라, 세상을 환상(Māyā)과 고통으로 보는 힌두교의 교리가 비롯되어 불교 속에 들어온 것입니다.

부처님은 이 세상이 완전한 진리로 이루어진 법계이며, 이고득락(離苦得樂: 괴로움에서 벗어나 즐거움을 누림)과 인간 완성의 길이 있는 살아볼 만한 가치가 있는 곳이라고 했습니다. 이처럼 완전한 뜻과 질서가 있는 이 법계가 어찌 무명으로부터 비롯될 수 있겠습니까?

부처님은 평생 제자들을 데리고 다니며, 매일 부딪히는 자연과 사회 현상 속에서 세상의 실상과 이치를 깨우쳐 줌으로써 세상을 있는 그대로 바로 보는 정견을 가지게 했습니다. 제자들은 스승의 가르침 속에서 세상의 실상과 이치를 깨침으로써 세상을 바로 보게 되었고 해탈의 기반을 얻었던 것입니다. 이처럼 인과법은 일상 속에 있는 일을 원인으로 하여 나타나는 사실적인 이치이기에 그렇게 현실 속의 일들로써 제자들을 깨우친 것입니다.

그런데 사실을 보고 이치를 밝혔던 부처님이 어떻게 12연기법처럼 추상적이고 관념적인 문자로 복잡한 가르침을 남기겠습니까? 성자들은 자연 속에 있는 본래부터 지어진 완전한 뜻을 밝혔기 때문에 쉬운 말로 있는 그대로 표현하지 문자를 쓰지 않습니다. 부처님은 '무명'을 인간의 근본적인 어둠으로 보고, 이것이 인간의 의식을 망치며 고통의 원인이 된다고 표현한 적은 있어도, 이를 이 세상의 근원이라거나 생명의 탄생 원인이라고 말한 적은 없습니다.

따라서 부처님이 '무기'라 하여 말하길 꺼렸던 우주의 실체나 존재의 근원과 같은 문제에 대해, '무명'이 우주의 근원이라고 정의 내린 '12연기법(十二緣起法)'은 부처님의 참 가르침이 아니라 불교가 초기에 수백 년의 구전(口傳) 시대를 거쳐 정립되는 과정에서 힌두교 마야(Māyā. 환) 사상의 영향을 받은 논사(論師)들에 의해 만들어진 관념적인 논리입니다.

오늘날 불교에서는 부처님 사후 수백 년 뒤에 논사들이 학문적 사유로 만든 관념적 논리들을 진리처럼 줄줄이 외우고 다닙니다. 매일 딱딱한 12연기를 되뇌고 열반(涅槃), 반열반(般涅槃), 대반열반(大般涅槃), 무여열반(無餘涅槃), 유여열반(有餘涅槃) 등 각종 깨달음의 경지를 마치 공기 놀듯 가지고 놉니다. 열반과 해탈이란 부처님 당시에는 부처님만 해당하는 사항이라 입에 올리기도 송구스러워했는데, 오늘날 이렇게 흔히 입에 올리는 것은 후에 인간들이 생각으로 지어냈기 때문입니다.

따라서 진정으로 연기의 이치를 깨쳐 참된 실상과 이치를 보려면, 부처님이 삶을 통해 몸소 가르친 생생한 자연의 실상의 이치를 깨쳐야 합니다. 세상은 완전한 법계이며 완전한 뜻 속에서 원인과 결과의 이치로 나타나고 있습니다. 발전하는 것도 망하는 것도 완성에 이르는 것도 소멸에 이르는 것도 모두 완전한 뜻과 이치로 세상 속에 나타나고 있습니다. 만법귀일이라, 이와 같이 자연 속에 완전하게 흐르고 있는 인과의 이치를 하나라도 완전하게 깨치면 다른 모든 현상도 이해할 수 있게 됩니다. 그래서 최고의 경전이 '자연경'이며 그 속에 있는 이치가 바로 '인과법'인 것입니다.

 백형식(40대 직장인)

불교에서 '돈오점수'라는 얘기를 들은 적이 있습니다. 그 말에 비춰보면, 기본적으로 세상 이치를 깨닫는 돈오(頓悟)부터 먼저 해야, 이를 기반으로 공덕도 쌓으며 자신을 닦는 점수(漸修)가 가능할 것처럼 보입니다. 그런데 지금까지 말씀하신 것처럼 인과법을 배우고, 거기에 맞춰 조금씩 선업을 쌓아나가야 한다면 시간이 너무 오래 걸리지 않을까요?

 저자

깨달음이란 '세상의 모든 무지에서 벗어나는 완전한 밝음'을 의미합니다. 그리고 깨달음을 얻는 기본적인 원리는 진리의 인연을 만나, 일상의 무지를 깨치는 작은 깨침이 조금씩 쌓임으로써 세상을 보는 눈이 밝아지고 이해가 깊어져, 마침내 그 마음이 하늘의 완전한 뜻에 닿으면 해탈이 오고, 세상이 완전하게 보이는 '깨달음'이 오는 것입니다.

그러나 이러한 깨달음은 지적인 이해로는 결코 얻을 수 없습니다. 깨달음이란 단순한 인식의 변화가 아니라 삶의 실천을 통해 자신 속에 완전히 일체화되었을 때 나타나는 것이기 때문입니다. 따라서 참된 깨달음은 돈오와 점수가 함께 나타나는 것입니다. 그전에 나타나는 여러 가지 경지들은 하나의 과정 속에 있는 체험들이지 깨달음이라 말할 수 없는 것입니다.

그런데 요즘 참선(參禪)을 중시하는 선불교(禪佛敎)에서는 "돈오를 해서 점수를 하는 것이 가장 빠른 깨달음의 정법이다."라는 말을 쉽게 하고 있습니다. 돈오는 마음자리를 본다는 뜻인데, 업이 있는 자가 과연 마음자리를 볼 수 있을까요?

그럼 선가에서 말하는 명상의 비밀을 살펴봅시다. 모든 접촉을 끊고 고요히 명상에 들어가게 되면, 욕망과 집착이 가라앉은 맑은 마음이 나타나고, 그 위에 세상의 이치가 비치게 됩니다. 이러한 상태가 되면 고인 물에 세상이 비치듯 세상 이치가 잠시 비치게 됩니다. 그러면 사람들은 이를 '견성(見性)했다', '한소식했다'며 크게 인정을 해줍니다.

그러나 이것은 흙탕물을 가만히 두면 무거운 흙은 밑으로 가라앉고 그 위에 맑은 물이 괴어 얼굴이 비치는 것과 같아서, 다시 세상의 인연이 흔들어 버리면 그 거울은 흐려져 아무것도 보이지 않게 됩니다. 이것이 오늘날 마음공부의 문제입니다. 이러한 상황에서 봤던 마음은 우주의 근원인 반야의 실체가 아니라 개인의 일시적으로 맑아졌던 마음이니, 그것만으로는 근원의 세계와 합일하지 못해 세상을 보는 시각이 열리지 못합니다. 세상을 바로 보지 못하니, 마음의 업을 지울 길이 없는 것입니다.

그래서 예로부터 많은 선사(禪師)가 선정(禪定)을 하다가 한소식한 후 조금만 닦으면 될 듯하여 폐관칩거(閉關蟄居)했지만 결국 아무런 빛을 남기지 못하고 사라지고 만 것은, 세상의 이치를 보고 열심히 공덕을 실천한 것이 아니고, 생각만으로 업을 지우려 했기 때문입니다. 그래서 길을 보지 못하고 조용히 앉아 마음으로만 깨달으려고 하는 '선정'이나 '참선' 같은 명상법은 수행의 정법이 아니라고 하는 것입니다.

깨닫기 위해서는 먼저 진리의 인연을 만나 세상의 이치와 실상을 배워야 합니다. 이치를 이해하고 각성이 있어 거짓을 멀리하고 좋은 마음을 얻어 공덕을 쌓아야 완성에 이르게 되는 것입니다. 세상을 있는 그대로 보고 세상이 이루어지는 이치에 따라 살게 되면, 거짓과 환상이 없어지고 마음이 맑고 진실해져서 완전한 마음의 열매를 이루게 되는 것입니다.

그래서 성자들은 모든 무지에서 벗어나 세상을 있는 그대로 바로 보는 밝은 마음을 얻으라고 했습니다. 과거 부처님은 "무지(無知)가 모든 악의 근원"이라고 했으며, 소크라테스는 "바로 아는 것이 덕의 근원"이라고 했습니다. 그 이유는 사실을 모르면 악을 행할 수 있고 불행해질 수 있지만, 사실을 바로 알면 문제를 바로 보고 세상을 축복할 수 있으며, 자신을 좋게 만드는 덕을 쌓을 수 있기 때문입니다. 그래서 실상을 알고 바른 이치를 깨치게 되면 세상에 나쁜 결과가 되는 원인을 지을 수 없게 되고, 좋은 원인을 실천하지 않을 수 없게 됩니다. 그러면 자신의 마음을 흐리게 하는 업이 점차 사라져 마음이 맑아지고 세상의 법을 완전하게 보아 깨달음에 이르게 되는 것입니다.

종교는 필요한가

 김종민(대학생)

저희 어머니는 저와 달리 종교를 가지고 계십니다. 하지만 힘들 때 종교단체에 나가 위안을 받는 것을 보면, 종교가 가진 장점을 일상 속에 받아들이는 것도 필요하다고 봅니다. 신앙심을 갖고 살아가는 것이 손해보다는 도움이 되지 않겠습니까?

 저자

종교가 우리의 삶에 좋은 결과를 준다면 그것은 실제로 좋은 것이라고 말할 수 있습니다. 그러나 좋다는 분명한 증거가 없다면, 단순히 전통으로 이어져 오거나 다수가 행한다고 해서 따르는 것은 현명한 일이 아닙니다. 더구나 오늘날과 같이 위험한 세상에서는 확실한 증거가 없는 것을 믿고 따르다가는 낭패를 당하기가 쉽습니다.

요즘 매스컴에선 남의 말만 듣고 투자했다가 전 재산을 날리고 길거리에 나앉는 경우를 종종 목격할 수 있습니다. 돈이 걸린 문제도 사실 확인을 안 하면 이처럼 크게 망하는데, 자신의 생명의 근원인 영혼을 좌우하게 될 종교를 남의 말만 듣고 함부로 믿는다는 것은 매우 위험한 일입니다. 그릇된 종교에 자칫 발을 잘못 디디면 영적 감염으로 인해 영혼을 망가뜨려 자신의 생명의 씨앗마저 영원히 잃게 될 수 있습니다.

더욱이 오늘날 종교는 현실 속에 좋은 증거를 많이 보여주기 보다는 이치에 맞지 않은 나쁜 증거를 더 많이 보여주고 있습니다. 종교를 처음 믿을 때는 위안과 복을 받고자 하는 기대와 믿음으로 다가가지만 깊어질수록 여러 가지 경계해야 할 일들이 생기게 됩니다. 그 이유는 오늘날 대부분의 종교들은 매우 영적으로 신비화되어 있어서 영적 작용을 통해 인간의 정신을 지배하는 경우가 많고, 그로 인해 부작용이 많이 나타나고 있기 때문입니다.

이런 말을 하면 기성 종교단체에서는 크게 반발을 하겠지만, 유일신(唯一神)을 가장 열광적으로 믿었던 유대 민족은 패망하여 수천 년간 유랑민족이 되었고, 기독교를 국교로 삼아 하느님을 본격적으로 섬기기 시작한 로마는 이후 기독교에 대한 과도한 투자로 인해 쇠망하게 되었다는 분석이 나오고 있으며, 중세 유럽 사회는 기독교의 지배와 신에 대한 맹신으로 말미암아 1,000여 년간 문명이 침체되고 인간성이 말살되는 암흑기를 보내게 되었다는 것이 역사가들의 일반적 평가입니다. 이처럼 종교에 대한 맹신이 보여준 문제점들은 역사에서도 충분히 그 증거를 찾아볼 수 있습니다.

그리고 종교가 현실의 고통을 달래 주는 측면이 있다고 생각하기 쉽지만, 그것이 진리 때문인지 영적 영향 때문인지 따져 봐야 하며,

그 역할을 꼭 종교만이 할 수 있는지도 생각해 봐야 합니다. 사람이 외로움을 달래는 방법은 종교의 교리나 은총에 기대지 않더라도 삶 속의 일과 좋은 인연을 통해 충분히 얻을 수가 있기 때문입니다.

조희경(30대 주부)

주변에 종교 생활로 불치병이 낫거나 원하는 일들이 풀리는 사람들이 있습니다. 교리에 문제가 조금 있더라도 믿음을 통해 건강해지고 행복해진다면 나쁘게만 볼 필요는 없지 않을까요?

저자

요즘 종교단체에 다니는 사람들 사이에는 신의 은총이나 성령으로 불치병이 치유됐다는 이야기가 많이 퍼지고 있습니다. 먼저 그들이 말하는 영적 치유가 어떤 원리로 이루어지는지 살펴봅시다.

영적 기운은 의식을 띤 에너지의 일종으로, 에너지가 작용하면 몸에 맺힌 것이 풀려 병이 낫게 되는 경우가 생기기도 하는데, 이것은 무당이 신을 불러 병을 낫게 하는 치병굿과 근본적으로 같은 원리로 이루어집니다.

그들은 사람의 몸에 들어와 있는 기운의 일종인 잡귀에게 칼과 창 같은 무서운 물건으로 겁을 주거나, 더 큰 신을 불러 몸속에 있던 작은 귀신을 쫓아내는 방식을 취합니다. 소위 성령의 치유 은사란 것도, 바로 이처럼 큰 신의 기운으로 몸 안에 있는 작은 신기를 몰아내는 이치입니다. 다시 말해, 독으로 독을 제어하는 이독치독(以毒治毒)의 원리와 같습니다. 큰 한과 집착이 있는 강한 기운을 이용하여 몸에 붙어 병을 일으키고 있던 약한 탁기(濁氣)를 쫓아냄으로써 병을 고치는 것입니다.

그러나 이 세상에 떠도는 신이란 워낙 변덕스럽기 때문에 이러한 변화는 일시적입니다. 잡신이 겁을 먹고 도망갔다가 다시 들어올 수도 있고, 큰 신도 결국 세상을 헤매는 영혼이니 그러한 변화를 믿을 수 없습니다. 그래서 영적 기적으로 병을 고쳤다는 많은 사람들이 다시 재발하는 경우를 많이 보게 됩니다.

무엇보다 인간은 자기의식으로 살아갈 때 순수한 생명력으로 정상적인 삶을 살아가게 됩니다. 그런데 영적 인연을 만나 외부에서 신기가 들어오면, 그 사람의 정신은 기생충에 감염된 식물처럼 정상성(定常性)을 상실하고 비실비실하게 되며 자기 의사에 따라 살지 못하고 다른 의식에 의해 간섭받게 됩니다. 그래서 판단력이 흐려지고 마음속에서 일어나는 나 아닌 또 하나의 의식 작용 때문에 안절부절못하거나 이상한 행동을 하게 되고, 감염이 심하면 조현병까지 일으키게 됩니다. 그러므로 외부의 신을 받아 병을 치료하려는 것은 매우 위험한 일이며, 그 이후에는 더 큰 문제를 야기할 수 있으니 매우 경계해야 합니다.

김갑수(70대 노인)

대부분의 종교들이 신에 대한 믿음을 가장 강조하고 있습니다. 그런데 그 믿음의 차이로 과거부터 많은 전쟁이 있었고, 지금도 세계 곳곳에서 분쟁의 원인이 되고 있습니다. 믿는다는 것에 문제가 있는 것인지요? 무엇이 잘못된 것인지 알고 싶습니다.

저자

　인간에겐 눈에 보이지는 않아도 이 몸을 움직이고 있고, 모든 것들을 창조해내고 있는 의식이 있습니다. 그 의식이라는 신성한 요소를 가진 인간은 절대자와 같이 완전함을 추구하려고 합니다. 그 이유는 인간이 절대자의 속성을 이어받은 고귀한 분신이기 때문입니다. 그래서 인간은 조금의 흠이나 부족을 용납하지 못하고 완벽한 해결책과 완전한 의미와 가치를 찾으려고 항상 노력하고 있습니다.

　이러한 이유로 인간은 불가항력적인 자연재해에 노출되거나 험한 세상 속에서 자신이 극복하지 못할 난관에 부딪힐 때면, 완전한 해결책을 얻기 위해 초월적인 절대자에게 의지하여 도움과 위안을 얻으려고 하는데 이것이 원시신앙의 유래입니다.

　그런데 문제는 사람들이 완전한 절대자를 본 적도 없고 그 뜻도 알지 못한다는 사실입니다. 그래서 자신들이 상상한 신을 절대적인 존재로 상정하여 신화를 만들고 섬기게 된 것입니다. 이렇게 시작된 원시종교는 각 민족의 관습이나 욕구를 담고 영적 현상이 개입되기 때문에, 이치에 맞지 않은 일들이 많아 세상을 어둡게 하고 개인의 삶을 불행하게 하는 원인이 되기도 했습니다.

　그런데 인간 세상에는 완전한 뜻이 존재하고 있어서, 세상이 오탁악세의 고통에 빠지게 되면, 세상의 짐을 자신의 거름으로 삼아 인간 완성에 이르려는 '성자'들이 태어나도록 되어 있습니다. 이것은 과거 지구상에 있었던 인류 문명 속에서 계속 되풀이 되었던 일입니다. 그리하여 세상에 나타난 높은 의식을 지닌 분들은 완전한 지혜와 통찰력으로 이 세상의 실상과 이치, 인간의 길에 대해 완전한 진리를 밝히게 됩니다.

이러한 원시신앙과 성자들의 가르침은 이 세상과 인간의 궁극적인 의미와 가치를 밝히려고 했다는 점에서 공통되지만, 전자는 중생들의 소박한 믿음에 기초하고 후자는 성자들의 완전한 지혜에 기초한다는 점에서 큰 차이가 있습니다. 성자들의 가르침은 세상 속에 존재하는 진실과 이치를 그대로 보고 밝힌 것이기에 삶 속에서 실천하면 그대로 맞아 들어가며 인간에게 복이 되지만, 원시신앙에서 제시하는 초월적이고 환상적인 이야기들은 막연한 절대자에 대한 맹목적인 믿음일 뿐, 사실과 이치에는 부합되지 않고 삶을 어둡고 불행하게 만듭니다.

그 차이를 극명히 보여주는 것이 바로 예수님의 가르침입니다. 그분은 유대인들이 조상 때부터 믿어오던 여호와를 광신적으로 섬길 때, "주여! 주여! 하며 입으로만 외지 말고 주의 뜻을 행하라!"고 그들을 꾸짖었던 것입니다.

그런데 이러한 성자들의 가르침은 인간 세상 속에 깊이 스며있던 원시신앙과 혼합되어 오늘날의 종교로 만들어졌습니다. 왜냐하면, 원시신앙이나 성자들이 근본적으로 추구한 것은 하늘의 완전한 뜻과 이치, 삶의 이유와 목적, 생과 사의 질서와 같이 인간이 진심으로 알고자 했던 세상과 인생의 문제였기 때문입니다. 그래서 사람들 속에서 오래전부터 퍼져있던 원시신앙은 성자들의 가르침을 차용하여 자신들을 멋있게 포장한 후 새로운 종교로 나타났던 것입니다.

그러나 원시신앙과 성자들의 가르침은 완전함을 추구한다는 면에서 지향하는 바는 같지만, 하나는 환상인 반면에 하나는 진리인 관계로 서로 정반대이기 때문에 경전속의 교리가 서로 모순된 상황을 벗어날 수 없습니다. 그래서 이러한 모순된 상황이 현실 속에서 교리 논쟁과 종교 전쟁과 같은 많은 문제를 일으키고 있는 것입니다. 따라서 종교가 현실 속에서 진정 세상을 축복하는 진리로서 역할을 하려면, 원시 신앙 속에 스며있는 미신적인 환상들을 모두 걷어내고 성자들이 밝힌 사실과 이치에 따라 교리를 다시 써야 하는 것입니다.

　실상이 이러함에도 오늘날 종교는 인간이 자기 운명의 주체가 되어 진리에 따라 살아가는 올바른 삶을 가르치지 않고, 부처님이나 예수님의 이름을 빌려 제3의 영적 존재에게 의지하게 하여 구원을 얻도록 하고 있으니, 그들은 성자들의 가르침을 전하는 것이 아니라 오히려 이 세상 속에 없는 거짓과 환상을 전하고 있는 것입니다. 이것이 오늘날 종교가 세상을 어지럽히고 분쟁의 원인이 되는 이유입니다.

세상의 주인으로 살아가는 법

올바른 사랑(공덕)의 조건

●

질문 1 ? **박지윤(여자 대학생)**

예수님은 '사랑'을 강조하셨고, 부처님은 '공덕'을 말했습니다. 성자들이 밝은 눈으로 세상의 참된 모습을 바로 보았다면, 그 가르침이 같아야 할 텐데, 어떻게 해서 두 분이 중요하게 보신 것이 다른지 잘 이해가 되지 않습니다.

답변 1 ! **저자**

두 분 다 세상을 보는 눈을 지니신 성자이니, 그분들이 본 세상의 실상과 진리가 다를 수가 없습니다. 결론부터 말하면 사랑과 공덕, 두 단어는 명칭만 다를 뿐 의미는 같습니다. 사람들이 두 단어를 다르게 보는 이유는 그들이 정작 '사랑'과 '공덕'이란 말을 많이 하면서도, 그 뜻을 제대로 알지 못하기 때문입니다.

혹자는 사랑을 무조건 주는 것이라고 말하기도 하고, 남녀 간에 서로 좋아하는 것을 말하기도 하며, 에로스적 사랑과 아가페적 사랑을 구분해서 말하기도 합니다. 그래서 신중한 철학자나 종교인들은 '사랑은 알 수 없는 것이다.' 라고 정의내리기도 합니다.

그러나 자신이 모르는 말을 짐작과 생각으로 말해서는 안 되며 모르는 것은 모른다고 말하는 것이 현명한 행동이라고 하겠습니다. 왜냐하면 정확히 알려 주지 못하면 상대방이 바르게 실천하지 못하여 그로 인해 불행에 빠질 수가 있기 때문입니다.

그렇다면 사랑이란 무엇인가?

사랑은 바른 이치로 상대가 더 나은 자기를 얻도록 축복해 주는 것을 말합니다. 더 나은 자기를 얻게 한다는 것은 상대방이 더 많이 소유하고 더 많이 욕심내도록 돕는 것이 아니라 밝고 정의로운 세상을 만드는 데 기여하는 맑고 좋은 의식을 가진 훌륭한 사람이 되도록 돕는 것입니다.

그렇다면 사랑이 왜 중요한가?

사랑이란 모든 존재를 축복하기 때문이며, 모든 일이 사실과 이치대로 돌아가도록 깨우쳐 좋은 인간과 밝은 세상을 만들기 때문입니다. 축복을 통해 한 사람이 깨우치게 되면 그는 거짓과 불행을 벗어나 밝고 행복한 인생을 스스로 만들 수 있게 되며 그 주위에 있는 모든 사람을 행복하게 만들게 됩니다. 이처럼 축복은 이 세상의 모든 존재가 태어난 보람과 가치를 찾고 좋은 삶을 살게 해줍니다.

이러한 축복은 상대만을 위한 것도 아닙니다. 거름으로 땅을 축복하는 것은 땅만 좋으라고 하는 것이 아니며 그 결실이 결국 우리에게 다가오기 때문에 우리는 열심히 땅을 가꾸는 것입니다. 그래서 남과 세상을 위해 진심을 다해 사랑하면 그것은 세상을 축복하는 공덕이 되어 자신에게 돌아오게 되는 것입니다. 그래서 사랑과 공덕은 같은 것입니다.

세상과 인간은 불성(조물주)이란 한 뿌리에서 난 동일체이기 때문에, 세상을 위해 짓는 것은 나에게 돌아오며, 나에게 짓는 것은 세상으로 돌아가게 됩니다. 그래서 삶을 통하여 사랑과 공덕을 행하면 세상이 좋아지고, 좋아진 세상은 좋은 결과를 인간에게 돌려주어 그 마음을 열매 맺게 하는 것입니다.

이처럼 모든 존재를 축복하는 것은 조물주(창조주, 불성, 신성)의 속성이며, 생명의 본질이며, 세상을 움직이는 근본적인 힘입니다. 그래서 사람에게는 사랑의 마음이 있어서 잘못된 사람을 보면 그 잘못에서 구해 주고 바른 이치와 길을 가르쳐 참되고 보람 있게 만들려는 속성이 있는 것입니다.

그런데 사랑은 남에게 베푸는 속성만 있는 것이 아니라 자기를 완성시키는 오묘한 힘이 있으니, 이것이 사랑의 불입니다. 인간에게는 있는 것을 있는 그대로 바로 보고 모든 것을 이치대로 이루어지도록 하는 맑은 마음이 있습니다. 그래서 순리를 거슬러 어둠 속으로 걸어가는 불행한 처지에 놓인 사람들을 보면 이를 안타까워하며 잘되도록 도와주려고 합니다.

그런데 대부분의 사람들은 옳고 그름을 밝히고 참된 인간의 길을 권하면, 대부분의 사람들은 그것을 받아들이지 않고 오히려 도망가거나 비웃거나 해치려 합니다. 사람들이 이런 행동을 하는 이유는 어두운 세상에 짙게 깔린 말법의 환상과 욕망에 물들어 참된 진리를 받아들이지 않기 때문입니다.

그럼에도 불구하고 좋은 마음으로 세상을 계속 축복하다 보면, 가

습속에 안타깝고 답답한 일들이 쌓이게 되고, 점점 그 마음이 달아올라 마침내 마음에서 불이 일어나게 됩니다. 이 불이 바로 사랑의 불이며 참된 마음의 불이니, 이 불이 자기의 마음속에 깊이 짓눌러 붙어 있던 사사로운 숙업과 어둠을 태우게 됩니다. 바로 여기에 인간이 좋은 마음으로 선하게 살아가야 하는 이유와 인간 완성의 길이 숨어 있습니다. 이처럼 현실 속에 있는 좋고 나쁜 일들을 밝히고 그 이치를 세상에 전하는 공덕을 행하게 되면 사람에 따라서 차이는 있겠지만, 누구든지 깨달음과 해탈에 이르게 됩니다.

그러므로 세상을 사랑해야 합니다. 그 대상을 한정지을 필요는 없으며, 상대가 더 좋은 삶을 살도록 깨우쳐만 준다면 공덕을 지을 수 있는 것입니다. 가족을 먹여 살리기 위해 매일 일터로 나가는 가장의 노력도 사랑이고 공덕이며, 가족의 생계를 알뜰히 꾸려가는 주부의 삶도 사랑이고 공덕이며, 아이들이 바른 인간이 되도록 애를 태우는 선생의 보살핌도 사랑이고 공덕입니다. 남을 위해, 나라를 위해, 세상의 모든 존재를 위해 속을 태워도 결과는 같습니다. 그 대상이 크고 좋은 결과가 많을수록 그만큼 공덕이 더 커집니다. 이것이 모든 수행의 으뜸인 '사랑의 실천'이자 '공덕행'으로 아직까지 세상에 널리 알려지지 않은 수행의 요체입니다.

 박지윤(여자 대학생)

자선단체에 거액의 기부금을 내거나 종교단체에 헌금을 많이 내는 것은 어떻게 평가하시나요? 또 길가에 버려진 수십 마리의 개나 고양이들을 자기 집에 데려다 기르면서 함께 생활하는 사람들의 행동은 얼마나 공덕이 되는지도 알고 싶습니다.

 저자

상대가 불쌍할 때 돕는 것은 인지상정(人之常情)이며, 따라서 어려움에 처한 사람을 돕는 것은 나쁠 이유가 없습니다. 다만, 제가 지적하고 싶은 것은 기부가 본래의 목적에 충실하게 사용되는지 확인이 가능해야 하며, 자선의 빌미로 접근해 오는 사람들에게 이용당하는 어리석음을 범하지 말라는 것입니다.

그동안 우리나라에 국가적 이슈로 나타난 많은 기부 행위가 있었는데 그중 많은 기부금이 뚜렷한 용처가 밝혀지지 않은 채 사라진 경우가 많았고, 종교단체를 위한 기부는 세상을 좋게 하는 데 기여한 게 아니라 종교인들의 배를 불리는 데 사용된 경우가 많았다는 사실입니다.

우리들은 기부라는 아름다운 이름에 속아 막연히 기부만 하면 복을 받을 것이라는 생각을 하고 있습니다. 하지만 결과를 확인할 수 없는 애매한 성격의 기부를 하면 무성한 잡초 위에 귀중한 씨를 뿌리는 것처럼 좋은 결과를 보지 못합니다. 왜냐하면, 그것이 세상에 도움이 되는지 명확하지 않고 대충 살아가는 인연을 짓고 있기 때문입니다. 따라서 그러한 기부는 큰 복이 되지 못하며 애매한 상태로 살아가는 흐린 업을 짓게 되는 것입니다.

모든 일은 분명히 알고 행할 때 결과도 분명하게 나타나는 법입니다. 어린아이들이 나쁜 집단에 붙들려 구걸에 나서고 있다면 그 아이를 돕는 것은 악한 자의 배를 불리게 되므로, 공덕이 아니라 악업을 짓는 일이 됩니다. 또한, 인생을 스스로 포기하고 구걸로 먹고살겠다고 나선 자에게 돈 몇 푼을 준다면, 그 돈은 술이나 사먹는 데 사용되어 구걸과 거지 생활을 연장시키는 결과를 가져옵니다.

따라서 상대방에게 돈을 주는 것이 그대로 공덕행으로 이어지는 것은 아닙니다. 만약 그 사람을 진정으로 안타깝게 여기고 축복하고 싶다면, 단순한 적선이 아닌 인간으로 태어난 보람과 가치를 지닐 수 있도록 해주어야 합니다. 그에게 스스로 살아갈 수 있게 방법을 알려 주고, 자신의 영혼을 키울 수 있는 진실과 바른 이치로 그를 깨우쳐 준다면 그것이 바로 공덕을 짓는 것입니다.

공덕행의 원리는 사실과 이치로 상대와 세상을 축복하는데 있습니다. 요즘 많은 사회단체에서 가난한 자를 돕는다고 자선행위를 하며 큰 사랑을 베푸는 듯이 이야기하는데 실제 그것은 세상을 밝히거나 상대를 축복하는데 큰 도움이 되지 않습니다. 아무리 가난한 자를 많이 도와도 그들의 정신을 일깨우지 않는 한 그들의 가난은 계속될 것이며 가슴 아픈 현실은 계속될 뿐입니다.

그러나 한 사람이라도 지혜와 사랑이 넘치는 좋은 인간을 만들어 놓으면, 그 한 사람이 이치대로 돌아가는 밝은 세상을 만들며 가난이 없는 행복한 세상을 만듭니다. 그래서 진리로 사람을 깨우치고 양심과 용기를 가진 좋은 사람을 만드는 것이 가장 큰 사랑이며 공덕이 되는 것입니다. 부처님이 비록 재물로 중생을 도운 적이 없으나 세상에서 가장 큰 공덕을 행했다고 하는 이유는 바로 진리로 인간을 깨우쳐 가치있고 행복하게 살도록 축복했기 때문입니다.

그리고 유기된 동물을 보살피는 것이 공덕이 되냐고 물으셨습니다. 유기된 동물을 보살피는 것은 많은 비용과 시간을 요구합니다. 이러한 자선은 자신의 영혼을 좋게 하거나 좋은 세상을 만드는 데 소모한 시간과 비용에 비해 큰 효과가 나타나지 않습니다. 자기에게 한정된 시간과 밭이 있다면 그 밭에 나쁜 씨를 뿌리는 것보다는 많은 결실을 가져다줄 좋은 씨앗을 택해 심는 것이 좋습니다. 만약 나에게 무엇을 택하겠느냐고 묻는다면, 나는 유기견을 돌보는 것보다는 무지에 빠진 많은 사람들을 깨우쳐 좋은 삶과 밝은 영혼을 갖도록 하는 일에 시간과 정성을 쏟겠습니다. 그러면 깨어난 그들은 자신의 삶을 아름답게 만들며 밝은 세상을 위해 노력하게 될 것입니다.

그리고 정이 많은 사람들이 유기 동물을 아무리 성성껏 보살피더라도 또 다른 사람들은 계속 버릴 것이니, 이런 불행은 영원히 쳇바퀴 돌듯 계속될 것입니다. 따라서 길거리에서 유기 동물을 데려와 기르는 것보다, 먼저 자신이 기르는 동물은 자신이 책임지도록 하고 버릴 경우 책임을 묻는 사회규범을 만들어 정착시킴으로써 이런 일이 앞으로 벌어지지 않도록 하는 것이 더 효과적일 것입니다.

그리고 유기 동물도 부랑자 문제처럼 기본적으로 국가에서 관리하는 것이 더 바람직합니다. 세상일은 각 개인이 할 것과 국가가 할 것이 따로 있습니다. 개인은 최우선적으로 좋은 자기를 짓고 인격 완성에 이르도록 노력하여 사람으로 이 세상에 태어난 의미를 다해야 합니다. 이를 위해서는 참된 생명의 길과 진리를 깨닫고 세상을 축복하여 자신의 의식과 영혼을 맑게 가꾸어야 할 것입니다.

그리고 나머지 일들은 그러한 일을 한 후 여력이 있을 때 하는 것입니다. 자기에게 주어진 소중한 인생을 자기 할 일은 하지 않고 곁가지 일을 하다가 일생을 마치게 되면, 자기 인생에서 지은 것이 없어 그 영혼이 쭉정이가 되고 마는 것입니다. 그러니 자신이 하고 있는 일이 세상과 자신에게 가치 있는 것인지 항상 뒤돌아 봐야 합니다.

박지윤(여자 대학생)

말씀 중에 내가 한 행동의 옳고 그름은 결과를 보고 판단할 수 있다고 하셨는데요. 그럼 자신의 의도나 과정은 중요하지 않고 결과만 좋으면 된다는 말씀인가요? 그것은 수단과 방법을 가리지 않는 '성과 지상주의'와 다를 바가 없지 않나요?

 저자

많은 지식인들 사이에서는 원인(의도,수단)이 좋으면 결과가 나빠도 선이며, 결과가 좋으면 수단이 나빠도 선이라는 논쟁이 지금까지도 이어지고 있습니다. 그러나 이러한 철학적 논쟁은 실상을 알지 못하는 우물 안 개구리의 다툼에 불과합니다. 인과법을 보지 못하는 눈뜬장님인 지식인들이 사실적 조건을 따지지 않고 고정된 자신의 틀에 맞춰 좋은 일과 선(善)을 이해하려 들기 때문에 이러한 오해가 생기게 됩니다.

원인과 결과가 한 치의 오차 없이 이루어지고 있는 진리의 세계에서, 좋은 원인이라고 생각했던 것이 좋은 결과를 가져오지 못했다면, 그것은 그 사람의 의도와는 달리 현실에 맞는 좋은 원인이 아니었다는 것을 의미합니다. 사실을 바로 보고 사실에 맞는 좋은 원인을 짓지 않았기 때문에 그런 잘못된 결과가 나타난 것입니다. 세상의 이치상, 상황에 맞는 좋은 원인을 지으면 결과가 좋을 수밖에 없고, 결과가 좋은 곳에는 항상 그에 맞는 좋은 원인이 있었음을 알 수 있습니다. 따라서 현실에서 좋은 결과가 나왔다 하면, 거기에는 항상 좋은 원인과 과정이 있었다는 증거가 됩니다. 그런 과정을 통틀어 좋은 일이라

합니다.

그렇다면 세상에서 볼 때 나쁜 원인인데 좋은 결과가 나온 것은 어떻게 봐야 하는가? 하고 질문할 수 있습니다. 임진왜란으로 왜구가 침입하여 나라가 위태로울 때, 이순신 장군과 부하들이 생명을 걸고 왜적을 쳐부수고 전투에서 승리하였습니다. 인간적으로 볼 때 살인은 나쁜 것이라고 누구나 말합니다. 그러나 그분들이 비인간적인 살인을 저지름으로써 수많은 백성을 구하고 국가는 자존심을 지켰으니 그것은 좋은 일인 것입니다. 이처럼 '사실적 조건'을 넣으면 좋고 나쁨이 밝혀집니다. 나쁜 원인(살생)이라고 생각했던 일들이 그 상황에서 가장 적절한 원인이었기에 좋은 결과를 가져온 것입니다.

또 다른 예로, 사이비 종교에 빠져 교주에게 전 재산을 바친 신자들 중에는 자기 딴에는 좋은 일을 하고 남을 돕겠다는 생각을 갖고 있던 사람이 있었을 것입니다. 그러나 자기가 희사한 재산이 교주의 배를 불리고 말법을 세상에 전하는 일에 사용되었다면, 그는 옳지 못한 일을 한 사람이 되는 것입니다. 선이란 어느 상황 속에서 사실과 이치에 맞는 가장 올바른 원인일 때 비로소 선이 될 수 있으며, 반드시 좋은 결과를 가져오도록 되어 있습니다. 따라서 결과를 보면 그 원인이 선인지 악이지 알 수 있습니다.

영혼은 있는가

 조희경(30대 주부)

저는 사람에게는 영혼이 있다고 믿고 있습니다. 그래서 남편한테도 현대과학으로 설명할 수 없는 심령현상을 예로 들어 영혼이 존재한다고 이야기하곤 합니다. 하지만 남편은 영혼의 존재에 대해선 비과학적이라며 과학적으로 증명해 주면 인정하겠다고 하네요. 좋은 방법이 없을까요?

 저자

인간의 일반적인 감각 능력으로는 기(氣)와 영의 세계를 인식하지 못하며, 과학 또한 인간의 인식 능력에 의존하기 때문에 영혼의 존재 유무는 검증하기가 어렵습니다. 하지만 자신들이 인식하지 못한다고 영혼이 존재하지 않는다고 장담하고, 실제 일어나는 심령현상을 일종의 집단 최면이나 뇌가 일으키는 심리 현상이라고 단정하는 것은 이치에

맞지 않는 비과학적인 태도입니다.

현실 속에서 나타나는 심령현상들은 집단 최면이나 뇌가 일으키는 착각으로 무시하기에는 너무나 생생하고 구체적입니다. 전기적으로 측정이 안 되는 기가 몸에 물처럼 흐르는 상태, 다른 영이 몸에 들어와 산 사람처럼 그 사람과 대화를 나누며 괴롭히는 현상, 무속인이 날이 선 작두 위를 뛴다거나 불 위를 걷는 현상 등이 거짓이 아니라 사실로 존재하고 있습니다.

그러나 이에 대해 과학자들은 모두 환상이나 정신착란, 집단 최면으로 간주하고, 딱히 해석이 곤란하면 인간이 갖고 있는 무한한 가능성의 발로라고 말하곤 합니다.

하지만 조금만 더 실증적이고 논리적인 사고를 지녔다면, 이러한 심령현상들은 제3의 의식체인 영적 존재를 상정하지 않고는 해석이 불가능하다는 것을 알 수 있습니다. 일면식도 없는 무당이 어제저녁 내가 무엇을 먹었는지 알고, 깊이 숨겨 놓았던 가정사의 세밀한 내용까지 말하는 것은 확률적으로 맞힐 수가 없는 것입니다.

그런데도 현대과학은 이러한 영적 현상을 송두리째 부정하고, 의식이란 육체를 구성하는 유기체의 화학반응에 불과하다고 주장하고 있습니다. 하지만 과학자들의 말처럼 인간의 의식이 유기물의 화학작용으로 나타나는 것이라면, 원숭이와 인간의 DNA가 98% 이상 일치하는 건 어떻게 봐야 할까요? 거의 같은 성분의 유기화합물과 염기 서열로 이루어졌음에도 비교조차 불가능한 엄청난 의식 차이가 나타나고 있는 사실은 유기체의 화학작용 외에 또 다른 요소가 의식 속에 깃들어 있음을 말해주고 있습니다.

이처럼 물질과학으로 해석이 불가능한 영역이 바로 생명과 영혼의 영역입니다. 좀 더 과학적으로 생각해 봅시다. 물체의 분자와 원자 속으로 들어가면 핵이 있고, 핵은 양성자와 중성자로 되어 있는데, 이것을 더 파고 들어가면 에너지로 구성되어 있습니다. 이 에너지의 상태를 더 깊이 들여다보면 과학으로 측정할 수 없는 유와 무의 경계 영역이 나오는데, 과학이 아무리 발달한다 하더라도 전자기적 흐름 이상은 측정할 수가 없습니다.

그렇다면 이러한 전자기적 흐름 이상의 차원에서 존재하는 기나 의식의 흐름은 측정할 수 없다고 해서 없다고 하는 것이 맞을까요? 아닙니다. 현대과학의 한계를 넘어 측정할 수는 없지만, 실재하는 영역이 있으며 그곳에 기와 영혼의 존재가 있다고 보는 게 훨씬 더 과학적인 결론이라 할 것입니다.

우리의 삶은 대단히 평범합니다. 학생들은 학교에 나가 수업을 듣고, 직장인들은 회사에 나가서 일과를 보내고, 가정주부는 아이를 돌보고 가정 살림을 합니다. 이런 일상생활 속에서 영혼이라는 건 별로 생각해 보지 않았고, 그럴 필요도 사실 못 느꼈습니다. 이처럼 저와 같이 평범하게 일상을 살아가는 사람에게 영혼의 존재를 이해하는 것이 인생을 살아가는 데 과연 도움이 되거나 중요할까요?

 저자

우리가 배운 과학 법칙상 모든 것은 원인이 있으며, 반드시 그 결과를 남기게 됩니다. 그래서 살아 있을 때 세상의 주인으로 온 우주를 좌지우지하던 인간의 마음이 죽음과 함께 아무 결과도 남기지 않고 육체와 함께 '펑' 하고 사라져버린다는 논리는 비과학적인 것입니다.

식물이 씨앗을 남기고 육체가 재를 남기듯, 살아 있을 때 세상을 변화시키는 수많은 정신 활동을 한 인간의 의식도 반드시 그 결과를 남기는 것이 과학 법칙상 맞는 것입니다. 이렇게 사실로써 존재하는 영혼을 부정하게 되면 현실을 해석하는 것이 그만큼 미흡해지며 삶이 부실하게 됩니다.

인간은 살아가면서 의식을 튼튼하게 성장시켜야 하는데 영혼을 부정하게 되면 당연히 육체적인 욕망과 쾌락을 우선시하는 삶을 살아가게 됩니다. 지금 현대인들은 유물론의 함정에 빠져 영혼에 대해 무관심한 나머지 제멋대로 즐기고 마음대로 행동합니다. 영혼이 존재하지 않는다면 그들이 모든 것을 무시하고 현실을 즐기는 행동이 옳겠지만, 영혼이 계속 존재하고 후생으로 자신의 생명이 이어진다는 것을 안다면 자신의 삶을 한순간도 소홀히 할 수 없으며, 끝없이 정성을 다해 자신의 의식이 더 좋게 만들도록 보살펴야 합니다. 왜냐하면 자신의 영혼이 잘못된 삶으로 무지와 탐욕에 빠지게 되면, 앞으로 다가올 세세생생이 계속 어둠과 불행 속에 있게 될 것이며 자신의 영혼마저 소멸하게 되는 결과를 받게 되기 때문입니다.

그런데 유물론에 편승한 일부 지식인들은 영혼이란 존재가 없어도 인간에게는 양심이 있기 때문에, 이성만 개발하면 세상은 저절로 좋아지게 된다고 주장합니다. 그러나 이것은 상상 속의 생각일 뿐입니다. 왜냐하면, 어둠에 물든 인간의 양심과 이성은 항상 결정적인 순간에 올바른 인간의 길과 이치보다는 자신의 이익과 유혹을 따르며 잘못된 선택을 하기 때문입니다. 이것이 바로 인간 세상이 무질서와 불행 속에 빠져들고 있는 근본 원인입니다.

따라서 혼탁한 말세에는 흐려진 인간의 양심과 이성만으로는 부족하며, 인간의 여린 정신을 지탱해 주는 생명의 실상과 진리의 힘이 필요합니다. 이러한 진리는 영혼이 존재하며 자신이 지은 대로 과보를 받으며 영원히 돌고 있다는 사실과 이치에 의해 뒷받침될 때 비로소 생명력을 가지고 인간의 삶을 지키게 되는 것입니다.

 박지윤(여자 대학생)

현대생물학에서는 영혼이라는 별도의 의식체가 있는 게 아니라 육체 자체가 생명력을 띠고 있다는 견해가 강한 것 같습니다. 영혼은 과연 별도로 존재하며, 영혼과 육체는 서로 어떤 관계에 있는 걸까요?

답변 3! 저자

인간의 의식과 그 결과물인 영혼은 우주에서 가장 오묘한 물건으로 육체와 별개로 존재합니다. 이 세상에 있는 모든 존재는 자신의 결과를 남깁니다. 따라서 살아있을 때 마음 속에서 파닥이며 세상 모든 일을 처리하던 마음은 죽어서 '펑!'하고 사라지는 것이 아니라 반드시 그 결과를 남깁니다. 그것이 바로 영혼입니다.

오늘날 과학이 발달하여 모든 것을 물질적으로만 분석하지만, 이 세상에는 단순히 물리적 현상만 존재하는 것이 아니라 그보다 더 깊고 완전한 뜻과 의식의 세계가 펼쳐져 있습니다. 이러한 완전한 하늘의 뜻과 질서 속에 이 세상이 나타나 있기에 이 세상 속에 진리가 나타나고 인간의 삶에는 깊은 의미와 가치가 있는 것입니다. 그리고 인간의 영혼은 신성한 절대자의 정신을 이어받았기에 모든 것을 보고 느끼고 판단하고 창조하며 만물의 영장으로서 역할을 하게 되는 것이며 그 영혼을 정화하여 인간 완성을 이루고 다시 우주의 근원과 하나가 되는 순환을 이루게 되는 것입니다.

따라서 인간의 생명은 영혼과 육체로 이루어지며, 영혼은 육체를 기반으로 현생의 생명 활동을 만들어 갑니다. 그러므로 이 둘 중 어느 하나가 없어도 생명은 온전하게 유지될 수 없습니다. 생명을 지닌 사람을 운전에 비유해보면, 인간의 영혼은 운전자로, 육체는 자동차로 볼 수 있습니다. 자동차가 완벽하게 기능을 발휘하기 위해서는 자동차의 성능도 좋아야 하지만 실력이 좋은 운전자도 있어야 합니다.

운전자가 없으면 차가 움직일 수 없고 차가 없으면 운전자도 아무 의미가 없듯이, 인간의 육체도 영혼이 없으면 죽은 껍데기에 불과하며 영혼도 육체가 없으면 아무런 생명 활동을 하지 못하고 곧 부패하게 됩니다. 따라서 이 둘은 생명을 유지하는 데 반드시 필요한 것이기에 둘을 하나라고 표현하는 것입니다.

그런데 자동차가 좀 나빠도 운전자가 우수하면 상태를 양호하게 유지하면서 잘 달리겠지만, 아무리 자동차가 좋아도 운전자가 미숙하면 사고를 냅니다. 지혜롭고 좋은 영혼은 자신의 몸을 항상 건강하게 이끌며 인생의 목적지까지 잘 도달하지만, 어리석은 영혼은 육체도 망가뜨리고 정신도 불행에 빠지게 합니다. 따라서 인간은 규칙적인 운동으로 몸을 잘 가꾸고 자신의 영혼을 맑게 정화하여 성공적인 삶을 살도록 해야 합니다.

 김갑수(70대 노인)

요즘은 의학의 발전으로 사람들이 오래 사는 편입니다. 그런데 만약 어떤 사람이 지금까지 영혼을 잘 가꾸었는데, 갑자기 병이 들어 극심한 고통에 시달린다거나 치매에 걸린다면 지금까지 가꿔온 자신의 영혼은 어떻게 되는지요?

 저자

몸이 아프다고 영혼이 파괴되는 것은 아닙니다. 아픈 통증을 느끼는 것은 감각이 반응하는 것이니, 그 감각이 영혼을 파괴시킬 수는 없습니다. 이러한 관계를 명확히 알기 위해서는 영혼과 뇌의 관계를 바로 알아야 합니다.

인간 의식의 주체는 영혼이며 이것이 뇌를 거쳐 외부에 마음으로 표출됩니다. 그것은 마치 자동차의 전원장치에서 나오는 전류가 엔진

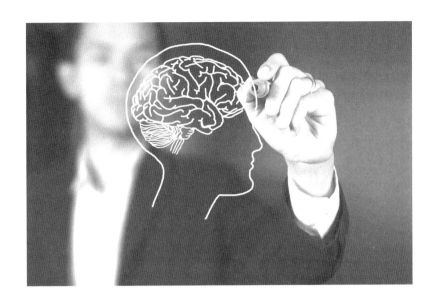

이나 에어컨이나 윈도 브러시(window brush)나 시가 잭(cigar jack)으로 분
배되어 각각의 장치들이 작동할 수 있게 하는 것과 같은 원리입니다.
자동차에는 전원에서 각 부분의 장치로 나가는 퓨즈(fuse) 박스가 있
는데, 그중에서 퓨즈가 하나 끊어지게 되면 그와 관련된 장치들이 작
동하지를 않게 되지요.

인간의 뇌도 전원장치로 보시면 이해하기가 쉽습니다. 만약 뇌에서
인간의 언어구사 부분과 관련된 퓨즈가 고장 나면 언어활동에 장애
가 생기고, 미각을 느끼는 부분이 퓨즈가 고장 나면 미각을 상실하는
현상이 나타나는 것입니다.

이러한 생명의 진실을 알지 못하는 과학자들은 이러한 현상만 관찰
하여 인간의 뇌가 의식을 담당하며, 뇌의 동작이 멈추면 인간의 의식
도 사라진다고 주장하고 있는 것입니다. 이렇게 뇌의 기능이 멈춤에

따라 의식이 사라진다고 보기 때문에, 결국 영혼도 존재하지 않는다고 말하고 있습니다.

그러나 뇌의 일부가 손상되어 의식이 혼미해지는 것은 의식의 전원부에서 전류가 흘러가는 통로에 있는 뇌의 퓨즈가 고장 난 것이지 의식 자체가 사라지는 것은 아닙니다. 이를 분명히 알아야 인간의 영혼과 뇌의 관계를 제대로 이해할 수 있습니다.

물론 뇌가 의식작용에서 중요한 역할을 하는 건 맞습니다. 그러나 자동차에서 배터리가 녹슬거나 퓨즈 박스가 낡아 전기장치가 제대로 작동하지 않는 것은 기계적 고장이지 운전자에게 이상이 생긴 것은 아닙니다. 마찬가지로 인간의 뇌도 고장이 나거나 피가 제대로 돌지 않아서 뇌 손상이 생기면 의식이 제대로 표출되지 못하고 흐릿해지는 것이지 인간의 의식과 영혼에 문제가 생긴 것은 아닙니다. 그런 의미에서 뇌의 역할이란 영혼에 비해 매우 제한적이며, 과학자들이 믿고 있는 것처럼 절대적이 아닙니다.

김갑수(70대 노인)

아내를 떠나보낸 후 죽음이 갖는 의미에 대해 많은 생각을 했었습니다. 하지만 답을 찾을 순 없었고, 내가 인생을 모르기 때문에 죽음을 모르고 있다는 사실 하나를 알게 되었습니다. 하지만 죽음이란 우리가 언젠간 반드시 겪게 되는 일이기 때문에 그 실상을 아는 것은 꼭 필요하다고 봅니다. 죽음에 대한 선생님의 고견을 듣고 싶습니다.

답변 5 저자

죽음의 진실에 대해 모른다면, 그 어떤 처방도 인간의 삶에 진정한 도움이 되지 못합니다. 그런데 지금은 삶과 죽음에 대한 진리가 흐려진 시대라 죽음의 실상에 대한 분명한 이해도 없고 대처 방법도 각 사회가 가지고 있는 관습과 사고방식에 따라 모두 다릅니다. 그러나 죽음이란 모든 인간이 공통으로 맞는 현상으로 이 세상 어디에서나 그 진실은 하나입니다.

인간에게 죽음의 의미가 남다른 것은 인간은 동물과 달리 사고하고 창조하고 자신을 돌아보는, 깨어 있는 정신이 있기 때문입니다. 인간의 정신은 조금의 흠이나 부족도 용납하지 않고 끊임없이 자신의 삶의 의미와 가치를 찾는 존재로 단순한 생존만을 위해서 살아가는 것이 아니라, 더 좋은 자기와 맑고 완전한 영혼을 이루기 위해 살아갑니다.

이처럼 삶의 의미와 가치를 깨닫게 되면, 무엇보다 자신의 영혼을 무겁게 할 한과 욕망, 소유와 집착에서 벗어나는 것이 중요하다는 것을 알게 됩니다. 욕망과 소유와 집착은 죽음 앞에서 모두 놓고 가야 하기 때문에 이를 계속 붙잡고 있으면 그 영혼이 자유로울 수가 없습니다.

부자가 천국에 가는 것이 낙타가 바늘구멍에 들어가는 것보다 어려운 이유도 돈에 대한 욕망을 죽어서도 버리지 못해 그 무겁고 끈끈한 집착이 세상을 떠날 수 없게 만들기 때문입니다. 따라서 이 세상의 것은 모두 이 세상에 두고 가야하며 저세상에는 자신의 영혼만 가지고 가야 합니다. 세상에서 얻은 모든 것은 세상을 위해 보람 있게 쓰고 가야 하는 것이며, 죽은 후에도 안고 가려 해서는 안 됩니다.

그러므로 삶은 항상 거짓이 없어 하늘을 우러러 당당해야 하고, 부지런히 살아 생활에 부족함이 없어야 합니다. 그러면 마음이 항상 맑아서 세상을 바로 보고 지혜로운 삶을 살 수 있으며 좋은 영혼을 이루어 좋은 후생을 받게 됩니다.

사람은 죽을 때쯤 되면 그 사후를 짐작할 수 있습니다. 왜냐하면, 저승은 이승의 삶의 결과로 나타나기 때문입니다. 살아서 이승에서 이루지 못한 것은 저승에서도 얻을 수 없습니다. 따라서 살아 있을 때 잘못된 삶으로 마음이 불안한 자는 죽어서도 지옥의 고통에 시달려야 하며, 살아서 바른 생활로 마음의 안식을 얻은 자는 죽어서도 그 영혼이 맑고 가벼워 평안하고 좋은 곳에 태어나게 됩니다.

그리고 자신의 영혼을 평안하고 자유롭게 만들기 위해 남에게 속아 한을 품을 일을 만들지 말아야 하고, 또 남에게도 한을 주지 말아야 합니다. 의식이란 하나로 연결된 뜻의 세계로, 우주 속에 있는 모든 의식적 존재는 서로 이어져 있습니다. 그래서 다른 사람의 의식이 나를 원망하여 잡고 있으면 내 영혼이 상대에게서 자유롭지 못하며 이승의 끈적끈적한 인력대에서 벗어날 수 없게 됩니다. 그러므로 만약 다른 사람에게 원한을 지은 것이 있으면 용서를 빌어 그 원망을 풀어야 합니다. 이러한 한 치 어김없는 생명의 원리가 흐르고 있어 인간은 남에게 피해를 주는 악을 짓지 말고 바르고 선하게 살아야 하는 것입니다.

그리고 죽음을 맞았을 때, 생시와 같이 현실 속에 있는 일들이 그대로 보이거든, 무조건 모든 것을 잊고 잠을 자려고 해야 합니다. 그래야만 끝없이 악몽에 시달리는 지옥에서 벗어날 수 있습니다. 물론 이러한 죽음에 대한 지식을 안다고 해서 자신의 업을 상쇄하거나 무효화할 수 있는 것은 아니지만, 이것만 분명히 알아도 자신의 영혼이 악도(惡道)에서 영원히 헤매는 것을 막을 수 있습니다.

업(業)과 운명

질문 1 백형식(40대 직장인)

인생이 힘들고 고통스럽거나 피할 수 없는 운명을 맞이했을 때 사람들은 '업보' 때문에 그렇다는 말을 합니다. 그렇다면 업이란 삶에 부정적인 것으로 업이 적은 사람은 업이 많은 사람보다는 상대적으로 행복할 수 있다는 말 같은데, 정확히 업이란 게 무엇인가요?

답변 1 저자

식물은 자라면서 자신의 열매 속에 생애 동안 살았던 모든 흔적들을 담고, 인간은 자신의 영혼 속에 자신이 보고 듣고 행동한 모든 일들을 담게 됩니다. 이처럼 모든 생명체는 삶을 통해 자신이 경험했던 모든 것들을 빠짐없이 자신 속에 입력하게 됩니다. 이렇게 과거의 인연으로 자기 속에 존재하게 된 일을 업(業, karma)이라고 합니다.

살면서 한 맺힌 일이 있었으면 정확히 그만큼의 한이 자기 속에 존재하고, 좋은 일이 있었다면 그 일 또한 자기 속에 다 존재하게 됩니다.

그래서 우리의 의식 속에 존재하게 된 업들은 인연을 만나면 다시 일어나 끊임없이 활동하고 자신을 이어가게 됩니다. 이러한 활동성 때문에 강한 지혜와 용기 같은 좋은 선업을 가진 사람은 계속 좋은 자기를 만들게 되고, 애착과 무지한 악업을 지닌 사람들은 어둠 속으로 계속 빠지게 됩니다. 이것이 세상일을 존재하게 하는 법칙입니다.

전과가 있거나 이전에 잘못을 저지른 사람이 다음에도 똑같은 일을 저지르는 이유는 자신의 마음속에 그러한 업이 잠재해 있다가 인연이 만나면 피어나 같은 행위를 계속 일으키기 때문입니다. 삶을 통해 보고 듣고 말하고 행동한 것들이 한 번 의식 속에 들어오면, 어떤 작은 일이라도 쉽게 없어지지 않고 자신의 생활에 계속 영향을 주게 됩니다. 따라서 한 번 지어진 업이 현재의 삶에 얼마나 중요한 영향을 미치고 미래의 운명에까지 끝없이 영향을 주는지 알게 되면, 사람은 누구나 절대 함부로 살 수가 없으며, 한시라도 게으름을 피우지 말고 바른 이치를 배워 좋은 원인을 짓도록 노력해야 하는 것입니다.

 백형식(40대 직장인)

자신이 과거에 경험했던 좋고 나쁜 일들이 모두 업이 되어 세상일을 존재하게 한다면, 업을 부정적으로만 보는 것은 잘못된 생각이 아닐까요?

 저자

일반 사람들이 말하는 업은 대부분 거짓되고 이치에 맞지 않는 악업(惡業)을 뜻합니다. 악업은 육체적인 욕망의 충동을 일으키고 정신을 흐리게 하며, 의지를 약하게 하고, 남에게 피해를 주는 일을 하게 하는데, 이러한 업이 의식을 가리고 있으면 업의 충동에 휘둘려 자신을 망치는 불행한 삶을 살게 됩니다.

따라서 타고난 어두운 업의 고리를 끊고 사실과 이치에 맞게 정확히 대처하는 것이 중요한데, 이를 위해서는 올바른 진리의 인연을 만나 실상에 눈을 뜨고 세상을 이루는 이치를 깨쳐 선업(善業)을 지어야 합니다.

선업과 악업에 대해 오늘날 불교에서는 선업도 윤회의 굴레를 도는 원인이 되니 선업도 짓지 말라고 하지만, 이것은 오해에서 비롯된 잘못된 말입니다. 선업과 악업은 서로 다른 별개의 업이 아니라 빛과 어둠의 관계와 같이, 밝음이 오면 어둠이 사라지고 어둠이 짙으면 밝음이 사라지는 서로 반대의 성질로 이루어져 있기 때문입니다.

이러한 내용에 대해서는 『아함경(阿含經)』의 '원인경(原因經)'이라는 부분에 잘 나타나 있습니다. "어떤 업은 다른 업을 일어나게 하고 어떤 업은 다른 업을 소멸하게 한다. 탐욕 없음과 성냄 없음과 어리석음이 없게 되면 그로부터 일어난 업은 유익한 것이고, 그 업은 즐거운 과보를 가져오며, 그 업은 다른 업을 소멸하게 하고, 그 업은 다른 업을 일어나게 하지 않는다."

쉽게 풀이해 보면, 거짓을 저지르는 것은 악업이지만 거짓 없이 진실하게 사는 것은 선업이며, 욕심을 부리는 것은 악업이지만 이치에 맞게 바르게 사는 것은 선업이니 선업을 쌓아서 악업을 소멸하라는 뜻입니다. 즉, 선업이 악업을 소멸하는 원인이 된다는 뜻입니다.

그래서 모든 부처님의 공통된 가르침인 칠불통게(諸惡莫作 衆善奉行 自

淨其意 是諸佛敎)는 어떠한 악도 짓지 말고, 모든 선을 받들어 행함으로써 그 의식을 맑게 하는 것이 곧 참된 불법이라고 한 것입니다. 모든 부처가 선과 악을 가려 선을 행하라 했으니 이것이야말로 부정할 수 없는 불교의 진리입니다.

이러한 선업을 짓는 것은 요즘 시중에 나도는 말처럼 산속에 들어가 명상이나 도를 닦음으로써 이루어지는 것이 아니라, 삶을 통해 진리를 깨치고 올바른 원인을 지어야만 가능합니다. 완전한 인과의 이치가 흐르는 세상에서 진리의 인연을 만나 좋은 원인을 자신 속에 쌓지 않고서는 좋게 변하거나 완성에 이를 수가 없는 것입니다. 따라서 아무것도 하지 않고 가만히 앉아서 기도나 명상, 단전호흡이나 마음수련과 같은 수행만 해서는 결코 자신의 마음속에 있는 탁한 업을 지울 수가 없습니다. 자신 속에 아무것도 짓는 것이 없기 때문입니다.

 김종민(남자 대학생)

운명은 정해져 있다고 하는데 여기에는 업이 작용하는 것 같습니다. 그렇다면 업이 인간의 운명에 어느 정도 영향을 미칠까요?

 저자

모든 생명체는 과거에 지었던 업의 영향을 받습니다. 과거에 노란 콩이었던 콩은 다음에도 노랗게 나고, 검정콩이었던 콩은 반드시 검게 납니다. 그리고 기름진 양지에서 자라 실하게 된 콩은 다음에 다시 심어도 많은 결실을 내지만, 메마른 음지에서 쭉정이로 자란 콩은 반드시 그 결실이 좋지 못합니다.

인간도 같은 이치로 됩니다. 그래서 과거에 무지하게 산 자는 이생에서도 아둔하고 비실비실하게 살고, 과거에 좋은 근본을 얻은 이는 세상을 보는 지혜가 있으며 항상 좋은 결과를 가져오려고 하는 좋은 마음을 냅니다. 이렇게 과거에 지은 업은 자신의 운명에 큰 영향을 끼치게 됩니다.

그리고 운명을 결정하는 데 있어서 바탕의 인연도 크게 작용합니다. 좋은 밭에서는 좋은 결실이 나고 황무지에서는 나쁜 수확이 오듯이 좋은 부모를 만나게 되면 그 운명이 좋아지게 됩니다.

또 하나의 중요한 변수는 환경입니다. 온화한 날씨와 알맞은 비와 태양은 곡식을 잘 자라게 하지만 춥고 흐린 날씨는 농사를 망치게 합니다.

운명은 이와 같이 자신의 근본과 바탕과 환경이라는 변수에 의해 영향을 받게 됩니다. 이러한 이치는 세상을 이해하는 데 매우 유용한 방편이 되니 상호 간의 이치를 잘 깨치기 바랍니다.

그런데 이러한 인연은 과거에 자신이 지은 인연에 의해 나타나기도 하고, 공업(共業: 개인이 지은 업이 아니라 집단이나 인류 전체가 지은 업)에 의해 새롭게 만나기도 합니다.

이때 자기의 업에 의해 만나는 인연은 과보를 받았다고 하고 공업에 의해 새로운 인연을 만났다면 인연이 닿았다고 말합니다. 그러나 크게 보면, 모든 인연은 자신의 업을 원인으로 하여 만나는 것입니다. 손바닥도 마주쳐야 소리가 나듯이, 우연한 교통사고도 자신이 그곳에 간 원인을 지었기에 만나게 된 것입니다.

그리고 좋은 인연을 만나도 자신이 그 인연을 감당할 능력이 없으면 그 인연은 오히려 자신을 망치게 됩니다. 과거의 역사를 살펴보면, 왕자로 태어나도 왕위를 물려받지 못하고 죽은 자가 부지기수이며, 좋은 집안에 태어나도 가산을 탕진하고 불행하게 산 이가 한둘이 아니었습니다.

그리고 근기가 좋은 이는 환경에 수동적으로 대응하는 데 그치지 않고 자신의 노력과 지혜로 주어진 환경을 발전의 밑거름으로 만들어 나가는 힘을 발휘합니다.

그러므로 업과 인연의 굴레 속에 살아가는 인간들은 스스로 자기 삶의 주체가 되어 운명을 개척해 나가는 자세가 중요합니다. 이를 위해서는 진리의 빛을 만나 사실과 이치에 따라 행동해야 합니다. 있는 일을 바로 보고 이치에 따라 행동하게 된다면, 더 이상 업의 힘에 휘둘리지 않고 사실에 맞는 가장 정확한 원인을 지을 수 있어 성공적인 삶을 살게 됩니다.

생각의 실체

 김갑수(70대 노인)

도대체 생각이란 게 무엇이기에 사람들의 마음속에는 쉴 새 없이 망상이 생기고, 온갖 잡념들이 떠오르는 것일까요? 생각의 실체는 무엇입니까?

 저자

인간의 의식 속에는 과거의 삶은 물론이고 지금까지 살아오면서 경험하고 행동한 모든 것들이 쌓여 자신의 근본과 업을 구성하고 있습니다. 이러한 일들은 저절로 사라지지 않고 그 사람의 마음속에 계속 머물러 온갖 생각을 만들어 냅니다.

그래서 살아가며 환경과 부딪히게 되면, 자신 속에 있던 업들이 반사적으로 일어나는 것입니다. 더구나 업이 일어나는 빠르기는 본인의 의식보다 몇 걸음씩 앞서니, 무의식적이라 할 만큼 느끼지 못하는 경우가 훨씬 많습니다. 그래서 자신도 알지 못하는 순간에 업에 의해 운명이 결정되는 경우가 많습니다.

그래서 평상시 잡념이 많다는 것은 마음에 얼룩, 즉 업이 많다는 뜻이며, 그만큼 마음이 흐리다는 의미입니다. 유리창에 서리가 낀 듯 마음이 희뿌옇게 되면, 세상을 볼 때도 그 얼룩을 통해 보기 때문에 그만큼 사실을 볼 때 굴절과 왜곡이 많아집니다. 이것이 바로 내면에서 쉴 새 없이 일어나 떠들어 대는 잡념의 정체입니다.

 김갑수(70대 노인)

저는 다른 사람들보다 나이는 많지만 남은 삶을 제 영혼을 맑게 정화하는 데 집중해서 쓰고 싶습니다. 방법을 알고 싶습니다.

 저자

좋은 영혼을 얻기 위해서는 좋은 마음을 얻어야 하며, 좋은 마음을 얻기 위해서는 참된 가르침을 만나야 합니다. 그러나 오탁악세의 탁류 속에서 진리의 인연을 만나기란 매우 어려운 일로 참된 진리가 세상에 나타나는 일은 희귀하기 때문입니다. 그래서 불경에도 진리의 인연을 만나는 것은 하늘에서 떨어진 바늘이 겨자씨에 꽂히는 것 같고 큰 바다의 눈먼 거북이 숨 쉬러 물 위로 올랐을 때 마침 그 위에 있는 구멍 난 판자에 목을 내미는 것 같다고 한 것입니다.

그리고 지금처럼 혼탁한 세상에서는 아무리 진리가 나타나도 사람들은 이를 알아보지 못합니다. 왜냐하면, 대부분의 사람은 현실의 욕망이나 말법의 환상에 빠져 있어 진리의 가르침을 따르지 않기 때문입니다.

다음으로 진리의 인연을 만나 자신이 진리를 받아들이고 진리와의 인연을 계속 이어나갈 각오가 되어 있다면, 먼저 사실과 이치에 맞는 글들을 부지런히 보고 삶 속에서 확인하고 깨우쳐 세상을 보는 눈을 얻어야 합니다. 이렇게 하여 깨침이 쌓여 세상의 실상과 이치를 보게 되면, 해야 할 일과 하지 말아야 할 일을 분별할 수 있게 됩니다.

옳고 그름을 분별할 줄 알고 세상 이치를 보게 되면, 자신이 해야 할 일을 알게 되며, 행동하지 않고서는 자신을 변화시킬 수 없다는 것을 알게 됩니다. 그리하여 사실과 이치에 따라 자신을 이롭게 하고 세상을 축복하는 공덕행을 부지런히 행하다 보면, 점차 모든 문제에서 벗어나 마음의 업을 극복하고 맑고 평안한 마음을 얻게 됩니다.

그동안 동양에서는 명상 수행법을 통해 마음을 비워 해탈을 얻고자 했습니다. 그들은 가만히 앉아 생각만으로 모든 것을 버림으로써 본래부터 텅 비어 있는 '공'을 찾으려고 했으나 그동안 수많은 과거의 삶을 통해 지어진 업을 생각만으로 버릴 수는 없습니다. 아무리 공을 깨치고 버린다는 생각을 하더라도 자신 속에 내재한 업이 사라지지 않는 한, 현실에서 인연을 만나면 그 업은 자신도 모르게 저절로 스멀스멀 피어오르는 것입니다.

이처럼 자신 속에 깊이 숨어 있는 자신의 일부와도 같은 업을 버리기 위해서는 공덕행을 통해 업을 태우는 수밖에 없습니다. 세상에 대한 사랑, 진리에 대한 열망, 양심과 용기의 불꽃이 가슴속에서 활활 타오를 때 자신의 사사로운 욕망과 아상이 사라지고 자신 속에 켜켜이 숨어 있는 모든 업을 불사를 수 있습니다. 완전한 진리와 세상에 대한 사랑이 피어나는 곳에는 사사로운 욕망이나 어둠이 더 이상 발붙일 수 없으며 오직 사리에 맞게 세상을 좋게 만들려는 맑고 좋은 의식만이 남게 되는 것입니다. 인간은 이 과정을 통해서만 완전히 정화된 맑은 순수의식을 얻게 됩니다. 이것이 오늘날 희미해진 수행의 요체이며 인간이 가야 할 길입니다.

번뇌와 해탈

 백형식(40대 직장인)

　인간의 삶을 고해라고 합니다. 그래서 많은 수행자와 종교인들이 고통에서 벗어나고자 수행을 하고 신에게 매달리는 것 같습니다. 고통이란 살아가는 모든 존재에게 지독한 숙명처럼 지워져 있는데, 세상에 고통이 존재하게 된 근본적인 이유는 무엇입니까?

 저자

　인간이 번뇌와 고통을 느끼는 이유는 첫째, 생명은 필연적으로 생로병사의 제약을 지니고 있기 때문이며, 둘째 완전함을 추구하는 인간의 내면적 특징 때문입니다. 인간에게는 모든 것을 느끼고 인식하는 의식이란 게 있어서 조금이라도 부족하거나 만족스럽지 못하면 그 마음이 불편하고 고통스러워 집니다. 만약 인간에게 이런 의식이 없다면 군이 번뇌를 느낄 이유가 없을 것입니다.

동식물들은 그런 고차원의 의식이 없으니 번뇌와 고통 없이 약육강식의 야생세계에서 말없이 적응하며 살아가고 있습니다. 그래서 인간이 번뇌를 느낀다는 것은 매우 고통스럽고 힘든 일이지만, 다른 측면에서 보면 고귀한 의식을 가졌기에 그런 현상이 나타나는 것이니 축복의 한 단면이라고도 할 것입니다.

그러나 인간의 의식이 비록 신성한 근원으로부터 시작되었다고 하나 모든 것이 그러하듯이 처음부터 완전한 상태가 아니며 여리고 작은 씨앗으로부터 시작하여 점점 더 자신을 정화하여 완전한 존재로 나아갑니다. 이러한 과정에서 인간은 점점 자연이나 동식물과 같은 수동적 종속성에서 벗어나 신과 같은 능동적 완전성으로 나아갑니다. 그래서 삶을 통해 자신을 완성시켜 나가면 마지막으로 조물주와 같이 완전한 자율성과 창조성을 지닌 완전한 존재가 되는 것입니다.

그러나 인간의 의식은 완전성에 이르기까지 완전히 밝지 못하기 때문에, 자율적인 생명의 주체로서 행하는 많은 행위가 올바른 이치에서 벗어나 오류를 범할 가능성을 갖게 됩니다. 이렇게 완전함에 이르기까지 인간의 의식 속에 스며있는 근본적인 어둠을 일러 무명(無明: 밝지 못함, 마음의 어둠)이라 합니다.

이처럼 인간은 신성한 의식을 지니고 있어서 완전해지고자 하나 자신 속에 근원적으로 스며있는 어둠으로 인해 항상 장애와 한계에 부딪힐 수밖에 없으므로 번뇌와 고통은 인간에게 있어서 본질적입니다. 이러한 한계와 갈등은 인간이 자신 속에 있는 무명을 깨끗이 씻어내고 완전히 맑아질 때까지 계속됩니다. 이것이 인간이 번뇌를 느끼는 근본 원인입니다.

그러면 어떻게 해야 인간을 옭아매고 있는 궁극적인 한계인 번뇌를 벗어나 자유와 평안을 얻고 인간 완성의 경지인 해탈에 이를 수 있을까요?

 저자

업과 무명이 눈에 보인다면 닦거나 털어내면 되겠지만, 마음속에 깃든 업은 보이지 않고 잡히지 않으니, 지울 수 있는 방법은 오직 마음의 불로 태우는 수밖에 없습니다. 따라서 모든 업과 애착을 태워버릴 수 있는 마음의 불을 얻는 것이 바로 깨달음의 요체입니다.

마음의 불을 얻으려면 먼저 기초를 닦아야 합니다. 반드시 진리를 배우고 이치를 깨쳐 세상을 볼 수 있어야 합니다. 세상을 볼 줄 알아야만 거짓으로부터 자기를 지킬 수 있으며, 더 좋은 자기를 만들 수가 있습니다.

정법을 통해 사실을 알고 환상과 거짓에서 벗어나면, 그 마음이 진실해지고 어둠이 사라져 옳고 그름을 판단할 수 있으며, 해야 할 일과 하지 말아야 할 일을 알게 됩니다.

이처럼 정법을 등불로 삼아 좋은 자신과 좋은 운명을 만들어 내는 사람은 진실, 양심, 정의와 용기로 세상을 축복하는 사랑을 실천하게 됩니다.

변함없이 진리를 따르고 세상을 축복하는 일이 계속되다 보면 어두운 세상의 저항과 반대에 부딪히게 되며, 안타까운 마음이 마침내 마음속에 정화의 불을 일으켜 삿된 자기를 불사르게 됩니다.

그래서 좌절과 역경에도 진리와 세상을 위해 자신의 모든 것을 바칠 때, 자신 속에 있는 모든 아상(我相)과 어둠과 업이 무너지고 인간 완성의 경지인 해탈에 이르게 되는 것입니다.

그리고 해탈에 이르기 위해서는 가장 큰 장애인 갈애(渴愛)를 마지막으로 넘어서야 합니다. 갈애란 자기에 대한 근본적인 애착으로 이것이 있어 생명의 원인을 만나 인간으로 태어나게 됩니다.

따라서 신성한 순수의식에 이르기 위해서는 최종적으로 자기를 존재하게 한 근본적인 갈애마저 벗어나야 합니다. 해탈이란 모든 걸림과 붙잡힘에서 벗어나 완전한 맑음과 자유를 얻는 것이기 때문에 마지막으로 자기에 대한 근본적인 갈애에서마저 벗어나야 하는 것입니다.

그러나 자신 속에 있는 모든 업과 갈애를 극복하여 완전한 순수의식의 경지에 오른다는 것은 결코 간단한 일이 아닙니다. 자기를 넘어선다 함은 인간의 몸을 지닌 이상 거의 불가능에 가깝습니다. 왜냐하면 자기란 이 세상에서의 나를 존속하게 하는 근거이며, 자신의 생명 그 자체이기 때문입니다.

그러면 어떻게 갈애를 극복하여 자기를 넘어설 것인가? 이를 넘어서기 위해서는 자기보다 더 크고 더 소중한 세상에 대한 사랑과 진리에 대한 열망이 있어야만 합니다. 그 이유는 자기를 향한 갈애는 자기 자신과도 같아서 인간인 이상 넘어설 수 없는 철옹성과 같기 때문이다.

따라서 이 철옹성을 넘어서려면 이 성을 무너뜨릴 더 큰 힘과 용기가 필요하며 자기애보다 훨씬 크고 가치 있는 세상과 진리에 대한 자각과 사랑과 열정이 있어야 하는 것입니다. 다시 말해, 해탈에 이르기 위해서는 모든 욕망과 집착과 생명의 갈애마저 뛰어넘을 수 있는, 세상을 모두 담는 큰 사랑과 하늘이 무너져도 흔들리지 않을 양심과 땅이 꺼져도 꺾이지 않을 용기가 있어야 하는 것입니다. 그래서 세상과 인류와 진리를 위해 자신을 남김없이 불사를 수 있다면, 사사로운 욕망과 집착이 제풀에 힘을 잃고 모두 스러져 한 점 흐림 없는 맑은 마음만 남게 되는 것입니다.

수행의 정법

●

 김갑수(70대 노인)

　최근 동양의 지혜에 대한 바람이 불어 깨달음에 대한 관심이 커지자 이를 위한 갖가지 수행법들이 나오고 있습니다. 깨달음을 얻는 수행법으로 명상이나 기 수련, 참선이 있는데 혹시 추천하시는 수행법이 있으신가요?

 저자

　깨달음이란 모든 무지를 지우고 한 점 흐림 없는 맑은 마음을 얻어 세상을 있는 그대로 완전하게 비추는 경지를 말합니다. 그래서 세상 사람들이 보지 못하는 우주의 실상과 진리를 모두 본다고 해서 깨달았다고 말하는 것입니다. 그래서 마음을 닦는 것이 수행의 궁극적인 목적입니다.

　그런데 정기신(精氣神)이란 말이 있듯이 탁한 정과 기는 종이며 맑은 신(의식, 마음)은 주인에 해당합니다. 따라서 종이 주인을 좌우할 수 없듯이 정과 기로써는 마음을 닦을 수 없습니다. 마음은 오직 진리를 배우고 행하여 삶 속에서 깨침이 있을 때 비로소 마음속에 쌓인 업을 지우고 맑은 해탈심을 얻게 되는 것입니다.

따라서 기수행이나 명상으로써는 그러한 무지를 깨는 깨침이나 업을 지우는 좋은 원인을 지을 수 없습니다. 만약 가만히 앉아 기를 돌리거나 마음을 관조하는 명상을 통해 깨달음이 가능하다면, 깊은 산이나 외딴 섬에 어린아이를 놓고 환경에 오염되지 않도록 가만히 두면 스스로 해탈에 이르러야 합니다. 그러나 그런 경우 맑은 마음과 지혜를 얻기는커녕 동물적인 본능만 가득한 늑대아이가 나타날 뿐입니다. 따라서 진리의 인연을 만나 마음의 깨우침을 얻지 못하는 수행법으로는 결코 해탈에 이를 수 없습니다.

그리고 명상이나 기수행이 위험한 것은 수행하는 과정에서 여러 가지 영적 현상에 노출되어 영적 감염이 일어나기 쉽기 때문입니다. 사람들은 명상을 하게 되면 기문이 열려 영험한 기운을 받고 신비로운 현상이 나타나 초능력을 얻는데 매우 좋다고 말을 합니다.

그러나 기문이 열리게 되면 그만큼 큰 위험이 따르게 됩니다. 일반인들은 기문이 닫혀 있는 게 원칙입니다. 그래서 모든 사람은 평생 동안 외부의 기운과 자기 정신과의 접촉이 차단되어 자신의 정신을 안전하게 지키면서 살 수 있는 것입니다. 그런데 명상이나 단전호흡을 하면 기문이 열려 여러 가지 외부의 기운과 음기들이 들어오게 되는데 이때 만약 그 속에 나쁜 기운이 섞여 있게 되면 원인 모를 이상한 질병과 정신분열과 같은 정신병을 앓게 됩니다.

그리고 깨달음을 얻겠다고 꽉 막힌 화두를 잡고 끙끙대다 보면, 마음이 맺혀 답답해지고 몸의 흐름이 막혀 몸의 여기저기에 이상 증상이 나타납니다. 그래서 지금 많은 수행자들이 상기병이나 가슴통증, 허리병 등으로 고통받고 있습니다. 이런 상황에서 도를 이루겠다는 집착으로 더욱 용맹정진하다 보면, 정신이 혼미해지고 생사가 오락가락하게 됩니다. 이렇게 되면 심신의 균형을 잃고 몸의 보호막이 무너지기 때문에 떠도는 유혼이 의식 속으로 들어오기 쉬운 조건이 되는데 그 틈을 타서 도를 닦다가 죽은 큰 귀신이 들어오면 크게 한소식했다며 세상에 허명을 떨치게 됩니다.

오늘날과 같은 말법 시대에는 진리를 찾는 수행자들이 기술에 불과한 명상법에 집착하여 한순간 깨달음을 얻으려고 하고 있습니다. 그들에게 명상법이 수행의 정법이 아니며 일상의 삶 속에서 진리를 깨치고 선업을 쌓아야만 자신을 완성시킬 수 있다고 말하면 매우 당황해하며 거부반응을 일으키곤 합니다.

그러나 지난 수천 년 동안 수많은 구도자들이 산야를 헤매며 수행한다고 했지만, 도를 이루지 못하고 광야에서 쓰러져 간 것은, 정법의 인연을 만나지 못하고 비법과 환상 속에 자신을 완성시키는 참된 원인을 짓지 못했기 때문입니다.

따라서 진정 세상을 위해 진리를 구하는 구도자라면 진리의 빛 앞에 언제라도 자신의 모든 것을 내던질 수 있어야 합니다. 설사 그가 자신의 모든 것을 바쳐 최고의 기와 명상의 경지를 얻었다 할지라도 참된 정법이 있다면 받아들이는 것이 진실을 추구하는 수행자의 자세라 할 것입니다.

모든 열매는 익기까지 수많은 비바람과 뜨거운 태양과 추운 겨울을 이겨내야 합니다. 인간도 세상에 태어나 수많은 실천과 각성을 통해 성장합니다. 인간 정신의 열매를 얻는 깨달음 또한 이러한 생명의 공통원리에서 길을 벗어나지 않습니다. 따라서 매일 실천하는 일상의 삶이 소중한 것이며 그 속에서 자신이 지니고 나온 근본을 조금씩 키워나가야 합니다. 그래서 부처님은 최고의 고행과 명상을 했지만 결국 모든 것을 포기하고, 보리수나무 밑에 앉아 해탈을 얻으신 후에 바로 보고 바로 알고 바로 행하는 팔정도를 수행의 정법으로 선언했던 것입니다.

해탈의 적인, 마음을 흐리게 하는 업은 과거의 삶을 통해서 자신 속에 들어온 것입니다. 땅에 넘어진 자는 땅을 짚고 일어서야 하듯이, 삶을 통해 쌓인 업은 삶을 통해 정화해야 하는 것이 원칙입니다. 그러므로 자신을 닦아 완성의 경지에 이르는데도 하나씩 가꿔 가는 성실한 농부의 자세가 필요합니다. 진리 속에 있는 일들은 거저 생기는 일이 없으니 하나를 배우면 하나 더 밝아지고 하나 더 공덕을 행할 수 있게 되어 나중에는 완전한 자기를 이룰 수 있게 되는 것입니다.

 김갑수(70대 노인)

부처님도 명상과 고행으로 수행을 하셨고, 불교의 역대 조사 스님들은 참선으로 상당한 경지의 깨달음을 이룬 것으로 알고 있는데 참선, 명상, 고행으로서는 깨달음을 얻을 수 없다고 하시는 것은 현 불교의 가르침과 정면으로 배치되는 말씀이 아닌지요?

 저자

각 종교의 수많은 구도자들이 엄청난 수행을 자랑하며 그중에는 깨달음을 얻었다고 주장하는 사람들도 있습니다. 그러나 만약 그들이 진정 반야에 이르러 진리의 실체를 봤다면, 반드시 그 증거가 남아 있어야 합니다. 그러나 그들에게 실제 부처님과 같이 심해탈(心解脫)과 혜해탈(慧解脫)을 함께 이룬 정각(正覺)의 흔적은 찾아볼 수가 없습니다.

모든 업이 사라진 완전히 정화된 맑은 마음을 얻으면 심해탈이 올 것이며, 그 맑은 마음에 저절로 세상이 비치니 혜해탈이 올 것입니다. 그러나 그동안 수행계에서 전해져 내려온 깨달음의 실상은 말만 화려하지 그 증거가 없으니 아름다운 꽃노래에 불과합니다.

이런 결과가 나타난 것은 생생한 삶 속에서 실상과 이치를 배우고 공덕행으로 자신의 영혼을 닦는 부처님의 가르침을 외면하고, '환'이나 '공'이라는 관념에 빠져 생각으로 자신의 업을 지우려 했기 때문입니다. 그들은 이 세상을 환으로 보기 때문에 모든 실체를 부정하며 업마저도 실재하지 않는 것으로 이해하려 합니다. 이에 더해 선가(禪家)에서는 본래무일물(本來無一物)이므로 화두를 깨쳐 아무것도 존재하지 않는 공을 통찰하면, 어느 순간 모든 것이 비어 버린 '텅 빈 경지'를 얻어 해탈에 이른다고 합니다.

그러나 아무리 마음으로 공을 깨친다 한들, 밑바닥에 숨어 있는 업의 충동에서 벗어날 수 없습니다. 왜냐하면, 자신 속에 내재된 업은 지난 수많은 생을 거치는 동안 잘못된 삶으로 자신 속에 남게 된 것으로, 이를 지우기 위해서는 올바른 깨우침과 행동으로 과거의 잘못을 극복하는 원인을 지어야만 가능하기 때문입니다.

그래서 예로부터 많은 선사가 선정을 하다가 한소식한 후 조금만 닦으면 되겠다는 생각에 폐관칩거했지만 거의 대부분이 아무 공덕도 짓지 못하고 사라지고 만 것은 실천행을 통해 업을 지우려 하지 않고 가

만히 앉아 생각만으로 업을 지우려 했기 때문입니다.

따라서 인과의 이치상 완성에 이르게 하는 좋은 방법으로 생생한 현실에서 진리를 실천하는 것보다 더 좋은 수행법이 없습니다. 그래서 모든 성자들은 인간 완성에 이르는 길로 기술적인 명상법이 아니라, 생활 속의 참된 삶을 가르치셨던 것입니다.

 김갑수(70대 노인)

남방불교(南方佛敎) 수행법인 '위파사나(Vipassana)'는 수행하는 분들도 많고 평가도 좋습니다. 실제로 저는 수행으로 전보다 더 차분해질 수 있었습니다. 삶을 등한시할 정도로 깊게 빠지지 않는다면 수행을 한다고 해서 나쁠 건 없지 않을까요?

저자

　명상이란 고요한 곳에 자리를 잡고 흔들리는 마음을 붙잡아 바로 세우는 것으로, 그 목적은 마음을 맑게 유지하고 진리 속에 있는 일을 사유 관찰하여 세상의 이치를 깨우치려는 데 있습니다. 부처님이 제자들에게 가르치셨다고 알려진 '위파사나'는 인과법을 사유하는 방편입니다. 실상을 이루는 원인과 결과를 사유하여 인과법을 깨치고 법칙을 보게 되면 깨달음을 얻게 된다는 논리입니다.

　그러나 부처님께서 보리수나무 아래서 완전한 정각을 얻으신 후, 당신의 깨달음이 '고행이나 명상에 의한 것이 아니라, 수많은 생을 거쳐 쌓은 공덕에 의한 것'이라 선언하셨습니다. 즉, 수많은 공덕을 쌓아 전생에 아라한(阿羅漢)에 이르러 천상에 머물다가, 마지막 깨달음을 위해 이생에 오셔서 뛰어난 선근과 자비로 왕좌를 버리고 자신을 태운 결과 완전한 마음의 정화를 얻어 마침내 정각에 이르신 것입니다.

　위파사나와 같은 명상법은 몇 주일씩 비가 내리는 인도의 우기(雨期)에 제자들이 가만히 있으면 물욕과 욕망만 일으키게 되니 마음을 돌아보게 하려고 방편으로 가르치신 것입니다.

　그리고 인과법은 '위파사나'에서 주장하는 것처럼 가만히 자리를 잡고 사유를 한다고 해서 깨칠 수 있는 이치가 아닙니다. 반드시 정법의 인연을 만나 생생하게 살아 숨 쉬는 현실 속에서 몸으로 부딪치며 체득해야 되는 것입니다. 인과의 이치를 깨쳐 옳고 그름을 알고 삶 속에서 좋은 것을 지키고 실천하면 내 마음이 맑아지며, 한 발 더 나가 삶 속에서 세상을 올바른 이치로 축복할 때 그 안타까움과 사랑에 자신의 사사로운 업을 태워 완전히 정화된 마음을 얻어 해탈에 이르게 되는 것입니다.

따라서 정말 명상을 하려고 한다면, 형식적인 명상이 아닌 생활 속의 일을 권해 드립니다. 일을 하면 일에 쉽게 집중하게 돼 잡념이 마음을 어지럽히지도 않고, 기운이 자연스럽게 흐르기 때문에 명상을 하는 것보다 훨씬 좋은 효과를 볼 수 있습니다. 텃밭이라도 가꾸며 일에 몰두하면 기운이 원활하게 돌기 때문에 스트레스가 쌓이지 않아 명상만큼 원하는 효과를 볼 수 있고, 생활에 필요한 돈까지 벌 수 있으니 일석이조가 됩니다. 따라서 수행에 있어서 일이 상책이라면, 명상은 하책에 불과합니다. 더구나 현대는 과거처럼 수행한다고 가만히 앉아 있을 수도 없는 시대이니, 무엇인가 일에 열중하는 것이 가장 유용하고 뛰어난 수행법입니다.

참나가 따로 있는가

백형식(40대 직장인)

명상단체나 불교에서는 '참나'를 찾으라는 말을 합니다. 실제로 '참된 나'가 존재하는 것인지 궁금합니다. 그리고 참나가 있다면 지금의 '나'는 어떻게 이해해야 할까요?

저자

'참나'의 참된 뜻은 깨달은 사람만이 얻을 수 있는 모든 업이 사라진 '반야(般若)'의 의식 상태를 보는 것을 말합니다. 사실 모든 사람은 업에 가려 실상을 바로 보지 못하고 있기 때문에 '거짓된 나'로 살고 있다고 말할 수 있습니다. 하지만 '참나'라는 말은 오해의 소지가 많기 때문에 매우 주의를 기울여야 합니다. 정각을 성취한 부처님도 지금의 나는 거짓이니 자신을 버리고, 따로 있는 진짜 나를 만나라고 한 게 아니기 때문입니다.

부처님께서 진정한 나를 만나라고 하신 것은 제자들에게 욕망과 집착에 얽매인 삿된 자신을 졸업하고 오직 실상과 진리와 자비로 충만한 완전한 나를 이루라는 뜻에서 하신 말씀입니다.

우리 주위에서는 흔히 참나를 찾으라 하고, 각종 수행 방법으로 '참나'를 찾을 수 있다고 쉽게 이야기합니다. 그러나 참나, 견성(見性), 해탈(解脫)이라고 하는 경지는 함부로 거론할 수 있는 말이 아닙니다. 그런데 지금 세상에서는 인간 완성의 경지를 상상과 생각으로 마음대로 그려 진실을 흐리고 있습니다. 이는 큰 악업을 짓는 일입니다.

그들은 오욕칠정(五慾七情)을 느끼는 의식의 주체를 '참나'라 하기도 하고, 화두를 타파하여 텅 빈 공(空)을 체험했다고 하여 '참나'를 보았다고 하며, 본래부터 내면에 있는 주인공(불성)에게 자신을 완전히 맡기는 식으로 '참나'를 만난다고도 합니다. 만약 그들의 말이 진실이라면 깨달은 자가 수없이 나왔어야 하는데, 아직 정각을 얻어 인류를 위해 법을 설한 자가 없고, 세상을 축복했다는 증거 또한 보이지가 않습니다. 말은 누구나 할 수 있지만, 깨달음의 증거 없이 함부로 그런 말을 하는 것은 정법을 해치는 잘못된 행동입니다.

 백형식(40대 직장인)

한국을 비롯한 세계 곳곳의 수행자들이 '참나'를 찾으려고 수행을 하고 있습니다. 그런데 '참나'를 찾는 것이 오히려 수행과 삶에 혼란을 준다는 말씀이신가요?

'나 아닌 나'를 찾는다는 말은 겉으로는 근사해 보일지 몰라도 환상속에서 지어낸 말에 불과합니다. 왜냐하면, '참나'란 결코 숨어있는 것을 찾는 것이 아니라, 지금의 나를 키우고 가꿔서 얻는 것이기 때문입니다.

그리고 '참나'란 그렇게 쉽고 흔하게 접근할 수 있는 경지 또한 아닙니다. 그것은 모든 아상과 습이 사라진 완전히 맑게 갠 순수의식이며, 진실하고 진실해져서 세상을 있는 그대로 비치는 완전한 밝음이며, 오직 사랑만이 남아 세상을 이치대로 축복하는 완전한 경지입니다.

그런데 말법에 물든 수행자들은 의식의 주체인 '참나'를 요령껏 찾아내면, 그 '참나'를 통해 지혜를 얻고 완전한 깨달음도 얻을 수 있다는 주장을 하고 있습니다. 여기서 '참나'란 말을 얼핏 들으면 참으로 그럴듯해 보이지만, 여기에는 엄청난 함정이 숨어 있습니다.

업에 의해 얼룩진 중생의 잠시 깨어 있는 상태인 '참나'와 모든 업을 정화해 완전한 맑음을 이룬 깨달은 자가 도달한 해탈한 의식인 '참나'는 그야말로 하늘과 땅 차이이기 때문입니다. 눈뜬장님인 중생이 생각으로 '참나'를 자각해 이를 가지고 사유를 하면, 거기서는 중생의 결론밖에 나오지 못하니 그들이 하는 행위는 진리를 밝히는 선업이 되는 것이 아니라 혹세무민하는 악업만을 짓게 되는 것입니다.

인과의 이치상 짓지 않고 거두는 일은 없습니다. 좋은 삶을 농사짓지 못한 사람은 좋은 의식의 열매를 얻을 수 없습니다. 그러니 '참나'를 이루는 것은 현대 불교에서 말하듯 '본래부터 놓여 있는 공한 나를 찾는 것'도 아니며, 수행법으로 신기한 체험을 좀 했다고 해서 쉽게 얻을 수 있는 경지가 아닌 것입니다.

'참나'를 얻기 위한 유일한 방법은 진리를 배우고 행하여 공덕을 쌓는 것입니다. 그래서 하늘이 무너져도 꿈쩍하지 않은 용기와 땅이 꺼져도 흔들리지 않은 양심을 얻고 세상을 뒤덮을 만큼 공덕을 쌓게 되면, 사랑과 양심과 정의의 불이 일어나 자신의 모든 것을 불사르게 되고 완전히 맑게 갠 의식을 얻게 됩니다. 이처럼 해탈은 찾는 것이 아니라 이루는 것임을 명심해야 합니다.

성자란 누구인가

●

 백형식(40대 직장인)

사람들은 노자, 예수, 석가모니, 소크라테스를 성자로 추앙하고 있습니다. 이분들을 성자로 부르며 철학자와 구분하는 이유는 무엇입니까?

 저자

성자(聖者)란 완전한 마음의 눈을 얻어 세상의 실상과 이치, 인간의 의미와 가야 할 길에 대해 정확히 밝힌, 인간 완성에 이른 분을 말합니다. 인류의 역사가 시작된 이래 수많은 사상가, 철학자, 수행자가 살다 갔으나 유독 이분들을 성자라고 하는 이유는, 바로 이분들의 가르침 속에 세상의 실체와 일치하는 영원한 진리가 들어있기 때문입니다.

그래서 성자들은 모두 서로 다른 시대, 다른 지역에서 살다 가셨지만, 그 가르침만은 모두 하나로 통하며 절대 다르지 않았습니다. 왜냐하면, 이 세상이 하나이기에 진리도 하나이며, 그 공통된 진리를 열린 눈을 지닌 성자들이 모두 똑같이 완전하게 보았기 때문입니다.

반면에, 철학자들은 보고 들은 지식을 논리적 사유를 통해 자신의 가설을 진리에 근접하게 체계화시킨 사람들로, 세상의 진실을 분명히 본 사람이 아닙니다. 그래서 역사에서 확인할 수 있듯이, 모든 철학 사상들은 시대에 따라 계속 변했으며, 각자 주장하는 바도 모두 달라서 전 인류에게 적용될 수 있는 보편성을 갖고 있지 못합니다.

따라서 성자와 철학자는 그 가르침의 진실성과 진리성이 하늘과 땅만큼 차이가 크다고 할 수 있습니다. 자연의 이치는 한 치의 어김이 없으니 성자들과 같이 열린 눈으로 세상을 분명히 보는 분을 따라 보면 세상의 실상과 이치가 거울처럼 분명히 보이게 되며 철학자와 같이 생각 속에서 보는 자를 따라 보면 나중에는 세상이 안개 속에 파묻히게 되는 것입니다.

 김갑수(70대 노인)

그렇다면 부처 이래로 최고의 깨달음을 얻었다고 평가 받는 라즈니쉬와 같은 명상의 대가는 성자라고 부를 수 있습니까?

 저자

성자들의 한결같은 가르침은 현실의 삶을 통해 자신의 근본인 마음과 영혼을 가꾸라는 것이었습니다. 반면에, 오늘날 명상계의 일반적인 흐름은 현실적인 삶을 경시하고 관념적인 공(空)의 세계를 설정하여, 이 공의 세계가 세상의 본질이니 이것을 찾아야 한다고 주장하고 있습니다.

라즈니쉬도 이와 다르지 않습니다. 그는 세상은 환상이며 본래 아무것도 없으니, 본래부터 텅 비어 있음을 깨달으면 해탈에 이르며 지복을 얻는다고 주장합니다. 그래서 그는 현실과 생생한 삶을 명상으로 대체하라고 말하는데, 그가 이렇게 세상을 부정하는 이유는 세상의 존재 이유를 무명(Māyā, 환)으로 보아 이 세상을 실재하지 않는 환상으로 보기 때문입니다.

그래서 그는 세상에 일어나는 모든 것은 신의 실체를 둘러싼 환영에 불과하므로 어느 것 하나 부정할 것도 긍정할 것도 없으니 모든 구별과 판단을 놓아버리고, 모든 것을 신의 몸짓으로 받아들여 신과의 일체감 속에서 자유를 얻으라고 하는데 이를 위한 유일한 수단이 바로 명상이라고 주장합니다.

그러나 세상은 관념이 아니라 생생히 살아 움직이는 실체입니다. 그는 모든 것이 존재하지 않는다는 낙공(落空: 아무 의미 없는 상실과 허무에 빠짐)과 도무론(都無論: 모든 것을 무라고 부정하는 이론)에 빠져 완전한 법계 속에 존재하는 생생한 삶과 실체를 한낱 꿈으로 관념화시켜 버리는 오류를 범했습니다.

그 결과 그의 추종자들은 현실 속에서 공덕을 쌓는 생생한 생명과 진리의 길을 무시하고 인생을 단순히 즐기고 명상하는 꿈으로 생각하고 살아감으로써 그들의 집단인 아쉬람은 비사회적 집단으로 성적 타락과 마약의 소굴이 됨으로써 인도사회의 큰 비난 대상이 되었던 것입니다.

아무것도 바라지 않고 모든 욕망에서 자유로운 상태가 되는 것! 한점 흐림 없는 맑게 갠 순수의식을 얻는 것은 바른 이치를 깨닫고 진실을 끝없이 추구할 때 다가오는 삶의 열매인 것이지 현실과 유리된 명상이나 마음의 자각만으로는 결코 얻는 수가 없습니다.

따라서 명상으로 텅 빈 마음을 깨닫기만 하면 해탈과 지복이 온다는 그의 주장은 진리를 배우고 깨우쳐 공덕을 쌓아야만 이룰 수 있다는 부처님의 정견과 정면으로 배치됩니다. 부처님은 신에 의지한다든가 명상이나 고행으로 깨달음을 얻는다는 것은 수행의 참된 길이 아니라 선언했으며 이런 주장을 외도(外道)라 하였습니다.

그럼에도 불구하고 수천 년이 지난 오늘날까지 이런 명상과 관련된 비법들이 아직도 남아 힘을 쓰는 것은 어두운 세상 속에는 사실보다는 환상을 좋아하는 중생들이 많고, 이런 자들을 이용해 자신의 그릇된 지식을 팔아 이익과 권위를 유지하려는 탐욕스럽고 위선된 자들이 많기 때문입니다. 그들은 인과의 이치에 따라 꾸준히 공덕을 쌓고 마음을 닦는 것이 너무 오래 걸리고 힘들기 때문에 신에 의지해 쉽게 구원을 얻거나 명상을 하여 빨리 한소식하여 깨달음을 얻으라고 수행자들을 유혹하고 있습니다.

모든 것이 인과의 이치에 의해 이루어지는 완전한 법계에서는 인과의 이치에 맞는 올바른 원인을 짓지 않고는 좋아지거나 완전함에 이를 수가 없습니다. 따라서 노력하지 않고 쉽게 얻으려고 하거나 삶을 무시하고 생각으로 깨달으려고 하는 것은 모두 외도(外道)이며 사법(邪法)인 것입니다.

따라서 완전한 법계와 인과법을 부정하고 세상에 허무와 환상을 전하는 라즈니쉬는 정각을 얻은 자가 아니라 관념 속에서 말법을 전하는 어둠의 사도입니다. 그는 행복에 대해 말하기를 모든 것을 놓아버리고 '텅 빔'을 알면 지복을 누린다고 합니다. 그러나 세상의 모든 일은 사실로 존재하는 것이니 행복도 마음만으로는 안 되며 현실적 조건을 갖추어야 합니다. 살아 움직이는 생명체인 인간이 행복을 느끼기 위해서는 정신과 함께 육신도 만족할 수 있어야 합니다. 따라서 모든 것을 마음으로만 이루어지는 것으로 생각하는 것은 인간이 육신을 갖고 살아간다는 사실을 무시하는 말법에 지나지 않습니다. 따라서 현실적 조건을 무시하고 무조건 모든 것을 놓아버린다면 그는 현실의 패배자가 되어 비참한 운명을 맞게 될 것입니다.

사람들은 행복을 손에 잡을 수 없는 신기루로만 생각하지만 스스로의 노력에 의해서 얻을 수 있음을 알아야 합니다. 세상은 완전한 법계이니 그 이치를 알고 원인을 찾아 실천하면 이루지 못할 일이 없습니다. 농사일도 때를 가려 지킬 것을 지키고 행할 것을 행해야 풍년이 오듯이 삶의 행복도 인간의 길을 지키고 가꾸면 반드시 다가오게 됩니다.

그러므로 라즈니쉬의 말처럼 삶을 그저 소풍 나온 기분으로 관념적으로 살아서는 안 되며, 자신에게 주어진 고귀하고 장엄한 이 생애를 항상 진지하고 최선을 다하는 자세로 몸 전체로 부딪쳐야 할 것입니다.

윤회는 존재하는가

질문 1 　김갑수(70대 노인)

윤회는 부처님이 밝힌 가르침이 아니라, 후대에 힌두교의 내용을 차용해 들어와서 새롭게 생겨난 교리라는 말이 있습니다. 이것이 사실인지요? 그리고 다른 성자들은 왜 윤회에 대해 언급하시지 않았는지 궁금합니다.

답변 1 　저자

윤회는 생명 순환의 기본 원칙으로 부처님의 입을 통해 수없이 설해졌는데, 오늘에 와서 윤회가 힌두교로부터 전해졌다고 주장하는 것은 어불성설입니다. 부처님이 곁에서 따르던 제자들에게, 다음 생에 부처가 될 거라는 수기(受記)를 준 것도 바로 이러한 생명의 흐름 속에 윤회가 존재하기 때문입니다. 윤회가 없다면 다음 생에 무엇이 있어 부처가 될 수 있겠습니까? 『이티부타카(Itivuttaka)』나 『숫타니파타

(Suttanipata)』와 같은 초기 경전들을 살펴보면, 선업과 공덕을 쌓으면 천상에 태어나고 악업을 지으면 지옥에 태어난다는 윤회의 이치가 대부분 가르침을 이루는 공통된 형식으로 되어 있습니다.

그리고 다른 성자들도 분명히 윤회에 대해 언급했다는 사실을 아셔야 합니다. 소크라테스의 제자인 플라톤이 쓴 『파이돈(Phaidon)』에 보면, 다음과 같은 윤회에 관한 이야기가 나옵니다. "죽은 자는 산 자로부터 나오고 산 자는 죽은 자로부터 나오며 선한 영혼은 악한 영혼보다 더 좋은 운명을 가진다. 인간은 전생의 습관에 따라 다시금 매이게 되는데, 마구 폭식하거나 제멋대로 산다거나 술에 취해 산 자는 당나귀나 그밖에 탐욕스런 동물로 태어나고 부정한 일과 포악한 일, 도적질을 한 사람은 독수리나 매 같은 것으로 태어나며, 부지런하고 규칙을 즐기는 이는 개미나 벌이 되며 또 그들로부터 다시 인간이 나올 수 있다."고 하여 생명의 순환 원리를 설명하고 있습니다.

오늘날 기독교는 윤회 사상을 인정하지 않으며 이것을 당연하게 생각하고 있습니다. 그러나 초기 기독교에서 윤회와 환생은 정식으로 인정되던 교회 신학의 일부였습니다. 그럴 수밖에 없었던 것이 순환과 윤회는 이 세상을 움직이는 기본 원리로서, 세상 이치에 눈을 뜬 모든 성자들이 공통적으로 발견한 것이며, 예수님이 제자들을 가르칠 때도 기본 원리로 활용하였습니다.

예수께서 대답하여 가라사대, "엘리야가 과연 먼저 와서 모든 일을 회복하리라. 엘리야가 이미 왔으되 사람들이 알지 못하고 함부로 대우하였도다. 인자도 이와 같이 그들에게 고난을 받으리라 하시니, 그제야 제자들은 예수의 말씀하신 것이 세례 요한인 줄을 깨달으니라."

여기서 엘리야는 그 당시보다 1,000년 전에 태어났던 선지자인데,

예수님이 1,000년 전에 살았던 사람이 다시 사도 요한으로 태어났다고 이야기한 겁니다.

그리고 예수님은 자신이 태어난 것을 보고, 과거 2,000년 전의 유대인 조상이었던 아브라함이 기뻐하셨다는 말을 했습니다. "너희의 조상 아브라함은 내 날을 보리라는 희망에 차 있었고 과연 그 날을 보고 기뻐하였다. 유다인들은 이 말씀을 듣고, 당신이 아직 쉰 살도 못 되었는데 아브라함을 보았단 말이오? 하고 따지고 들다. 예수께서는, 정말 잘 들어두어라. 나는 아브라함이 태어나기 전부터 있었다. 하고 대답하셨다. 이 말씀을 듣고 그들은 돌을 집어 예수를 치려고 하였다. 그러나 예수께서는 몸을 피하여 성전을 떠나가셨다." 이처럼 예수님도 윤회를 분명하게 이야기했으니 다른 성자들이 윤회에 대해 이야기하지 않았다는 것은 사실이 아닙니다.

 박지윤(여자 대학생)

윤회가 사실이라면 왜 인간은 전생을 기억하지 못할까요?

 저자

이 세상의 모든 존재들 중에 영원불멸한 것은 없습니다. 모든 존재는 순환을 통하여 '헌 나'를 '새 나'로 바꾸어 생기를 얻고 자신을 계속 유지해 나가고 있습니다. 물론 사람도 예외가 되지 않습니다.

그런데 모든 존재는 윤회를 할 때 과거의 기억을 모두 지워버리고 새로운 존재로 태어납니다. 그 이유는 현재의 내가 남아서는 새로운 내가 나타날 수 없기 때문입니다. 현재의 내가 남아 있다는 것은 과거의 나를 지키며 거기에서 계속 머문다는 것을 의미합니다. 백합 구근이 자신을 죽이지 않고 계속 과거의 구근으로 머문다면 그것은 곪은 채로 썩어가게 됩니다. 따라서 한 알의 밀알이 완전히 썩어야 새싹이 나는 것처럼 인간도 과거의 나를 완전히 지워버려야 새로운 생명으로 태어나게 되는 것입니다.

인간이 윤회를 통해 다시 태어나게 되면, 과거의 기억은 사라지지만 과거에 지니고 있던 자질과 품성은 그대로 나타나게 됩니다. 같은 품종의 콩을 다른 장소에 심어도 그 품종이 가지고 있던 성질은 여전히 똑같이 나타나는 이치와 같습니다.

이처럼 모든 것이 과거의 자기를 되풀이하는 것을 '모태법(母胎法)'이라고 합니다. 이 모태법은 인과의 이치 속에서 나타나며 순환의 기본 원리라 하겠습니다. 그래서 콩은 콩의 삶을 되풀이하고 팥은 팥의 삶을 되풀이하며 과거와 똑같은 모양과 성질을 현재에 그대로 다시 나타내는 것입니다. 마찬가지로 특정 분야에 특별한 소질을 보여주는 사람은 과거 자신 속에 있었던 습과 기질이 계속 되풀이해서 나타나는 것입니다.

자살과 안락사

박지윤(여자 대학생)

요즘 자살 사이트가 유행처럼 번지고 있습니다. 각 종교에서는 자살을 큰 죄로 여기기도 하는데, 자살로 삶을 스스로 포기하는 것은 생명의 이치에서 볼 때 어떤 의미가 있을까요?

저자

오늘날 인류는 삶이 무엇이고 죽음이 무엇인지 모르기 때문에 왜 살아야 하는지, 왜 자살하면 안 되는지, 어떻게 죽어야 하는지에 대해 결론을 내리지 못하고 있습니다. 이것이 길을 잃어버린 현대의 자화상입니다. 그래서 현대는 죽음에 대해 방향을 잃고 헤매고 있습니다.

자살에 있어서 잘못된 문제는 삶의 진정한 목적을 모른 채 자기 마음대로 인생의 의미와 가치를 정하고 그것이 충족되지 않았다고 삶의 의미가 사라진 듯이 비관하여 자기의 목숨을 쉽게 버리는 일입니다.

이들은 인간의 삶이 얼마나 고귀하며 무한한 가능성과 가치가 있는지 모른 채 나의 생명은 내 것이니 내 맘대로 할 권리가 있다는 무지한 주장을 합니다. 하지만 완전하게 이루어지는 우주의 법칙은 작은 인간들이 제멋대로 행하는 일들을 그냥 방관하지 않고 자연의 완전한 이법으로 한 치의 어김 없이 심판하고 있습니다.

그럼 생명의 이치에서 자살의 의미를 살펴보겠습니다. 자살은 삶의 가능성을 중도에 모두 단절해 버리지만, 그것보다 더 큰 문제는 죽은 후에 받게 되는 영혼의 업보입니다. 이 세상에 존재하는 모든 것은 자기가 지은 것을 자신 속에 담게 되며, 완전한 우주의 법칙에 의해 자신이 지은 대로 평가받게 된다는 사실입니다. 그래서 삶을 풍성하고 가치 있게 지은 자는 평안하고 행복한 후생을 받게 되지만 자살하는 자는 자신의 약한 의지와 잘못된 삶의 자세가 영혼 속에 깊게 남아 어두운 생명의 씨를 가지고 돌아야 하기 때문에 계속 불행한 후생을 맞이하게 됩니다. 이 땅에서 이룬 것이 하늘에서도 계속되는 것이기에 현실에서 맺힌 원망과 한은 저승과 다음 생에도 계속 품게 되어 불행한 운명을 만나게 되는 것입니다. 그리고 자살을 통해 삶을 마감한 자는 그 한과 집착에 죽어도 눈을 감지 못하고 이승을 떠돌게 되며 계속 지옥의 고통에 헤매게 됩니다.

이러한 자살 현상은 참된 진리가 사라져 인간소외와 무의미가 횡행하는 망해가는 사회일수록 더욱더 많아집니다. 따라서 이런 시대에 있어서 가장 중요한 일은 삶의 의미와 가치를 아는 것이며, 참된 생명의 길을 배우는 것입니다.

이 세상은 신성한 하늘의 뜻에 의해 나타난 완전한 조화체이며 한 치의 어김없는 우주의 이법에 의해 완벽하게 이루어지고 있습니다. 따라서 우주 속에 있는 모든 생명체는 자신이 지은 대로 받고 있으며 자신이 지은 것을 자신 속에 담아 다음 생에도 이어가게 됩니다.

그러므로 자신에게 주어진 생명의 시간 동안에 하나라도 더 참된 이치를 깨우쳐 더 나은 자신을 짓기 위해 살아야 하며 죽을힘이 있으면 그 힘으로 죽는 순간까지 노력해야 하는 것입니다.

 조희경(30대 주부)

생명을 유지할 형편이 안 되고, 살아 있는 것이 아무런 의미가 없는 사람의 경우, 의학적 처방만으로 목숨을 이으며 계속 병원에 누워 있어야 하는지 의문이 들 때가 많습니다. 하지만 종교에서도 안락사에 대해 반대하고 있으며 생명을 다루는 문제니 누구도 함부로 판단할 수가 없어서 사회적으로 항상 논란이 되고 있습니다. 환자와 그 가족 그리고 사회를 위한 가장 올바른 방법은 무엇일까요?

 저자

사람의 인생은 더 좋은 자기를 짓기 위해 존재하는 것이니, 더 이상 좋은 자기를 지을 가능성이 없고 더 이상 생명을 유지하며 사는 것이 오히려 자신의 건강한 정신을 망치게 되었을 때는 더 이상 목숨을 유지하려고 삶에 집착할 필요가 없습니다. 왜냐하면, 인간의 생명은 오래 사는 것에 가치가 있는 것이 아니라 얼마나 인간답게 살았고, 좋은 영혼을 거두었느냐에 의해 결정되기 때문입니다.

지금 종교단체에서는 생명을 인위적으로 조절하는 일이 하늘의 뜻에 위배되는 일이라고 주장하지만, 이 세상 어디를 둘러봐도 하늘이 인간에게 무조건 살아야만 한다고 의무를 부여한 것은 없으며, 그러한 이치도 존재하지 않습니다. 만약 누군가 그런 주장을 한다면 그것은 종교적인 관념이나 인간의 생각으로 인위적으로 만든 것에 불과합니다. 하늘은 인간에게 더 나은 삶을 지으라고 인생이란 기회를 부여한 것이지, 비인간적인 고통 속에서 자신의 삶을 망치면서까지 생을 유지하라고 강요하지 않습니다.

그리고 사람들은 죽음에 대해 커다란 공포를 갖고 있으나, 실제 죽음은 우리들이 두려워하는 것과는 달리 그리 고통스러운 과정이 아니며, 작은 신체의 변화이며, 꿈과 같은 심리적 체험에 불과합니다. 인간의 영혼은 죽음으로 사라지는 것이 아니라 영원히 이어지며 자신을 돌기 때문입니다. 그러므로 몸을 더 이상 사용할 수 없게 되어 이생에서의 인연이 다한 것으로 판단된 경우에는 생에 대한 더 이상의 집착을 버리면 편하게 육체를 벗어나 저세상으로 떠날 수 있습니다.

오랫동안 병을 앓으면서 임종을 맞이한 노인이 눈을 감지 못하다가 객지에 나가 있던 외동아들이 돌아오면 눈을 감게 되는 경우를 우리는 많이 들어왔습니다. 삶에 대한 집착이나 욕망이 강하면 이처럼 죽지 않고 계속 생명을 유지합니다. 그것이 바로 인간의 의식이 가진 힘입니다.

하지만 생명의 인연이 다했을 때 굳이 병든 자신의 육신을 붙잡고 있는 것은 일종의 집착으로 그리 바람직한 일은 아닙니다. 왜냐하면 인간의 생명은 육체의 고통에 너무 오래 시달리면 그의 정신마저 망가지는 구조로 되어 있기 때문입니다. 그러므로 병든 몸으로 오래 사는 것이 바람직한 일이 아니며 여기에 죽음이 갖는 의미와 자살과 안락사에 대해 생각해 볼 필요가 있는 것입니다.

자살은 삶의 참된 의미와 목적을 모른 채, 욕망과 고통에 꺾여 죽는 것이기 때문에 주위에 있는 모든 사람에게 한을 맺히게 하고 자신의 영혼조차 원망과 나약함으로 병들게 됩니다. 그래서 업과 허약함으로 쭉정이가 된 그의 영혼은 계속 불행한 후생을 받게 되어 자신의 생명의 씨앗을 결국 망치게 됩니다. 반면에, 안락사는 자신의 건강한 의식을 그대로 유지한 채, 육체와의 인연만 끊는 것이기 때문에 자신의 영혼을 보전하고 주위에 있는 많은 사람들의 짐을 덜어주게 되어 죽음과 생명의 세계를 모두 평안하게 합니다.

따라서 한 생명이 더 이상 생존 가능성이 없고, 육체적 고통이 연장되어 그 영혼이 망가지는 과정 속에 있을 경우, 안락사는 본인과 가족이 동의하고 사회가 인정하는 조건들이 갖춰진다면 허용해야 할 것입니다.

 조희경(30대 주부)

혹시 자살하려는 마음이 드는 것은 귀신들의 영향 때문일까요? 그리고 사고, 자살, 질병도 우연이 아니라 그 사람의 운명으로 봐야 할까요?

 저자

인간에게는 삶의 고난을 이겨내고 더 나은 자신을 만들려는 선근이 있는 반면에, 삶을 위험에 빠트리고 실패를 불러오며 생을 포기하려는 무지, 즉 어둠의 업도 있습니다. 생명을 버리고 쉽게 자살하려는 마음은 밝음을 버리려는 나쁜 업의 영향 때문이며, 이것이 행동으로 이어지면 자신을 불행에 빠뜨리게 됩니다.

그리고 튼실하지 못한 씨는 싹을 틔우기가 어려운 것처럼, 본래 자신 속에 업이 많은 사람은 마음이 흐리고 의지가 약해 생활 속에서 좌절과 고통을 쉽게 느끼게 됩니다. 이런 사람들은 마음이 흐리고 유약하니 하는 일마다 실패하기 쉽고 그 기운이 약하기 때문에 나쁜 사기가 침입하기 쉽습니다.

특히 혼탁하고 어두운 오늘날 세상은 어느 시대보다 많은 유혼들 떠돌아다니며 사람들의 몸속에 들어와 작용하고 있는데, 이들은 업이 많고 의지가 약한 사람들 속에 더 쉽게 들어올 수 있기 때문에 그들에게 정신적 문제를 많이 불러일으키고 있습니다.

요즘 세상에 우울증이나 조현병과 같은 정신병이 많이 나타나고 있는 이유도 상당 부분 이들 유혼의 작용에 의한 것입니다. 이렇게 사람들의 몸속에 들어온 유혼들은 인간의 의식에 작용하여 유혼 자신들이 갖고 있던 좌절감과 악업과 같은 자신의 내적 성향을 인간에게 충동질하는 경우가 많습니다. 그래서 극단적인 경우는 자살로 이어질 수도 있습니다. 따라서 현대인은 영적 감염을 매우 조심해야 하며 밝은 진리의 인연 속에 머물러야 하는 것입니다.

그리고 인간의 미래는 자신이 짓고 있는 원인에 의해 나타나기 때문에 사고, 자살, 질병과 같은 운명이 미리 정해진 경우는 없습니다. 인간의 운명은 과거에 지은 인연의 거미줄 위에서 자신이 운명의 주체가 되어 새롭게 지어나가는 것입니다. 따라서 과거에 지은 인연에서 벗어나기는 어렵지만, 앞으로 거미줄을 어떤 모양으로 지을지는 운명의 주체인 거미에게 달려 있는 것입니다. 그러므로 세상을 바로 알고 인과의 이치를 깨쳐 자신에게 필요한 좋은 원인을 지으면 반드시 미래의 운명은 스스로 만들어갈 수 있습니다.

우울증의 정체

 조희경(30대 주부)

의사들은 우울증을 영혼의 감기라고 말하지만 심하게 걸린 사람은 자살까지 합니다. 왜 갑자기 우울증이 생기는지 궁금합니다.

 저자

우울증이란 영혼이 병을 앓는 것입니다. 인간의 영혼은 명치 안쪽에 위치하고 있는데 선천적으로 의식이 허약하거나 혼탁한 사람, 단식과 심신의 부조화로 영양실조를 일으켜 건강을 잃어버린 사람의 경우에 현실의 무거운 부담과 긴장을 이겨내지 못하고 정상적인 사고가 어렵게 되어 의식이 짓눌리는 불안과 고통을 느끼게 됩니다.

문제는 이런 상태에서 어두운 영적 인연을 만나게 되면 떠돌아다니는 음기를 받아들이기 쉽습니다. 왜냐하면 심신이 허약하게 되면 몸의 보호막이 약해져 자기를 지키기 어렵기 때문입니다. 그래서 음기가 사람의 몸에 들어오게 되면 시도 때도 없이 그 음기가 제멋대로 인간의 의식을 억누르기 때문에, 요즘 많이 회자되는 공황장애(가슴이 답답하고 심장이 뛰는 등 죽음에 이를 것 같은 불안과 공포)와 같은 증상이 나타납니다. 이것이 점차 심해지면 정상적인 자기 정신으로 살 수 없게 되고, 조현병으로까지 진전됩니다.

왜냐하면 음기는 의식을 띠고 있어서 이것이 인간 속으로 들어오게 되면 인간의 의식은 다른 의식을 받아들이게 되므로 두 개의 정신을 지니게 되는 것입니다. 이러한 상태를 이중인격이라 하고 여러 개의 의식체를 받아들이면 다중인격이라 하는 것입니다. 그래서 일관적인 행동을 하지 않고 급격한 감정 변화와 이상한 행동을 하게 됩니다.

따라서 영적 감염을 방지하기 위해서는 진리와의 인연으로 밝은 삶의 길로 나아가고, 음기와의 인연은 피해야 합니다. 그러나 지금 세상은 온통 영을 섬기는 종교와 음기를 받아들이는 말법이 성행하고 있습니다. 종교단체에서는 신을 받아야 구원을 얻는다는 이유로 신을 받기 위한 철야기도가 성행하고, 명상과 수행이라는 명목으로 영적 접촉이 많아지고 있으며, 무당이나 점집과 같은 곳에서는 온갖 신놀음이 가득하여 자기의 맑은 정신으로 살기가 어려운 실정입니다. 그러므로 영적 오염의 실체를 깨달아 그런 위험한 곳을 가까이하지 않는 것은 삶을 잘 살아가는 지혜 중의 하나입니다.

그리고 고인 물이 부패하듯이, 모든 것은 정체되면 시들게 됩니다. 따라서 인간의 영혼도 아무 일도 하지 않고 조용히 있으면 그 마음이 시들어 병을 얻게 됩니다. 이것이 우울증의 원인이 되기도 합니다. 그러므로 사람은 항상 활발한 움직임 속에 있어야 하며, 생명의 바른길을 알아서 좋은 원인을 부지런히 지어야 합니다. 사람은 순환을 통해 생명력을 회복하고 좋아지는 만큼 밝은 마음으로 열심히 활동할 때 기운이 잘 유통되고 몸과 마음이 건강해지게 됩니다.

 김갑수(70대 노인)

지금까지 여러 차례 어두운 기운에 대해 언급하셨습니다. 그렇다면 과연 그런 나쁜 기운에 의한 영혼의 감염, 즉 '빙의'라고 하는 것이 실제로 있다는 말씀인가요?

 저자

콩이 콩을 남기듯, 사람도 죽게 되면 자신의 씨앗인 영혼을 남기게 되는데, 이때 그 영혼은 자신의 굳어 버린 육신을 보며 머리 위로 떠오르게 됩니다. 그제야 사람들은 평생 동안 그토록 영을 부정한 자신이 어리석었다는 사실을 깨닫고 후회하게 되지만, 그때는 이미 아무것도 할 수 없어 때가 늦은 것입니다.

이러한 영혼이 살아생전 좋은 삶을 살아 마음이 맑고 평안하다면, 그 영혼은 곧바로 깊은 잠에 들어 좋은 후생을 받게 됩니다. 그러나 좋은 영혼의 열매를 맺지 못해 한과 집착으로 무거워진 영혼은 밑으로 가라앉게 되어 현상계를 떠도는 유혼이 되고 맙니다.

문제는 몸의 보호막이 없는 유혼들은 무제한의 의식의 자유 속에 노출되기 때문에 환경의 변화에도 무제한의 환상과 고통을 받는다는 사실입니다. 그래서 예부터 공동묘지와 같이 한 맺힌 이들이 많은 곳을 가면 혼령이 구슬피 우는 소리가 들린다고 하는데, 그것이 바로 세상을 떠도는 유혼들이 지옥의 고통에 아파하는 소리입니다.

이러한 유혼들은 세상을 떠돌며 겪어야 하는 고통이 엄청나기 때문에, 몸이라는 보호막이 있는 인간 속으로 들어가 그곳에서 편히 쉬려고 애를 씁니다. 이때 살아 있는 자가 유혼에게 공격받아 육신을 유혼의 집으로 내어 주고 정신이 감염된 상태를 '빙의(憑依)'라고 합니다.

말세에는 인간의 정신을 어둡게 하는 말법이 번성해 영적으로 감염되는 자들이 많아지고, 이들이 잘못된 삶으로 말미암아 다시 유혼이 되는 악순환이 계속되기 때문에 떠도는 유혼의 수는 마치 풀잎의 이슬처럼 많아지고 있습니다. 그래서 예전에 별로 없던 정신병 증세가 그리 많이 나타나고 있는 것입니다.

따라서 어두운 세상에서 가장 조심해야 할 일이 영적 감염에 빠지지 않는 일입니다. 영적 감염은 한번 빠지게 되면 장애와 같아 다시 정상으로 돌아오기가 매우 어려우니 잘못된 가르침이나 영적 현상이 있는 곳에 가지 않도록 주의해야 합니다.

 김갑수(70대 노인)

그러면 그러한 영적 감염에서 벗어나려면 어떻게 해야 합니까? 불교나 가톨릭에도 빙의를 치료하는 퇴마(退魔)의식이 있다고 들었습니다. 그런 치료법이 정말 효과가 있는지 알고 싶고, 또 스스로 할 수 있는 치료방법이 있는지도 궁금합니다.

 저자

요즘 영에 고통받는 사람들이 많아지고 있습니다. 현대의학에서는 영적 문제를 단순한 정신 질환에 불과하다고 말하지만, 오늘날 현실 속에는 그러한 영적 현상이 나타나는 곳이 너무 많으며, 많은 사람들의 삶을 파괴하는 심각한 사회문제를 일으키고 있으므로 더 이상 가볍게 보아서는 안 될 것입니다.

그러나 유물적 사고방식만을 가르치는 오늘날의 과학교육으로 인해 사람들은 이러한 영적 현상에 대해 무시하거나 거부하는 관계로 그 위험성을 알지 못한 채 오히려 더 쉽게 빠져드는 현상이 나타나고 있습니다.

유혼들은 사람 몸에 머물면, 살아 있을 때처럼 너무 편하기 때문에 절대 몸 밖으로 나가려 하지 않습니다. 더욱이 다른 사람을 괴롭히는 나쁜 유혼들은 너무나 무지하고 독하기 때문에 아무리 제사나 천도재(薦度齋)를 지내도 자신의 과보를 뉘우치고 쉬 떠나려 하지 않습니다. 그래서 영적 감염은 장애와 같아서 한 번 감염되면 정상으로 돌아오기가 매우 어려운 것입니다.

이렇게 심신이 허약한 틈을 타고 들어온 유혼은 감염된 피해자가 자신이 건강해지기 전까지는 결코 이기기가 쉽지 않습니다. 그리고 한 번 들어온 유혼은 인간의 욕망과 업을 이용하기 때문에, 영의 유혹에 빠지게 되면 벗어나기가 점점 더 어렵게 됩니다.

그리고 빙의를 치료하는 퇴마 의식이나 구병시식(救病施食) 등은 큰 신으로 작은 신을 겁주는 방식으로 이루어지기 때문에 오히려 더 독한 유혼을 불러들여 더 불행한 운명에 빠지기도 합니다.

그러므로 빙의라는 영적 장애를 치유하고자 한다면 이러한 현상에 대한 올바른 이해와 깨침이 있어야 하며 어떠한 일이 있어도 영에서 벗어나 자기 정신으로 살겠다는 굳은 각오와 실천이 있어야 합니다. 영적 감염의 위험성을 스스로 경계하지 않고 영의 유혹을 좋아하는 이에게 영에게서 벗어나는 길을 일러주는 것은 아무 소용없는 일이기 때문입니다. 영의 힘으로 먹고사는 무당이나 사이비 교주에게 영을 떼라는 말은 자기 밥그릇을 스스로 깨버리라는 말과 같은 것입니다.

따라서 가장 먼저 영적 감염의 위험성과 이치를 분명히 깨우쳐 주어 영적 감염에서 벗어나야 하겠다는 결심을 분명히 갖도록 하고 그 의지가 꺾이지 않도록 진리의 빛을 계속 비춰 주어야 합니다.

그리고 결심과 의지를 세웠다면 유혼들과 맺어진 그동안의 인연을 과감하고 정리하고 철저하게 단절해야 합니다. 이를 위해서는 가장 먼저 유혼과 이어질 수 있는 관련된 모든 것들을 버려야 합니다. 영적인 것과 인연이 있는 물건들을 통해서도 영적 접촉이 계속 이어질 수 있는 만큼 영적 감염과 관련된 사람들과 만나거나 메일도 주고받아서도 안 되며 관련된 인터넷도 보지 말아야 합니다. 그리고 영적인 자들이 쓴 글을 통해서도 알게 모르게 음기는 전달되니 관련 글이나 책도 보지 말아야 합니다. 이러한 수단들을 통해 영매와 마음이 연결되면 영적 감염이 이루어지기 때문입니다.

이러한 영적 진실과 이치를 받아들이지 않고, 미련이 남는다고 계속 음기가 넘치는 환상적인 곳을 기웃거린다면, 결코 유혼의 마수에서 벗어나지 못할 것입니다. 영적 감염은 인간의 의식을 조종하기 때문에 처음에는 영적 유혹에서 벗어나기가 힘들겠지만 바른 이치를 받아들이고 열심히 살다 보면 점차 마음이 맑아지고 생명력이 강해져 저절로 잡스러운 기운들은 물러나게 됩니다.

세상을 떠도는 유혼은 매일매일이 너무 고통스러워 평안함을 원하기 때문에 조용한 것을 좋아합니다. 그런데 사람들이 진리의 길을 알아 밝은 기운으로 활기찬 생활을 한다면, 유혼은 자신이 원하는 평안을 얻을 수 없어 떠나게 됩니다. 왜냐하면 유혼은 사람의 기운이 약화되어야 자기 마음대로 조종할 수 있고 이용할 수 있기 때문입니다. 그래서 사람이 영에 감염되면 갑자기 조용해지고 잠을 못 자는 현상을 보이면서 기운이 고갈되는 것입니다.

그러나 반대로 사람이 활기차게 움직이면, 유혼은 그 사람 속에 머무는 것이 불편해지기 때문에 떠나게 됩니다. 왜냐하면 사람이 활기찬 생활로 생명력이 강해지면 죽음의 기운인 유혼의 사기와 충돌하여 유혼을 고통스럽게 만들고 소멸시키기 때문입니다. 여기서도 강한 것이 약한 것을 제압하는 자연의 원리가 작용하는 것입니다.

따라서 무엇보다도 중요하고 필수적인 것이 몸의 생명력을 강화하는 운동입니다. 운동은 빙의의 가장 효과적인 처방일 뿐만 아니라 몸을 가진 이라면 누구나 해야 하는 필수적인 것입니다. 그렇다고 거창하게 운동선수처럼 하라는 것은 아닙니다. 매일 꾸준하게 달리기와 같은 몸의 순환을 촉진하는 유산소 운동을 하면 매우 좋은 효과를 볼 수 있습니다. 그리고 괜히 건강을 위한다고 명상이나 기와 관련된 운동을 하는 것은 기문이 열려 유혼의 영향을 받기 쉬워지니 절대 하지 마시기 바랍니다.

그리고 견디기 많이 힘들 때는 정신과 약 처방을 병행하는 것도 한 방편입니다. 정신병 약은 뇌와 명치 속에 있는 의식과의 고리를 차단해 환상이 안 떠오르게 하고 잠을 잘 오게 하여 의식을 일시적으로나마 안정시킬 수 있는 좋은 수단이 될 수 있습니다.

영적 감염의 자기진단법

 백형식(40대 직장인)

저는 과거에 명상과 기 수련을 했던 경험이 있어 나쁜 기운에 감염됐는지 걱정이 됩니다. 저 자신에게 유혼이 들어왔는지를 어떻게 진단할 수 있을까요?

 저자

별다른 원인이 없는데 갑자기 불안해진다거나 성격이 달라진다면, 다른 기운이 자신에게 작용하고 있다는 증거로 볼 수 있습니다. 특히 자기의 의지와 관계없이 다른 의식 작용이 자신에게서 나타나면 그것은 영에 감염되었다고 볼 수 있습니다.

이렇게 자신의 의식이 다른 의식에 감염되면 그 의식은 정상을 상실하고 병이 들게 됩니다. 봄이 되면 화초나 나무에 물이 올라 싱싱한 잎을 내고 꽃을 피웁니다. 그런데 그중에 기생충에 감염된 꽃이나 나무는 제대로 자라지 못하고 배배 꼬이면서 시들고 맙니다. 사람도 이와 같습니다. 온전한 자기 정신과 건강한 몸을 지니고 살아가는 사람은 조금 못나도 자신의 인생을 살아가게 되지만, 이상한 영적 기운에 감염된 사람은 그 의식이 영의 간섭을 받게 되어 생활에 많은 문제를 일으키게 됩니다. 그러므로 사람은 자기 운명이 좋든 싫든 간에 항상 자기 정신으로 살아야 하는 것입니다.

종교인들은 성령이나 신의 '가피'를 받았다고 좋아하는데 사람의 의식 속에 다른 영이 들어오게 되면, 그 사람의 의식은 신(유혼)에게 지배당해 종처럼 억눌리게 됩니다. 이렇게 되면 그 사람의 모든 의식 활동은 외부에서 들어온 영이 주체가 되고, 정작 자신의 영혼은 뒷방에 물러앉아 평생 아무것도 하지 못하게 됩니다. 그래서 인생을 다 살고 나면 말 그대로 쭉정이 영혼이 되어 결국 자신에게 들어온 유혼과 같은 운명을 따라 사후 세계를 헤매게 됩니다.

백형식(40대 직장인)

제가 전에 다녔던 명상센터에서는 처음 만나는 사람의 건강 상태와 빙의 여부를 알아보는 분이 있었습니다. 그런 걸 보면 수행을 통해 일반인을 뛰어넘는 능력을 갖게 된 분도 많이 있지 않을까 싶습니다. 이처럼 수행을 통해 얻은 능력은 유혼에 의한 것과는 다른 것이 아닐까요?

저자

정상적인 사람이라면 감각기관을 통해 눈앞에 있는 일을 보고 그 속에 있는 이치를 알아보는 것이 이 세상에 정해져 있는 분명한 원칙입니다. 그러므로 남이 볼 수 없는 벽 뒤의 물체를 본다거나 남의 마음속을 들여다보는 초능력들이 얼핏 대단해 보일지 몰라도 그것은 이상한 현상이며 생명의 이치에서 벗어난 영적 장난에 불과합니다.

그들이 수행을 통해 얻은 능력이 참된 것이라면 마땅히 눈앞에 있는 일을 보고 그 이치를 밝히는 것이 순서일 터인데 눈앞에 있는 실상과 이치는 밝히지 못하고 남의 의식이나 들여다보는 것은 단순히 영적 술수에 불과한 것입니다.

유혼에 감염된 자들이 정상인이 볼 수 없는 것을 보는 원리는 자신에게 들어온 영을 통해 보기 때문입니다. 영적 존재는 공간을 초월해 오고 갈 수 있는 의식적 특성이 있어 영매(靈媒)가 누군가의 이름이나 모습을 의식하면 그 속에 든 영이 상대의 마음과 연결되어 그 사람의 마음을 훔쳐보고 상대방의 비밀을 말할 수가 있는 것입니다.

따라서 상대의 마음이나 건강 상태, 빙의 여부를 알아보고 말하는 현상은 좋은 능력이 아니라 어둠의 잔재주일 뿐이며 그러한 재주를 자주 부리는 자는 영의 노예가 되어 결국 자기의 영혼을 망치는 결과를 초래하게 됩니다.

조희경(30대 주부)

영적 초능력을 모두 유혼의 장난으로 보는 것은 이 세상의 신성함과 인간의 가능성을 너무 폄하하는 것 아닐까요? 유혼이 아닌 절대자가 인간들에게 나타나 역사하는 경우도 있지 않겠습니까?

저자

모든 진리는 인간의 몸으로 태어나 완성에 이르신 성자들의 입을 통해 밝혀졌고, 인류 역사를 만든 것도 모두 인간의 힘과 지혜였습니다. 역사를 살펴보더라도 직접 모습을 드러내 진리를 가르쳐 준 신은 없었으며, 이 세상에 개입하여 역사를 좌우한 신도 없었습니다.

지금 대다수 사람들이 가지고 있는 '신(God)'에 대한 오해는 신(God)이 비록 전지전능한 존재이지만, 애정 어린 부모가 자식을 생각하는 것처럼 인간이 원하는 모든 것을 들어주는 인격신(人格神)으로 생각하고 있다는 것입니다.

하지만 이 세상은 완전한 뜻과 질서에 의해 움직이지, 신의 자의(自意)에 의해 좌우되지 않습니다. 그리고 무엇보다도 조물주라 할 수 있는 근원적인 존재는 완전한 뜻과 질서로 세상을 창조하고 운용할 뿐, 자신이 만든 완전한 세상에 스스로 개입하여 질서를 흩트리는 일을 하지 않습니다.

우리는 그 증거를 과거 십자군전쟁에서 볼 수 있습니다. 당시 유럽은 성지를 회복하고 미개한 아랍 지역에 하느님의 뜻을 전하겠다고 십자군전쟁을 벌였지만 결국 아랍권이 승리했습니다. 그 이유는 하느님의 뜻은 자기를 믿는 자를 도와주는 것이 아니라 신의와 용기로 단결해 자기 조국을 위하여 목숨을 바치는 애국심이 많은 민족이 이기도록 해놓았기 때문입니다.

이것이 바로 하느님의 참된 모습이며 세상의 진실입니다. 따라서 신은 완전한 진리로 세상을 심판하지, 남몰래 세상에 나타나 사사로운 개인의 은원에 따라 움직이는 경우는 없습니다. 따라서 이따금씩 세상에 나타나 개인의 요구에 사사로이 반응하는 신은 우주의 근원인 절대자가 아니라 세상을 떠도는 유혼의 일종이라고 말씀드릴 수 있습니다.

제사의 의미

 김갑수(70대 노인)

우리나라는 효와 예를 중시하는 유교적 전통이 있습니다. 그래서 수백 년 전부터 제사가 생활관습이 되어 왔습니다. 그런데 몇몇 종교단체에서는 제사를 우상을 숭배하는 행동이라고 극렬하게 반대하기도 합니다. 그렇다면 한쪽은 틀렸다는 말인데, 어떤 쪽이 옳은 것일까요?

 저자

『논어』「선진편(先進篇)」에 보면, 제자가 공자에게 영혼 섬기는 법(제사)에 관해 묻는 구절이 나옵니다. 이 대목에서 공자는 "산 자도 제대로 섬기지 못하는데 어찌 죽은 영혼을 섬길 수 있겠느냐?"라며 우회적으로 대답했고, 또 죽음에 관해 물었을 때도 "삶을 다 알지 못하는데 어찌 죽음을 알겠느냐?"라고 반어적으로 대답했습니다. 다만, 산 자를 대하듯 망자에 대해서도 정성스레 공경하는 것이 인(仁)을 지닌 인간의 바른 도리라는 뜻에서, 인간적이며 현실적인 시각으로 삶과 죽음의 길에 접근하고자 했습니다.

공자는 제사에 대해서도 그 속에 숨은 비밀을 알면 세상의 모든 이치를 알게 된다고 이야기했으나, 스스로는 정작 제사의 비밀에 관해 한마디도 언급하지 않았습니다. 유교가 제사를 중시하면서도 제사의 의미와 비밀에 대해서는 깊이 언급하지 않았다는 사실은 아이러니하지 않을 수 없습니다. 여기에 바로 종교로서의 유교의 한계를 엿볼 수 있습니다.

반면에 세상을 보는 열린 눈을 얻은 성자들은 우주의 실상과 생명의 이치 그리고 인간의 길에 대해 분명히 밝혔습니다. 그러므로 성자들이 밝힌 가르침을 통해 사후의 차원과 영적 현상의 비밀을 알게 되면, 제사의 의미는 물론이고 참다운 제사의 방법과 효과에 관해서도 자연히 알게 됩니다.

생명의 이치에서 볼 때, 죽은 자는 이승을 지체 없이 떠나는 것이 원칙입니다. 그래서 올바른 삶을 살아 마음의 평안을 얻은 영혼은 죽는 순간 깊은 잠에 빠져 윤회에 들거나 높은 차원의 세계로 올라가 이승에 존재하지 않게 됩니다. 따라서 이들에 대한 제사는 지낼 필요가 없습니다. 부처나 예수와 같은 성자들이 제사에 대해 언급하지 않은 이유는 바로 이런 생명의 이치에 대한 깊은 통찰이 숨어 있기 때문입니다.

이러한 숨은 진실을 모르고 단순한 현실적 효용과 인간적 논리에 의해서 생의 윤리를 전개한 유교에서는 죽은 자도 산 자와 같이 공경하는 입장에서 제사를 지냈고, 그것이 점차 형식적으로 전개되어, 산자는 제사에 짓눌리고 죽은 자는 이승에 집착하는 생명의 이치에 맞지 않는 현상이 나타났던 것입니다.

또한, 우리나라에선 유교를 받아들인 후 제사가 삶을 구성하는 주요 생활 방식으로 자리 잡아 사람들의 삶과 영혼에까지 깊은 영향을 끼쳤습니다. 제사가 생활의 중요한 일부가 되니 죽은 자들은 이승을 떠날 생각을 하지 않고, 자신들이 살아있을 때 조상들에게 제사를 지냈듯이 후손들의 곁에 머물며 제삿밥을 받아먹어야 한다고 생각하게 되었던 것입니다.

하지만 이것은 생명의 이치에 어긋나는 일이며, 죽은 자에게도 매우 불행한 일입니다. 왜냐하면, 영혼이 이승에 머문다는 것은 단순히 이 세상 여기저기를 유랑하듯 유유자적하는 게 아니라, 현상계(現象界)의 중력과 환경 변화가 유혼에겐 엄청난 공포와 고통으로 다가오기 때문입니다.

죽은 자의 영혼은 몸을 잃은 상태이기 때문에 무한한 의식의 흐름 속에 놓이며 이승의 환경이 너무나도 가혹하게 느껴지게 됩니다. 그래서 작은 자연환경의 변화에도 끔찍한 환상에 빠져들어 극도의 불안과 고통을 받게 되고, 이것은 유계(幽界) 고유의 존재 양식에 따라 갖가지 환상과 괴물로 형상화되어 나타납니다. 이것이 바로 지옥입니다. 그러니까 지옥이란 이 세상 밖에 따로 존재하는 게 아니라, 현실 속을 맴돌며 못 떠나는 영혼들이 이승에서 겪게 되는 영적 환상과 고통을 말합니다. 그 결과 지옥의 고통에 시달린 영혼들은 피폐하고 흩어져 인간으로 태어나지 못하고 미물과 같은 나쁜 후생을 받게 됩니다.

그러나 제사가 나쁜 점만 있는 것은 아닙니다. 더구나 요즘 같이 어두운 세상에서는 일부 필요한 부분도 있습니다. 왜냐하면, 현대인들은 욕망과 집착이 많아 한을 갖고 있기 때문에, 죽은 뒤에도 평안히 윤회하지 못하고 유혼이 되어 이승을 떠도는 경우가 많기 때문입니다. 이때 제사는 이러한 유혼을 위로하는 순기능이 있어, 억울하거나 한을 지닌 영혼의 경우 이를 달래 주는 효과도 있습니다. 특히, 우리처럼 제사를 필수적인 관습으로 여기는 민족에게는 제삿밥을 얻어먹기 위해 떠도는 영혼들이 많아 더욱 그렇습니다.

유혼들은 의식으로 욕망을 충족하는 생존 방식을 갖고 있기 때문에 과거 자신이 좋아하던 음식이 차려져 있으면, 그 음식을 의식으로 접하여 마치 먹은 것과 같은 효과를 느끼게 됩니다. 그래서 제사를 지내면 유혼은 고달픈 고통의 상태에서 벗어나 잠시나마 위안을 얻고, 자신을 돌아볼 기회를 가지게 됩니다.

그렇다고 언제까지나 제사를 지내며 유혼을 이승에 맴돌도록 내버려둘 수는 없습니다. 그들이 더 이상 이승에서 헤매지 않고 저승으로 떠나 편히 쉬도록 해주어야 합니다. 그런 의미에서 가장 좋은 제사는 맛있는 음식이 아니라, 무엇보다 그들이 좋은 후생을 맞이하도록 올바른 영혼의 길을 가르쳐 주는 데 있습니다. 그리하여 영혼이 이승을 떠나게 되면 제사 지낼 대상이 남아 있지 않으므로 그 이후에는 제사를 지낼 필요가 없습니다.

 조희경(30대 주부)

고통 속을 헤매는 유혼이 실제로 있고, 제삿밥을 먹기도 하며 제사로 위안을 받고 있다면 망자들이 제사를 많이 기다릴 것 같습니다. 그렇다면 지내던 제사를 이치에 맞지 않는다고 갑자기 안 지내면 오히려 집안에 안 좋은 일이 생기지 않을까요?

저자

그렇습니다. 제사가 생명의 이치에 맞지 않다고 해서 여태껏 제사를 지내오던 집에서 갑자기 제사를 지내지 않는다면, 그 이치를 모르는 영혼들은 후손에게 악감정을 품고 이상한 현상을 일으킬 수 있습니다. 헤매는 영혼이 과거 자신의 혈연이었다고 할지라도 유계에서 겪는 극심한 고통 때문에 대부분 정상적인 의식 상태를 유지하고 있지 못하기 때문입니다.

이러한 경우는 제사를 단번에 치우면 안 되며 의식적 존재인 영과의 대화를 통해 마치 산 자를 대하듯 편안한 마음으로 제사의 의미에 대해 이야기하면서 생명의 길을 일러주고, 일정한 기간을 두면서 조금씩 줄이겠다고 설명한 후 조금씩 제사를 줄여가는 것이 좋습니다.

이러한 방법은 나쁜 영과의 접촉이 있을 때 활용해도 좋습니다. 영과의 접촉에 의해 집안에 우환이 생길 경우, 영을 생각하며 검소하지만 정갈한 제사상을 준비해 놓고 이웃을 부르는 듯한 마음으로 영을 초청합니다. 그리고 영과 자신 사이에 오해할 만한 일이 있으면 이에 대해 해명하고, 생명의 길에 관하여도 잘 말해 주어 더 이상 구천을 헤매지 않도록 설득합니다. 그리하여 영과의 화해가 제대로 이루어지면 자기 마음속에도 감동과 평안한 느낌이 오게 되어 있습니다. 이렇게 영과의 화해가 이루어져 더 이상 영적 현상이 나타나지 않으면 그 제사는 효과를 본 것입니다.

 김갑수(70대 노인)

돌아가신 조상을 극락으로 보내드리려면 천도재라는 큰 기도를 드려야 하고, 그래서 천도재가 가장 큰 효도라고 들었습니다. 실제로 제 주위에 큰돈을 써가며 기도를 올린 이들이 여럿 있고, 어떤 사람은 자신이 죽으면 천도재를 지내 주기로 자식과 미리 약속했다고 합니다. 실제로 천도재가 고인이 극락왕생하고 복을 받는 데 도움이 되겠습니까?

 저자

천도재는 죽은 이의 영혼을 극락으로 보내기 위해 치르는 제사를 말합니다. 그러나 기도를 올리거나 제사를 지낸다고 해서 죄 많은 영혼이 천도가 되는 일은 없습니다. 기도와 제사로 죄가 사라지고 덕이 쌓일 수 있다면 돈만 있으면 누구나 천국에 가겠지요.

그러나 진리로 이루어진 세상에는 지은 대로 결과를 받을 뿐입니다. 따라서 아무리 돈을 쓰거나 제사를 지내도, 원한과 집착과 무지가 큰 자는 생명의 원리상 그 영혼이 탁하고 무거워 밑으로 떨어져 유계(幽界)의 세상을 떠돌 수밖에 없습니다. 가벼운 것은 위로 오르고 무거운 것은 가라앉는 완전한 자연의 이치를 인위적인 기도나 제사로 조작할 수가 없는 것입니다.

다만, 오해나 한으로 인해 세상을 떠도는 유혼들에게 제사나 천도재가 다소나마 위로가 될 수는 있습니다. 즉, 생명의 이치를 모르는 영혼에게는 생명의 이치를 알려 주고, 심성이 착한 영혼들은 한과 오해를 달래줌으로써 마음을 풀고 떠나도록 하는 데 약간의 도움이 될 수 있습니다.

그러나 악독한 사람은 아무리 달래도 잘못을 뉘우치거나 좋은 마음을 가지지 않듯이, 무지하고 업이 두터운 유혼들은 아무리 제사나 천도재를 지내줘도 마음에 맺힌 욕망이나 집착에서 헤어날 수가 없습니다. 그들은 한과 무지가 너무 커서 아무리 좋은 말을 해주어도 그 말이 의식에 닿지 아니하며, 계속 욕망과 한을 풀려고 세상을 떠돌게 되고 결국 고통 속에서 살다가 영혼이 피폐해져 낮은 차원에 떨어지거나 소멸하게 됩니다.

진리는 엄격하고 공명정대합니다. 생명의 이치는 각자가 현생(現生)에 지은 바에 따라 후생에서 인과응보를 받게 됩니다. 이런 생생한 생명의 질서가 존재하는데 천도재를 지내주는 대가로 돈을 받는 사람이 있다면, 제대로 진리를 아는 사람이 아니라고 보아야 합니다. 그들은 종교적 관습에 따라 남들이 하는 것을 흉내 내거나 아니면 귀신놀음을 하거나 둘 중 하나인 것입니다.

그들의 말대로 제사를 지내면 죽은 자가 천도가 된다는 일은 확인할 길도 없을뿐더러 오히려 그 주위에 머물던 다른 신들이 붙어 올 수도 있습니다. 따라서 이런 사실을 바로 알게 되면, 유명하다는 사람에게 돈을 주어 호화스럽게 천도재를 지내는 게 얼마나 잘못된 일인지 알 수 있습니다.

성선설과 성악설

김갑수(70대 노인)

　인간의 본성이 선하냐 악하냐에 대해서는 수천 년 전부터 의견이
분분했던 것 같습니다. 인간은 선과 악 중에서 어느 한 쪽을 타고나
는 것인지 궁금합니다. 과연 진실은 무엇일까요?

저자

　본래 인간의 성품이 선하냐 악하냐 하는 것은 사람들이 매우 궁금
해하는 의문 중 하나입니다. 그리고 그 대표적인 이론으로 맹자(孟子)
의 성선설(性善說)과 순자(荀子)의 성악설(性惡說)을 예로 들기도 합니다.
　맹자에 따르면, 사람의 본성은 선으로 갈 수 있는 네 가지 단서(端
緖)를 천부적으로 갖추고 있는데 측은함을 느끼는 마음[惻隱之心],
부끄러움을 아는 마음[羞惡之心], 양보하는 마음[辭讓之心], 옳고 그
름을 아는 마음[是非之心]이 그것입니다. 이 네 가지 마음의 특성이

발전하여 각각 인(仁), 의(義), 예(禮), 지(智)의 인간됨을 이루게 되는데, 그래서 인간은 배우지 않고서도 능히 알 수 있고[良知] 행할 수 있는 [良能] 근본이 있어 동물과 구분된다는 것입니다. 이러한 성선설은 인간의 본성을 선하게 보기 때문에, 이치를 밝혀 덕으로 다스리기만 하면 좋은 세상이 온다는 유교적 도덕정치의 기반이 되었습니다.

이에 비해 성악설은 사람이 태어나면서부터 가지고 있는 동물적인 욕망에 주목하고, 이를 방임하면 결국 악이 번져 사회가 무너지므로, 외부의 강제나 규범에 의해 인간의 일탈성을 억제해야 한다고 주장합니다. 이 주장은 후에 법과 권력으로 백성들의 죄악을 방지하고 사회질서를 회복해야 한다는 이사(李斯), 한비자(韓非子) 등의 법가적(法家的) 정치사상으로 계승되었습니다.

그러나 이러한 주장은 학자들이 실상과 관계없이 자기 생각과 논리를 쓴 것이니, 어느 한쪽이 진리라고 말하기 어렵습니다. 현실 속에는 이미 완전한 성자에서부터 인간이기를 포기한 살인마까지 다양한 유형의 인간이 존재하고 있기 때문입니다. 따라서 인간을 선과 악 어느 한쪽이라며 일방적으로 말할 수 없습니다.

이 세상은 완전한 인과의 법칙에 의해 원인에 따른 결과가 나타나고 있습니다. 맑은 물에 빨간 물감을 넣으면 빨개지고, 파란 물감을 넣으면 파래집니다. 이런 경우 더러워진 물을 맑게 하기 위해서는 계속 맑은 물을 주입하는 것이 가장 확실한 방법입니다. 인간의 마음도 이와 마찬가지입니다. 인간의 마음속에는 선과 악이 공존하며 사람에 따라 그 강약이 다르니, 선하고 바른 이치를 받아들이면 그 마음이 맑아지는 것이며, 악하고 어두운 원인을 지으면 자꾸 악해지는 것입니다.

모든 존재는 한번에 '펑' 하고 생겨났다 죽으면 '펑' 하고 사라지는 것이 아니라 영원히 돌면서 이어지고 있습니다. 인간의 근본도 이생에서 모든 것이 결정되는 것이 아니라 수많은 생을 돌면서 그동안 자신이 지은 것을 가지고 태어나는 것입니다. 따라서 인간의 마음속에는 이미 전생에서 지은 수많은 선과 악의 원인이 쌓여 있으니 인간이 선한가 악한가를 따질 것이 아니라, 어떻게 해야 악을 멀리하고 선을 권하여 그 마음을 맑게 정화할 것인가를 고민해야 할 것입니다.

PART 5

세상의 실체

우주의 근원

....

우주의 근원이 무(無)라면
영원히 절대 무(無)여야 하고

물질이라면
이 우주에는 영원히 물질만 있어야 한다.

이것은 영원불변한 인과의 법칙상 당연한 귀결이다.

그런데 이미 우주 속에는 만물이 나타나 있고
그 속에는 생명과 의식이 존재한다.

이것이 의미하는 것은 이 우주의 근원 속에
이미 생명과 의식의 씨앗이 들어 있다는 것이다.

신은 있는가

 김종민(남자 대학생)

신에 관해서 말씀해 주셨지만, 정말 신이 있는지 잘 모르겠습니다. 종교가 있는 사람들은 신을 믿지 않으면 당장 큰일이라도 날 것처럼 말하지만, 저는 아직 마음에 와 닿지 않습니다. 더구나 불합리하고 모순된 세상일을 보면 더욱더 절대적인 신의 존재가 믿어지지가 않고요. 이 세상을 주재하는 초월적인 신이 정말 존재하는 걸까요?

저자

오늘날 사람들은 세상이 저절로 생겨나 움직이는 것으로 생각하고 있지만, 완전한 마음의 눈을 얻어 세상의 참된 실상을 본 성자들은 한결같이 이 세상이 완전한 질서와 이치로 이루어져 있다고 말했습니다. 따라서 일반 사람들에게 지금 이 세상은 혼돈과 무질서, 동물적 욕망으로 가득 차 보이지만, 이 또한 그 이면에는 한 치 어김없는 완전한 인과법이 작용하고 있습니다.

그동안 인류 역사가 흘러오면서 무지와 탐욕에 눈이 먼 인간들은 얄팍한 꾀를 내어 자신의 이익을 도모하려고 수많은 잘못된 원인을 지어 왔습니다. 그 결과, 세상은 지금처럼 무질서와 악과 어둠이 가득하게 되었고 현재와 같은 부조리와 고통 속에서 지내고 있는 것입니다.

그래서 이러한 완전한 뜻과 질서 아래 한 치의 어김없는 인과의 이치가 작용하고 있는 이 우주가 너무나 위대하고 장엄하다고 말하는 것입니다.

따라서 이렇게 완전한 뜻과 질서 속에서 움직이는 무한하고 방대한 우주가 그에 상응한 원인이 없이 저절로 생겨났다고 하는 것은 이치에 맞지 않으므로 그러한 근본 원인을 전지전능하고 무소불위한 존재로 보고 이를 완전한 신, 절대자, 조물주, 하느님이라고 부르고 있는 것입니다

 김종민(남자 대학생)

조물주는 왜 맑고 완전한 태초의 상태에 가만히 머물러 있지 아니하고 이 혼탁하고 소란스러운 우주를 탄생시켰을까요? 그리고 이 세상이 끊임없이 움직이고 있는 이유는 무엇인가요?

 저자

이 세상이 나타난 이유는 신성하고 완전한 근원이 영원히 존재하며 살아 움직이기 때문입니다. 모든 존재하는 것은 움직임이 있으며, 순환을 통해 자신을 나타냅니다. 만약 우주의 근원이 항상 깨끗하고 고

요하여 적멸(寂滅)에만 머문다면, 이 우주는 어떠한 움직임도 있을 수 없기에 모든 존재가 나타날 수 없으며 아무런 의미나 가치도 찾을 수 없게 됩니다. 따라서 우주의 근원이 실재하는 것이라면 당연히 움직이게 되며 그것이 이 우주가 나타나 영원히 돌고 있는 이유입니다.

태초에 존재한 우주의 제일 원인은 이 무한한 우주를 영원한 질서와 이치로 창조한 가장 완전한 존재입니다. 그렇다면 완전하다는 것은 무엇일까요? 그것은 죽어 있는 정지 상태의 완전함이 아니라, 살아 움직이는 완전함입니다.

즉, 절대적 근원으로부터 나타난 모든 존재는 신성한 절대자의 분신으로, 세상을 창조한 조물주와 같이 스스로 자율성과 창조성을 지니고 각자 세상의 주체가 되어 완전한 인과의 법칙에 따라 결과를 받으며 움직이고 있습니다.

그리하여 지은 대로 받는 인과의 법칙에 따라 우주의 뜻과 흐름에 일치한 좋은 원인을 지은 존재는 완성의 열매를 거두고, 이를 벗어나 잘못된 원인을 지은 존재는 쭉정이가 되어 소멸하는 과정을 통해 우주는 자신의 완전한 모습을 나타내고 있는 것입니다.

그래서 완전한 우주의 근원은 자신을 닮은 완전한 세상과 자신의 속성을 지닌 인간을 낳아 올바른 삶을 통해 제대로 농사를 지으면 해탈이라는 완성의 열매를 맺게 함으로써, 자신의 완전함을 드러내고 있는 것입니다.

그래서 나무가 나무를 낳아 나무라 하고 새가 새를 낳아 새라 하듯이, 우주의 완전한 제일 원인은 자신과 닮은 가장 완전한 열매인 해탈이라는 신성한 의식체를 낳음으로써 자신이 완전한 존재임을 스스로 증명하고 있는 것입니다.

이것이 전지전능한 우주의 근원이 맑고 완전한 태초의 상태에 가만히 머물러 있지 않은 이유이며 움직임을 통해 자신의 완전성을 가장 완벽하게 드러내고 있는 절대자의 존재 방식인 것입니다.

빅뱅과 조물주

김종민(남자 대학생)

현대물리학은 빅뱅이론으로 우주 창조를 설명하고 있습니다. 이렇게 모든 것이 물리학에 의해 과학적으로 설명되고 있는데, 신이 우주를 창조했다고 이야기하는 것은 시대에 좀 뒤떨어진 생각처럼 보입니다.

저자

초월적인 존재를 부정하는 오늘날의 과학자들은 이 우주가 태초에 물질로부터 모든 것이 생겨났다고 봅니다. 우주망원경으로 관찰해보면, 이 우주가 외부로 계속 팽창하고 있는데 그 팽창 속도를 다시 역으로 거슬러 올라가면 한 점에서 시작되었다는 것을 알 수 있으며, 그 한 '점'에 모이는 시간이 약 137억 년 정도로 계산된다고 합니다. 이것이 우주의 나이입니다. 즉, 137억 년 전쯤 '점'과 같은 우주의 근원이 엄청난 폭발을 일으켜 우주가 탄생했다는 것이 빅뱅이론으로, 그로부터 에너지와 물질이 생겨나 서로 부딪히고 뭉치고 팽창하여 이 거대한 우주를 만들어 내었다고 합니다.

그런데 이론적으로 분석해보니, 태초의 '점'에서 지금과 같은 초기 형태의 우주가 만들어진 시간은 약 $1/10^{32}$초라는 극히 찰나의 한순간이었다고 합니다. 즉, 폭발 후 $1/10^{43}$초에 중력이 생겼고, $1/10^{34}$초마다 두 배로 증가하여 $1/10^{32}$초에 우주의 생성이 끝났다고 봅니다. 그런데 10^{32}초가 얼마나 짧은 시간이냐면, 1조(兆)가 이니 경(京)은 조가 만 개 있고, 해(垓)는 경이 또 만 개 있는 어마어마한 숫자입니다. 10는 해가 1조 개가 있는 숫자이니 10^{32}을 분모로 갖고 있는 $1/10^{32}$초라는 것은 인간의 사고로는 생각조차 할 수 없는 극히 짧은 찰나입니다. 그런데 이 짧은 시간에 오늘날과 같은 우주의 초기 모습이 모두 다 만들어졌다는 것은 과학적 상식으로 도저히 이해할 수 없는 일입니다.

그리고 태초의 한 '점'에서 이 우주가 생겨났다는 것도 있을 수 없는 일입니다. 왜냐하면 양자와 전자의 최소한의 부피가 있기 때문에 우주의 모든 양자와 전자와 중성자를 아무리 공간 없이 응축하더라도 한 '점' 안에 모두 다 들어가게 할 수 없습니다. 따라서 거의 보이지 않는 한 '점' 안에 향후 만들어질 거대한 우주의 모든 질량과 원인이 들어 있다고 하는 빅뱅이론의 가설은 과학적으로 성립될 수 없으며 물리학적으로 설명이 불가능한 것입니다. 빅뱅이론이 성립하기 위해서는 무에서 유가 만들어지는 반물리학적인 새로운 원리가 작용해야만 하는 것입니다. 그래서 물리학적으로 증명이 불가능하다는 한계 앞에서 조물주의 전지전능한 뜻과 원력에 의한 초월적인 창조 가능성이 대두되는 것입니다.

백형식(40대 직장인)

빅뱅이론도 완전히 설명하지 못하고 있는 찰나의 우주창조 순간을 창조주라는 이상 속의 존재가 어떤 이치와 작용으로 메울 수 있나요?

저자

우주가 창조되는 그 찰나의 순간에 대해 과학자들도 현대물리학의 이론으로는 설명할 수 없다고 합니다. 그런데 이를 달리 보면, 그 찰나의 순간에는 현 인류의 과학을 뛰어넘는 무에서 유를 만들어 내는 전지전능한 창조의 비밀이 숨어 있으며, 창조주의 존재를 개입시키지 않고서는 설명할 수가 없는 간극이 존재하는 것입니다. 그러나 과학자들은 창조주와 같은 비과학적인 존재를 인정할 수 없기 때문에 창조주의 이름을 거론하지 못하고 여기서 논의를 중단하고 단지 과학적으로 설명이 불가능할 뿐이라고 말하고 있습니다.

빅뱅이론은 태초에 하나의 점이 기계적인 대폭발을 일으켜 오늘날과 같은 완전한 질서를 이루었다고 하는데, 이것은 불규칙성과 혼란을 동반하는 자연의 폭발 원리상 있을 수 없는 일입니다.

그렇다면 어떻게 해서 보이지 않는 한 점에서 갑자기 폭발한 것이 한순간 완전한 질서를 이루고 수백억 년을 한 치의 오차 없이 순행하고 있을까요? 이것을 설명하기 위해서는 물질에서 물질이 나타나는 기존의 유물론적 과학 논리로는 설명이 불가능하며 무에서 유를 창조하는 초월적 존재의 전지전능한 힘과 뜻이 필요한 것입니다.

즉, 빅뱅론자들의 말처럼 태초의 작은 한 점은 단순한 125.5기가전자볼트의 힘을 가진 물질적인 힉스입자(Higgs boson)로 이루어진 것이 아니라, 물리학으로는 설명할 수 없는 무한대의 원력(願力)을 가진 의식적 존재로 보아야 합니다. 인간의 정신이 보이지 않지만, 생명 활동과 무한한 창조 활동을 하듯이 우주의 근원 속에는 너무나 맑고 순수하여 보이지 않지만 모든 원인과 가능성을 내포한 무한한 원력을 소유한 절대적 존재가 있는 것입니다.

그리하여 색즉시공(色卽是空) 공즉시색(空卽是色)이란 말처럼, 보이지 않지만 그 속에서 우주의 모든 것을 창조해 내는 무소불위의 원력으로 거대한 우주의 완전한 질서를 만들어 내는 힘의 원천이 있는 것입니다. 바로 여기에 창조주의 존재와 원력이라는 문제가 나타납니다.

태초에 창조주가 어떻게 이 우주를 창조했는지 그 과정에 대해서는 알 수 없습니다. 다만, 인간 완성의 열매를 맺은 성자들의 의식의 힘을 발휘하는 과정을 살펴보면 절대자의 창조 과정을 짐작할 수 있습니다.

성자들은 완전한 순수의식에 자신이 원하는 뜻을 떠올리면 그 뜻을 이루기 위한 이치와 방법들이 의식 속에 비치고, 그러면 성자들은 의식의 힘, 즉 원력을 써서 그러한 것들이 세상에 나타나도록 소망합니다. 그래서 성자들은 자신이 원하는 것을 이루고, 중생들의 병도 고치게 되는 것입니다.

이러한 이치로 창조주 또한 자신의 완전한 의식 속에 이 우주를 창조하는 뜻을 품게 되면, 그 속에 이 우주의 완전한 형태와 이치가 비치게 되어 자신의 무한한 원력으로 자신 속에 비친 우주를 한순간에 만들게 되는 것입니다. 즉, 성경 구절처럼 "있으라!" 하니 한순간에 존재하게 된 것입니다.

그러면 이러한 원력은 어떻게 나타나는 것일까요? 그것이 바로 인간이 가진 의식의 힘입니다. 인간이 가진 의식은 평소에는 기억하고 사유하고 창조하는 힘을 지닙니다. 이러한 힘이 더욱 발달하면 의식의 고유한 능력인 '원력'이 생겨나게 됩니다. 모든 존재는 순수해질수록 그 고유의 특성이 나타나게 되는데, 수정(水晶)과 같은 물체도 순도가 높아지면 그것이 지닌 신비한 특성들이 나타나 반도체로 활용할 수 있게 되고 고유 진동을 이용하여 시계의 진자로 활용할 수 있다고 합니다.

특히 이 세상에 존재하는 모든 존재 중에서 순수해질수록 가장 신비하고 무궁한 가능성을 지닌 것이 있는데 그것이 바로 '마음'입니다. 그래서 이 마음의 차이에 따라 사람들의 운명이 달라지는 것이며, 위대한 마음을 지닌 한 사람의 위인이 나타나면 인류역사가 바뀌는 것입니다. 따라서 이 마음을 순수하게 완성한 성자들의 의식은 우주를 한눈에 내려다보는 지혜를 지니고 인간의 상식을 초월한 원력을 가지고 무한한 능력을 행사하는 것입니다.

이처럼 인간의 몸을 가진 성자도 의식의 힘인 원력을 발휘하여 무한한 힘을 발휘하는데, 우주에서 가장 맑고 완전한 의식체로 이루어진 창조주의 마음이 얼마나 무한한 원력을 지닐지는 상상조차 할 수 없는 것입니다.

물론 모든 사람의 마음이 원력을 가지는 것은 아닙니다. 자연의 이치는 자신의 시각만큼 볼 수 있고, 능력만큼 가질 수 있어서, 인간의 원력도 의식이 정화되면 될수록 그에 비례하여 능력이 커지는 것입니다. 그래서 창조주의 힘은 무한하지만, 일반인의 경우는 그 의식이 매우 허약하므로 거의 존재하지 않는 것입니다.

신의 영향력과 정체

●

 백형식(40대 직장인)

신(God)은 기도를 하면 소원을 들어주시고, 죽고 나면 천국에도 태어나게 하는 전지전능한 존재인가요? 그렇게만 된다면 얼마나 좋을지 기대가 되면서도, 한편으론 그리스신화같이 비현실적으로 보입니다.

 저자

신의 영향력과 능력에 대해 모두 관심이 많습니다. 이는 인간이 자신에게서 부족한 것을 신에게 의지하는 경우가 많기 때문이며, 기독교뿐만 아니라 여러 종교에서 강조하는 믿음의 중심에 인간의 가장 큰 관심 사항인 사후의 구원 문제가 있기 때문입니다.

그런데 구원 문제에 있어서 종교인을 비롯한 많은 신학자들은 이성적인 분별심(分別心)을 버리고 자기 자신을 완전히 신에게 맡길 때 비로소 마음의 평안과 구원을 얻게 된다는 말을 하고 있습니다.

그러나 이것은 참으로 위험한 말입니다. 세상을 본 성자들은 하나같이 인간들에게 우상을 섬기는 것을 금하고 진리를 실천하여 스스로 자기 영혼을 구할 것을 가르쳤습니다. 부처님은 힌두교의 무지 속에 살고 있던 인도인들에게 알 수 없는 신에게 의지하지 말고 자연의 이치에 따라 바른 원인을 지으라고 명확히 그 진실을 밝혔습니다. 그래서 연못에 빠진 돌멩이를 건지겠다고 수많은 사람들이 무리를 이루어 연못을 돌며 기도하더라도, 돌멩이가 물 위로 떠오르는 기적은 절대 일어나지 않는다는 비유를 들어 맹신의 무지함을 깨우쳤습니다.

예수님도 신에 대한 유대인들의 광신과 탐욕을 보고 '독사의 자식'이라 진노하면서, "나더러 주여 주여 하는 자마다 다 천국에 들어갈 것이 아니요 다만 하늘에 계신 내 아버지의 뜻대로 행하는 자라야 들어가리라"고 했던 것입니다. 이것이 바로 신에 대해 인간들이 갖고 있는 환상과 오류를 지적한 것이며, 이를 정확히 이해한다면 인간이 살아가야 할 길이 분명해집니다.

세상은 한 치도 어김없는 진리와 사실에 의해 이루어지고 있으니, 짓는 만큼 결과를 받게 되며 짓지도 않은 일을 누가 대신해 주는 법은 없습니다. 즉, 세상을 위해 공덕을 쌓고 자신을 승화시킨 만큼 구원을 받는 것이지, 지은 것과 관계없이 신에 대한 믿음만으로 구원을 받는 일은 없습니다.

그리고 신(창조주)은 세상의 일에 관여하지 않습니다. 신은 자신이 만든 완전한 법칙에 따라 심판할 뿐입니다. 그래서 인간들이 지켜야 할 진리를 지키지 않고 사악한 원인을 많이 지으면, 인류 전체도 눈 깜짝할 사이에 사라지게 하는 것이 하늘의 엄정한 뜻이니 완전한 하늘의 뜻과 이치는 어떠한 예외도 용납하지 않으며 너무나 촘촘하여 물샐

틈이 없습니다. 하물며 개인의 사사로운 욕망을 들어줄 리가 없는 것입니다.

이 세상 모든 존재는 자기가 지은 자신의 열매로 심판받습니다. 인간의 삶도 자신이 지은 영혼의 결실에 의해 그 가치와 구원이 결정됩니다. 세상의 이치는 하나로 통하는 것이니, 가벼운 것은 위로 떠오르고 무거운 것은 밑으로 가라앉습니다. 삶을 통하여 자기의 영혼을 바른 이치에 따라 진실하게 잘 지은 자는 그 영혼이 맑고 가벼워 높이 떠오르게 되고, 욕망과 집착에 의해 잘못 지은 영혼은 탁하고 무거워져 밑으로 가라앉게 됩니다. 이처럼 자연의 완전한 질서와 이치에 의해 사후의 결과가 정해지는 것이지, 어떤 초월적인 존재가 엉덩이를 떠밀어 천상으로 올려주는 것이 아닙니다.

하늘은 인간에게 삶의 주체로서의 역할을 부여하고 인과의 법칙에 따라 자신이 지은 대로 결과가 나타나도록 완전한 질서를 마련해 놓았습니다. 인간의 삶은 농사와 같아서 아무도 대신해 주지 않으며, 스스로 짓지 않고는 어떤 결과도 생기지 않습니다. 마찬가지로 구원 또한 아무도 대신해 줄 수 없으며, 오직 자신이 지은 삶의 결과에 의해 받게 됩니다. 그러므로 구원은 밖에서 오는 것이 아니라 자기 안에 있는 것이니, 각자가 자기 자신을 닦기 위해 열심히 노력해야만 그 영혼이 밝고 가벼워져 우주의 법칙에 따라 자연스레 구원이 오는 것입니다.

 김갑수(70대 노인)

흔히 신에 대해 말할 때 창조주 하느님을 말하는가 하면, 때에 따라서는 죽은 사람의 영혼을 신이라고도 합니다. 이 둘의 차이에 대해 설명해 주셨으면 합니다.

 저자

사람들은 신에 대해 크게 두 가지 생각을 가지고 있는 듯합니다. 하나는 이 우주를 창조하신 거룩하고 전지전능한 창조주(God)이고, 다른 하나는 한과 집착을 갖고 세상을 떠도는 영적 존재(ghost, phantom)입니다. 현재 이 두 가지가 혼재되어 사용되고 있지만, 이 두 개념은 분명히 구분해서 사용해야 합니다. 그 이유는 신에 대한 올바른 이해가 인간의 정신을 완성하고 사회를 건강하게 만드는 데 매우 중요한 역할을 하기 때문입니다.

사람은 죽으면 마치 소풍을 가듯이 자신의 육체를 빠져나가 자신의 머리 위에서 자신의 육신과 가족과 이웃의 모습을 보게 됩니다. 이들 중 별 무리 없이 삶을 산 영혼들은 피곤함과 함께 깊은 잠에 빠지게 되는데, 이윽고 그들은 모든 것이 나고 사라지는 반야의 상태를 거쳐 다시 새로운 생명으로 태어나게 되며 이것을 '윤회'라고 합니다.

반면에 잘못된 삶을 산 사람의 영혼은 짊어진 한과 욕망과 불안에 짓눌려, 죽어도 그 영혼이 편안하지 못하고, 계속 현상계에 집착해서 떠돌게 됩니다. 그래서 그 영혼은 과거의 기억을 가지고 산 자의 곁에 머물면서 세상을 떠돌아다니는 유혼이 됩니다.

유혼들은 현실에 대한 강렬한 한과 집착 때문에 자신의 죽음을 인정하지 못하고 계속 현실 속에 나타나 살아 있는 듯이 행동하게 되는데, 이와 같이 유혼들이 현실 속에 나타나 일으키는 영적 현상을 심령현상이라 합니다.

따라서 이러한 떠도는 영적 존재들은 창조주와 명확히 구분해야 합

니다. 만약 사람들이 창조주라고 믿는 신이 행여나 세상에 떠도는 한과 집착과 욕망을 가진 하급차원의 영적 존재에 불과하다면, 참으로 비참하고 어처구니없는 일이 아닐 수 없기 때문입니다.

우리는 보통 신을 창조주라 말하고, 무한한 영적 능력을 현실 속에서 행사하는 신비한 존재로 쉽게 생각합니다. 그러나 창조주는 그런 단순한 존재가 아닙니다. 창조주라면 방대한 이 우주를 창조한 전지전능한 존재이며, 완전한 이 세상의 뜻과 질서를 주재하는 지고지선한 존재입니다.

따라서 창조주는 나약한 자에게 몰래 나타나 개인의 이기적인 욕심을 들어주는 사사로운 일을 하지 않습니다. 창조주는 인간들이 생각하고 있는 단순한 신의 의미를 넘어 이 우주의 모든 것을 포용하는 존재이며, 모든 생명과 민족과 나라를 공명정대한 진리로서 대하는 완전한 존재인 것입니다.

김갑수(70대 노인)

모든 종교단체에서는 자신들이 섬기는 신만이 우주의 제일 원인이며 전지전능한 절대자라고 하는데, 그들이 하는 모습을 보면 사회적으로 물의를 일으키고 비정상적인 경우가 많습니다. 그렇다면 창조주 하느님과 떠도는 신을 어떻게 구분해야 합니까?

저자

보이지 않는 신의 실체를 우리가 눈으로 직접 확인할 수는 없습니다. 하지만 이를 구분하는 기준을 현실에 나타난 '사실'에 두면 큰 문제 없이 구분할 수 있습니다. 모든 일은 사실에 비추어 보아 이치에 맞고 좋은 현상이면 받아들이고, 불합리하고 잘못된 현상이면 조심하고 배척하면 되는 것입니다. 따라서 신을 믿어 인간의 삶이 이치에 맞고 행복해지면 그 신은 신성한 창조주일 것이며, 반대로 인간 세상을 어둡게 하고 불행하게 만든다면 그것은 세상을 떠도는 낮은 차원의 유혼일 것입니다.

이것은 매우 간단하고 단순한 방법이라서 사람들은 대수롭지 않게 생각하겠지만, 원인과 결과로 이루어지고 있는 세상을 판단하는 데 있어서 매우 유용한 원칙이 됩니다. 지금 세상은 우리의 기대와는 달리 잘못된 신에 대한 우상숭배가 광범위하게 퍼져 있어 세상을 어둡게 하고 사람들을 불행에 빠뜨리고 있습니다.

지금도 많은 사람들이 자신이 믿는 종교단체에 그동안 모은 귀한 재산을 헌납하고 불성실한 삶으로 가정을 파탄시키며 구원을 위해 광적인 기도로 밤을 지새우고 있는데, 이러한 현실적 결과들은 그 종교의 진리성과 신의 진위를 판단하는 데 매우 유용한 증거가 됩니다.

그런데 이처럼 자신의 삶이 무지해지고 불행해지고 있는데도, 과거의 관습과 기대심리로 인해 그저 '맞겠지'라며 맹목적으로 계속 믿는다면, 그것은 이미 관념과 신의 노예가 되어 사실적 판단력을 상실했기 때문이니, 불행을 감수하는 수밖에는 달리 방법이 없습니다.

그렇다면 열린 눈으로 세상을 본 성자들은 신에 대해 뭐라고 했을까요? 우리는 그분들의 시각에서 지혜를 찾아야 합니다. 성자들은 창조주의 존재에 대해 직접적으로 언급한 적은 없지만, 이를 부정하지는 않았으며 다만 진리를 통해 볼 수 있다고 했습니다.

부처님은 신의 존재에 관해 이렇게 말했습니다. 부처님은 신의 말을 전한다고 하는 브라만(인도 승려 계급)에게 그 신에 대해 직접 보고 들은 게 있느냐고 물었더니, 그는 선대 브라만이 일러준 말이라고 대답을 하여 계속 선대 브라만들을 거슬러 올라가 물어보니, 결국 아무도 직접 신을 만나거나 그 말을 들은 자도 없었다는 것입니다. 그래서 부처님은 '아무도 직접 본 적도 들은 적도 없는 신을 마치 있는 듯이 섬기고 그 말을 지키는 것은, 색시가 얼굴도 모르는 남자에게 시집가는 것처럼 무책임한 일'이라고 하면서, 분명히 알지 못하는 신을 섬기거나 그 말을 찾으려 하지 말고 먼저 당장 눈앞에 있는 실상과 이치를 밝혀 그에 따라 살라고 하였습니다.

이러한 교훈은 예수님의 일화에도 잘 나타나 있습니다. 당시 유대인은 신을 가장 열심히 믿는 민족이었습니다. 그들은 자신들의 신인 여호와가 자기 민족을 구원해 준다고 확신하고 자식까지 바치는 등 광적으로 신을 믿고 있었지만, 그들의 종교에는 맹신만 있었지 세상과 인간을 복되게 하는 밝은 진리의 가르침과 실천이 없었습니다. 다시 말해 진리가 없는 유대 사회는 사람들의 마음에 양심이 없었고, 사회에는 불신과 위선과 죄악이 넘쳐나 망해가고 있었습니다.

이런 어두운 현실 앞에서 예수님은 미신과 무지 속에서 위선적으로 신을 믿으며 사는 유대인들에게 "독사의 자식들아! 회개하라!"고 꾸짖으며 "입으로만 주여! 주여! 하지 말고 주의 뜻을 행하라."고 외쳤습니다. 진정한 구원과 지상천국은 무조건적으로 신을 섬기는 데서 오는 것이 아니라, 창조주 하느님이 세상과 인간을 지은 참된 뜻에 따라 인간의 도리와 진리를 실천할 때 온다는 사실을 가르쳤던 것입니다.

여기서 성자들이 밝히신 가르침의 요지는 우주의 근원인 신성한 창조주가 완전한 세상과 자신을 닮은 인간을 만들어 놓고, 지은 대로 받는 완전한 진리 속에서 각자가 주체가 되어 열심히 노력해 스스로 좋은 결과를 만들어 가라는 것입니다.

이처럼 창조주 하느님은 공명정대하게 세상을 꾸려가고 있을 뿐 세상일에 일일이 개입하지 않습니다. 만약 창조주가 세상일에 사사로이 관여한다면 자신이 지은 완전한 세상을 스스로 망치는 일이기에, 완전한 존재가 그러한 일을 스스로 할 수도 없고 하지도 않습니다. 따라서 이 세상에 나타나 여러 가지 이치에 맞지 않는 이적을 뽐내는 신은, 세상을 헤매는 유혼인 것이지 우주의 근원인 전지전능하고 지고지선한 창조주라 할 수 없는 것입니다.

진화론과 창조론

 김종민(남자 대학생)

창조론과 진화론은 오늘날 누구도 명쾌하게 밝히지 못한 대립되는 이론입니다. 과연 진실은 무엇일까요? 전지전능한 창조주가 있어 처음부터 모든 것을 완전하게 만들었을까요? 아니면 아무것도 없는 상태에서 저절로 조금씩 진화하며 만물이 생겨난 것일까요?

 저자

진화론자들은 생명이란 우연의 산물이며 적자생존의 법칙에 따라 생명력이 강한 것이 살아남아 지금의 상태로 진화해 왔다고 주장합니다. 반면에 창조론자는 이 우주가 완전한 창조주의 작품이라고 하면서 진화의 가능성을 완전히 차단합니다.

구분하기를 좋아하는 사람들은 창조론을 이야기하면 진화론을 부정하고, 또 진화론을 주장하면 창조론을 부정하지만, 세상은 그렇게 단순하게 획일적으로 이루어지고 있지 않습니다. 이 세상에 생명이 나타날 수 있는 완전한 뜻을 지은 것은 창조에 해당하지만, 그 생명체가 환경에 맞게 여러 가지 형태로 스스로 적응해 나가는 것은 진화입니다. 이것이 가능한 이유는 조물주가 창조하는 것이 가능하다면 조물주의 자식인 피조물들도 그 속성을 이어받아 스스로 조그만 변화를 일으키는 것이 가능하기 때문입니다.

조금만 눈을 돌려 보면, 창조와 진화는 우리 주변에서 늘 볼 수 있는 일반적인 현상입니다. 우리는 창조와 진화라는 개념을 생명체 자체가 새로 생겨나고 변형되는 경우에만 한정하여 생각합니다. 그러나 크게 볼 때, 마음이 뜻을 내어 없던 것을 새로 만들어 내는 것은 '창조'라 할 것이며, 환경에 적응하여 새롭게 발전해 나가는 것은 '진화'라 할 수 있습니다. 그런 시각에서 볼 때, 지금 이 순간에도 우리 주변에는 끊임없이 창조와 진화가 나타나고 있는 것입니다.

생명의 기원에 대해 프랑스의 파스퇴르(Pasteur)는 S자형 플라스크 실험을 통해, 생명의 씨앗이 없는 곳에선 자연발생적인 생명의 탄생은 영원히 일어나지 않는다고 증명했습니다. 그러나 파스퇴르의 실험이 진실이라고 한다면, 물질이 우주의 근원이라고 보는 유물적 시각에서는 이 우주에는 영원히 생명체가 생겨나지 않아야 합니다. 진리란 예외가 없어야 하므로 생명이 없는 플라스크에서 새 생명체가 생겨나지 않았다면, 본래 물질밖에 없었던 우주에서도 역시 영원히 생명체가 나타나지 않아야만 하기 때문입니다. 그런데 이 세상에는 이미 생명체가 생겨나 있기 때문에, 이 실험은 무언가 문제가 있다는 이야기가 됩니다.

이러한 모순을 설명하기 위해 소련의 생화학자 오파린(Oparin)의 화학진화설이 제시되곤 하는데, 원시지구에서 간단한 무기물이 번개와 같은 강한 압력과 에너지에 의해 유기물이 합성되었고, 이것이 계속 환경과 반응을 일으켜 우연히 생명체로 발전했을 것이라고 주장하고 있습니다. 그러나 이 화학진화설이 말하는 결론은 메마른 먼지밖에 없는 우주에서도 자연적으로 생명과 의식이 생겨날 수 있다는 자연발생설을 이야기하고 있는 것입니다. 이 학설은 자연계 어디에서라도 시간이 오래 흐르면 저절로 생명이 생겨난다는 결론을 완곡하게 표현하고 있는 것이며, 오히려 파스퇴르가 주장한 생물 속생설(모든 생물은 저절로 생기는 것이 아니라, 반드시 그 어버이 생물로부터 발생한다는 주장)의 가설이 틀렸다는 것을 증명하고 있습니다.

이처럼 우주 속에서 저절로 생명과 의식이 생겨나는 현상은 우주 자체가 살아 있다는 증거이며, 그 속에 생명과 의식의 씨앗이 존재한다는 것을 의미합니다. 즉, 이 우주 속에는 생명과 의식이 나타날 수 있는 근본 씨앗이 갖추어져 있어서, 언제 어디서나 조건이 맞으면 생명체가 생겨나며 최종적으로 의식을 가진 고등동물로 진화할 수 있도록 되어 있는 것입니다. 따라서 우리는 물질과 생명을 완전히 분리해서 생각하는 서구의 유물적인 흑백논리에서 벗어나 세상과 생명과 인간을 하나로 보는 만유일체(萬有一體)의 우주관을 회복해야 합니다.

백형식(40대 직장인)

이 우주가 살아 있어서 그 속에서 스스로 만물이 생겨나고, 계속 진화해 왔다고 말씀하셨습니다. 그렇다면 우리가 그것에 대한 구체적인 증거를 어디에서 찾아볼 수 있을까요?

답변 2 저자

이 우주는 근본적으로 살아 있으며 그 속에는 완전한 뜻과 생명력의 원인이 깃들어 있어, 오랜 세월이 지나면 저절로 생명과 의식이 나타나게 되어 있습니다. 그래서 아무런 생명의 흔적도 없어 보이는 원시대기 상태에서도 우주를 가득 채우고 있는 기운들이 수억 년의 세월 동안 서로 스치고 부딪히게 되면, 그 기운들은 점차 의식의 근본 힘인 진기(眞氣)로 정화되어 생명력을 띠게 됩니다.

이러한 생명력은 인연과 순환을 통해 생명체와 의식으로 발전하는데 이를 프랑스의 철학자 베르그송(Bergson)은 자연 속에 살아 움직이며 창조적 진화를 일으키는 엘랑비탈(élan vital: 약동하는 힘)이라고 했으며, 아리스토텔레스는 물질로부터 세 가지 형태의 생명체(식물, 동물, 인간)로 변화시키는 근원적인 힘을 엔텔레키(entelechy: 생기)로 표현했습니다.

그래서 우리가 숨 쉬는 현실 공간에서부터 깊은 산골 낙엽 속까지, 만 미터 이하의 깊은 심해 화산에서부터 공기가 희박한 성층권까지 지구촌 어느 곳이든지 생명이 나타나고 있는 것입니다.

우리는 어린 시절에 오래된 나뭇가지를 꺾으면 해를 당한다거나, 국가적 변란이 있을 때 우는 신목(神木)이 있다는 이야기를 들은 적이 있습니다. 이와 같은 이야기는 과장된 면도 있지만 선인들의 경험에서 나온 근거 있는 이야기입니다. 즉, 살아 있는 나무도 오랜 세월 동안 수많은 기운과 만나고 인연을 겪게 되면 의식을 갖게 되고, 그 의식은 위험을 감지하는 자기방어 기능을 가지고 있어 이런 영적 현상을 일으키게 되는 것입니다.

이러한 의식 현상은 생명이 있는 모든 곳에서 나타나는 일로서, 자연계를 돌고 있는 기운은 오랜 세월 서로 부딪히고 스치게 되면 생명력과 의식을 띠게 되고, 이러한 요소들이 끝없는 만남과 순환을 통해서 여러 생명체와 높은 차원의 의식으로 진화해 나가는 것입니다.

우리들은 자연계에서 갖가지 나쁜 현상이 나타나고, 또 독성 있는 생명체가 새롭게 생겨나는 것을 보고 창조주의 뜻을 오해하기도 합니다. 만약 수많은 생명을 해치는 지독한 세균이나 생명체들까지 일일이 창조주가 만들어 낸다면, 그렇게 잔인하고 악독한 창조주는 없을 겁니다. 그러나 이러한 생명현상은 창조주가 직접 지어내는 것이 아니라 마치 인간이 환경에 적응하면서 새로운 인생을 개척해 나가듯이, 우주에 가득 차 있는 생명력도 악한 환경에서는 악한 모습으로, 그리고 좋은 환경에서는 선한 모습으로 스스로 자신을 만들어 나가고 있는 모습입니다.

오늘날 우리가 전혀 알지 못했던 새로운 생명체가 나타나고, 또 에이즈(AIDS)나 에볼라(Ebola)와 같은 새로운 바이러스가 생겨나는 이유도 바로 이처럼 지구를 가득 채우고 있는 살아 있는 생명력이 환경에 적응하면서 여러 가지 생명체로 나타나고 있는 현상입니다. 바로 여기에 창조론의 참된 실상과 살아 움직이는 진화의 비밀이 담겨 있습니다.

 김종민(남자 대학생)

이 우주가 창조에 의해 시작되고 진화로 발전하고 있다면, 세상의 근본은 물질인지요, 아니면 마음인지요?

 저자

우주의 본체를 정신으로 여기며 물질적 현상도 정신의 발현이라 보는 입장이 '유심론(唯心論)'이고, 우주의 근원을 물질로 보고 이 세상은 우연히 생겨났으며 신과 의식과 영혼을 거부하는 입장을 '유물론(唯物論)'이라고 합니다.

따라서 유물론은 정신도 물질이거나 아니면 물질로부터 파생된 존재라고 보며, 정신 현상도 뇌세포의 물리화학적 작용에 불과하다고 여깁니다. 그리고 인간의 문화적 전통 및 일체의 가치 판단도 물질적·경제적 요인에 의해서 결정된다고 봅니다.

이러한 관점에서 유물적 과학자들은 모든 생명체를 물질적 대상이라고 주장합니다. 즉, 아무리 복잡한 유기체라도 그것을 구성하는 요소들을 파고 들어가면 그 끝에는 물질이 있으며, 그 이외에 다른 어떤 것도 만날 수 없다는 것입니다. 그래서 생명이나 생명 없는 사물이나 똑같은 성분으로 구성되어 있으며, 둘 사이의 차이점은 단지 그 성분이 어떠한 방식으로 결합되어 있느냐에 의해 결정된다고 주장합니다.

그러나 과학자들이 보는 세상이 전부가 아닙니다. 이 세상은 시각의 차이에 따라 보이는 것이 다르므로, 세상의 실체를 분명히 알기 위해서는 완전한 깨달음의 시각이 필요합니다. 세상의 실상을 보는 깨달음의 눈을 가진 성자들은, 이 세상은 완전한 뜻과 질서가 있는 법계이며 천국과 지옥으로 이어지는 생명의 질서가 존재한다고 분명히 말했습니다.

누가 어떤 주장을 펴든 아무것도 없던 이 우주 속에 생명과 의식이 이미 생겨나 있다는 사실은 아무도 부정할 수 없습니다. 이 우주 속에 그러한 생명력과 의식이 나타나 있다는 사실은, 인과의 이치상 우주의 근원 속에 이미 생명과 의식의 원인이 존재하고 있다는 것을 의미합니다. 그것은 우리가 실험실에서 물질만 갖고서는 아무리 환경을 조작하더라도 작은 미생물 하나도 만들어 낼 수 없다는 사실에서도 잘 알 수 있습니다. 다시 말해, 이 우주의 근원 속에 물질만 있고 생명과 의식의 씨앗이 없다면, 결코 오늘날과 같은 생명체와 의식은 나타날 수가 없습니다.

그러니 이 우주의 근원이 살아 있지 않다면 살아 있는 생명이 나올 수 없으며, 또한 깨어 있는 신성이 존재하지 않으면 보이지 않으면서 모든 것을 인식하고 창조하는 특성을 가진 오묘한 의식체가 절대 나타날 수는 없는 것입니다.

따라서 살아 있는 우리 몸의 모든 부위에서 생명현상이 일어나듯이, 살아 있는 의식체인 절대적 근원(창조주, 조물주, 하느님, 신성, 불성)으로부터 생겨난 이 우주에서는 조건만 맞으면 저절로 생명현상과 의식현상이 나타나도록 되어 있는 것입니다.

즉, 이 우주에 생명과 의식이 존재하고 있다는 사실은 우주의 근원 속에 이미 생명과 의식의 씨앗이 깃들어 있음을 의미하며, 이것은 삼라만상의 출발이 신성하고 완전한 절대자로부터 시작되었으며 이 우주 자체가 살아 있다고 보는 유심론이 정답이라는 것을 말해 주고 있습니다.

성령 현상의 비밀

 조희경(30대 주부)

요즘 선진국들은 종교의 열기가 식고 있다고 하는데, 그와 달리 우리나라에는 성령 현상이 많이 일어나 갖가지 이적이 속출하고 신흥종교 단체들이 번창하고 있습니다. 이렇게 우리나라에서 성령 현상이 많이 나타나는 것은 하느님의 은혜가 그만큼 충만하기 때문이 아닐까요?

 저자

만약 그동안 우리 사회에 나타난 그 수많은 성령들이 진정 완전하고 신성한 창조주의 영이었다면, 전지전능하고 초월적인 하느님의 은혜를 그렇게 많이 받은 우리나라는 이미 지상천국이 되고도 남았을 겁니다. 그러나 다른 어느 나라보다 성령 현상이 많이 일어났음에도 불구하고 지금 우리나라가 다른 나라보다 정신적으로 어둡고 문제가 많은 것은 그러한 성령 현상이 하느님의 은사가 아니라 다른 영적 존재의 작용일 가능성이 큰 것입니다.

그 증거로 그동안 성령을 받았다고 하는 이들을 살펴보면, 세상을 구하는 좋은 일을 하거나 진리를 밝힌 것이 아니라, 오히려 이치에 맞지 않는 이상한 교리를 전하고 사회에 물의를 일으킨 사이비가 많았습니다. 이런 사실만 봐도 성령이라고 나타나는 신의 정체를 의심해 봐야 합니다.

특히, 오늘날 한국 사회에 성령의 은사가 불꽃처럼 일어나고 있는데, 왜 그러한 현상이 그동안 기독교를 믿어 온 정통 기독교 국가에서는 안 일어나고 한국에서만 크게 나타나고 있는지 심각하게 따져 봐야 합니다. 그래서 이러한 일을 보고 서구에서는 한국의 성령현상에 대해 깊은 경계의 목소리를 높이고 있습니다.

지금 성령 현상이 이성이 깨인 합리적인 서구 사회보다 한국에서 많이 나타나는 이유는 성령 현상이 합리적 이성이 자리 잡은 밝은 세상과는 어울리지 않기 때문입니다. 신성한 창조주는 진리로 자신을 나타내지 이 세상에 나타나 사사로운 행동을 하지 않습니다. 따라서 이 세상에 나타나 이치에 맞지 않는 이적을 보이는 신들은 한과 욕망을 풀기 위해 헤매는 존재들입니다. 그래서 한과 욕망과 집착으로 가득한 어두운 한국 사회에 더욱 많이 나타나고 있는 것입니다.

즉, 한국 사회에는 토속적인 무속 신앙의 전통이 있고 근대의 아픈 역사 속에서 한 맺힌 유혼들이 많이 떠돌기 때문에 이러한 잡신들이 신을 찾는 종교 속으로 들어와 성령으로 위장하여 자신을 하느님이라 속이며 성령 현상을 일으키고 있는 것입니다.

그중 대표적인 것이 일제강점기부터 내려오던 가짜 성령의 맥인데, 성령을 받았다고 구세주로 자처했던 많은 개신교의 지도자들, 즉 유명화, 이용도, 정득은, 김백문, 박태선, 정명석, 조희성으로 이어지는 계보를 살펴보면, 그토록 많이 나타난 성령들이 과연 진정한 하느님의 영인지 의문을 갖지 않을 수 없습니다.

그들은 한결같이 기독교 사상과 한국 전통 사상을 결합한 '짬뽕 교리'를 주장하고 있고, 게다가 색귀(色鬼)까지 붙어 있어서 "에덴동산에서 더럽혀진 인간의 원죄를 씻는다."는 말로 사람들을 현혹하여 영체 교환(일명 '피가름') 의식을 비밀리에 거행하고 있습니다. 그들은 『구약성경』에 나와 있는 에덴동산의 설화를 왜곡하여, 사탄의 상징인 뱀이 하와(Eve)를 범함으로써 사탄의 피를 전했고, 이 피가 이어져 인류가 더러운 원죄를 지닌 악의 혈통을 이어가고 있다고 주장합니다. 그래서 인간의 더럽혀진 피를 깨끗이 하기 위해서는 피를 갈아 주는 것이 필요한데, 예수께서는 영혼만 구원하셨기에 육신을 구원할 새로운 구세주를 만나 그와 관계를 가져야만 인간의 몸으로 흘러들어온 사탄의 피가 사라지고, 구세주의 깨끗한 피를 받은 자손이 생겨나 원죄가 소멸된 선한 인류의 혈통이 바로 선다는 것입니다. 그래서 지금도 사이비 종교에서는 혼음 시비가 끊이지 않고 있습니다.

역사를 살펴보면, 이처럼 영적 현상이 많이 나타나는 경우는 나라가 망할 때나 세상이 극히 어두워져 미신이 창궐할 때 일어나는 현상입니다. 따라서 우리나라에 성령이 많이 나타나는 것은 축복의 증거가 아니라 사회가 어둡고 불행하다는 증거이니 착각해서는 안 됩니다.

조희경(30대 주부)

　성령을 받아 마음의 평안을 얻었다는 분이 이웃에 살고 있습니다. 그분은 성령을 받는 것이 최고의 축복이라고 저에게 말하면서 자신이 다니는 곳에 같이 나가기를 간곡히 요청하고 있습니다. 그런데 지금까지 하신 말씀들을 보면 그런 현상들이 바람직한 것처럼 보이지는 않습니다. 하지만 마음에 평안을 주고 병을 치유하는 은사를 모두 나쁘게 볼 필요는 없지 않을까요?

 저자

　성령 현상은 성스러운 영이 인간의 몸속으로 들어오는 것입니다. 인간의 몸속으로 들어오는 영이 진정 신성하고 전지전능한 창조주 하느님의 영이라면 그보다 더 바람직하고 좋은 현상도 없습니다.

　하지만 우주를 창조한 거룩하고 위대한 창조주 하느님이 이기적이고 타락한 인간의 몸속으로 제멋대로 오가는 일은 없습니다. 왜냐하면 우주의 제일 원인인 창조주 하느님은 너무나 신성하여 탁한 인간 세계에 함부로 나타나지 않으며 완전한 이치로 공명정대하게 세상을 주관하지 개인의 은원에 사사로이 관여하지 않기 때문입니다.

　그렇다면 이 세상에 성령으로 출현하는 신들은 어떤 존재인가? 어떤 영적 존재가 하느님의 형상으로 나타났다고 해서 그들을 진짜 하느님의 영으로 보아서는 안 됩니다. 왜냐하면, 영이란 의식으로 이루어진 존재라서 자신이 마음먹기에 따라 그 모습을 변장하여 나타날 수 있기 때문입니다. 그것은 연극에서 배우가 맡는 배역에 따라 거지가 되기도 하고 왕이 되기도 하는 것과 같은 이치입니다.

따라서 성령이라며 들어온 영이 참된 하느님의 영이 아니라 빛과 천사로 변장하여 나타난 삿된 영적 존재라면, 그 영을 받은 사람은 하느님의 종이 아니라 떠도는 신의 노예가 되어 사는 것이 되니, 참으로 끔찍한 일이 아닐 수 없습니다.

우리나라에서는 예로부터 신들린 사람을 가장 천하게 취급했는데, 이는 자기 정신을 잃어버리고 남의 의식으로 살기 때문입니다. 이렇게 잘못 영을 받아들이면 자신의 몸을 귀신에게 내주고 고귀한 영혼을 완전히 망치고 자신의 생명의 종자를 이 우주에서 영원히 끊어지게 하니 매우 조심해야 합니다.

그러면 이런 못된 짓을 하는 잘못된 신들을 하느님이 왜 가만히 두느냐고 의문을 품을 것입니다. 그러나 하느님은 잘못된 사람들을 당장에 처벌하지 않듯이 잘못된 신들에 대해서도 바로 벌을 주거나 심판하지 않고 인과가 무르익었을 때 비로소 그 심판을 하고 처벌하게 됩니다. 그래서 이 세상은 심판의 때가 올 때까지 악은 악대로 선은 선대로 움직이며 세상을 꾸미고 있는 것입니다.

그렇다면 사람들에게 나타나 평안을 주고 병을 치유하는 성령 현상은 어떻게 이루어지는가? 바로 여기에 인간 세상을 지배하려는 어둠의 세계의 영적 비밀이 있습니다. 종교나 무속에서 나타나는 영적 존재들은 의식체이기 때문에 인간 속으로 들어오면 그 정신에 작용합니다. 그래서 인간의 정신을 지배하여 자아를 망각하게 합니다. 그러면 자기를 잃어버린 사람들은 그동안 삶의 무게로 억눌려 있던 모든 고민과 고통을 잊어버리고 한순간 평안함과 황홀감을 느끼는 것입니다.

그러나 그것은 마치 마약과 같아서 몸에 들어올 땐 희열을 느끼게 하지만, 결국 자기 상실을 가져옴으로써 삶을 망치게 합니다. 그래서 소위 성령이란 걸 받을 땐 마음이 평안해지고 황홀경을 느껴 마치 구원이 된 듯한 착각이 들지만, 그것은 일시적인 심리 현상일 뿐 현실의 문제는 그대로 남아 있습니다. 그래서 현실로 돌아오면 그 무게를 감당할 수 없어서 다시 이를 잊어버리려고 종교단체로 나가는 것입니다. 이것이 영적 종교가 번성하는 가장 큰 이유입니다.

그렇게 되면 현실에는 더 소홀하게 되고, 더욱 성령에 매여 완전히 비현실적인 사람이 되는 것입니다. 마치 한번 마약에 빠지면 계속 그 마약에 의존해 사는 비정상적인 사람이 되듯이, 신에 빠지게 되면 제정신을 잃어버리고 신이 시키는 대로 사는 비정상적인 모습을 보이게 되는 겁니다. 이런 이유로 신에 빠진 나라는 합리성을 잃고 어둡고 불행해지는 것이며, 신에 감염된 사람은 자기를 잃고 인생을 망치게 되는 것입니다.

그리고 우리나라 신흥종교들이 신자를 늘리는 효과적인 선전수단인 성령 치유 현상 속에 있는 비밀을 살펴보면, 여기에는 이독제독(以毒制毒)의 원리가 숨어 있습니다.

성령 현상으로 낫는 병은 대부분 몸에 나쁜 음기(陰氣)가 침입해 생긴 신병들입니다. 음기(사기, 유혼)는 죽은 자의 기운으로, 살아 있는 사람의 몸에 붙으면 의학적으로 알 수 없는 여러 가지 병증을 보이게 됩니다. 따라서 이러한 음기는 기운 현상이기 때문에 더 강하고 독한 기운이 들어오면 물러나게 됩니다.

그래서 무당들이 칼과 창을 들고 난리굿을 하고, 종교인들이 안수기도를 한다면서 위대한 신의 이름으로 몽둥이를 들고 환자를 때리는 것에도 바로 이런 이유가 들어 있습니다. 즉, 몸에 붙은 작은 음기를 겁을 주어 쫓아내는 것입니다.

그러나 이러한 일은 반드시 효과를 본다고 말할 수가 없으며, 설령 일시적으로 호전을 보인다고 해도 결국 재발하거나 더 큰 문제를 낳게 합니다. 아주 독한 음기는 말을 듣지도 않을뿐더러, 영리한 음기는 겁을 줘도 가짜인 줄 알기에 떠나지 않습니다. 게다가 설사 도망간다 해도 인연에 따라 다시 돌아오기도 하므로, 재발하는 경우가 비일비재합니다.

그리고 영적 치유 과정에서 강한 신기를 사용하게 되면 그 사람의 의식은 새로운 강한 영이 지배하게 되므로 그 사람의 영혼은 뒷방살이 신세로 전락하게 됩니다. 이렇게 외부에서 다른 신이 들어와 인간의 의식을 지배하게 되면, 그 사람은 자기의 의식을 스스로 사용하지 못하기 때문에, 삶을 통해 자기 영혼을 성숙시키지 못하고 그야말로 쭉정이로 변하게 됩니다. 그러면 빈약해진 영혼은 인간으로서 지녀야 할 기본적인 영혼의 수준을 유지하지 못하기 때문에 죽음 이후 유혼이 되어 지옥을 헤매다 미물로 태어나게 됩니다. 이것이 잘못된 인연으로 떠도는 신에게 자신의 영혼을 지배당한 채 불행한 삶을 산 인간의 결말입니다.

 질문 3

김갑수(70대 노인)

한 유명한 종교인은 세상의 모든 문제가 인간이 하나님의 뜻을 함부로 어기고 교만한 지혜를 내어 자기 마음대로 살아가기 때문이라고 말하고 사람도 있습니다. 그래서 현대 문명의 한계를 극복하기 위해서는 인간이 자기를 버리고 신에게 모든 것을 내던질 때 비로소 인간소외를 극복하고 행복과 평안을 되찾을 수 있다고 합니다. 과연 이 말이 진실일까요?

 저자

　신을 세상의 주인이라고 보는 신본주의자들은, 인간이란 근본적으로 원죄가 있는 나약한 존재로서 결국 신을 찾게 되므로 창조주 하느님의 품 안에서 그분이 시키는 대로 사는 것이 가장 올바른 인간의 삶이라고 생각하는 경향이 있습니다.

　그러나 역사 속에서 신본주의의 가장 큰 문제는 신의 뜻과 계시대로 살라고 하는데, 그들이 믿는 신이 과연 창조주 하느님인지 다른 영적 존재인지 구분하기 어렵고, 그 신의 뜻이 무엇인지 아무도 정확히 알 수 없다는 데 있습니다. 왜냐하면, 그동안 하느님의 뜻으로 나타난 많은 계시들이 하느님의 말씀이라고 하기에는 너무나 지엽적이고 사소한 일이었으며, 게다가 대부분 많은 사회적 문제를 불러일으켰기 때문입니다.

　여기에 대해 기독교인들은 영원한 진리이며 일점일획의 오류가 없는 성서에 하나님은 비유와 상징을 통해 모든 답을 마련해 놓았으며 하나님은 기도와 성령을 통해 생활 속에서 그 길을 하나하나 깨우쳐 주신다고 이야기합니다. 그러나 이러한 막연한 주장은 현대인들의 삶의 길잡이가 되기에는 매우 부족합니다. 맹목적인 기독교인이라면 그럴 수 있겠지만, 급속히 흘러가는 긴장된 삶 속에서 수많은 문제들을 해결하며 살아가야 하는 현대인의 입장에서는 분명한 지침이 없는 상황에서 막연한 기도와 계시만을 기다리는 것은 매우 비현실적이고 불합리한 일이기 때문입니다.

　그렇다면 이처럼 알 수 없는 미지의 신과 불확실한 신의 뜻을 맹목적으로 믿고 의지하며 자신의 모든 것을 바치고 살았을 때 인류에게 어떤 결과가 돌아왔는지 역사에서 살펴보도록 하겠습니다.

신에게 모든 것을 바치고 신에 의지하여 성령의 계시대로 산 대표적인 신본주의 국가가 바로 '이스라엘'입니다. 그러나 신을 맹신하던 그들도 창조주 하느님의 진정한 뜻을 몰랐습니다. 그 증거로 그들은 이 세상에 나타난 자 중 유일하게 창조주 하나님의 뜻을 알고 있던 예수를 하느님과 신앙의 이름으로 십자가에 매달았습니다.

그리고 유대교에서 성령의 비가 쏟아졌지만 유대 민족은 망했고, 또한 기독교를 국교로 삼아 하느님을 본격적으로 섬기기 시작한 중세 유럽 사회는 1,000여 년간 무지몽매한 맹신 속에서 문명이 사라지고 인간성이 말살되는 암흑기를 보내게 됩니다.

중세 봉건시대에 신의 대리자로 절대적 권위를 행사하던 무오류(無誤謬)라고 불리던 교황이 있었지만, 그분 또한 무엇이 신의 뜻인지 알지 못했습니다. 교황들은 신의 뜻과 이름으로 수많은 큰일들을 치렀는데 그중 대표적인 것이 십자군 파병과 면죄부 판매입니다. 십자군전쟁은 야만국에 신의 뜻을 전하고 성지를 회복한다며 신의 이름을 내걸고 행해졌지만, 십자군들이 인근 도시를 점령하는 과정에서 저지른 약탈과 죄악은 역사 속에 유명하며, 결국 용기와 순박함이 넘치던 아랍 국가에게 패하고 말았던 것입니다. 그리고 교회의 치부를 위해 신의 이름으로 죄를 사해 준다는 면죄부를 판매했지만, 그 결과 교황의 권위가 무너지고 종교개혁이 일어나 중세 시대가 종언을 고하는 원인이 되었던 것입니다.

이러한 역사적 사실이 증거로 분명히 있음에도 불구하고 신에게 모든 것을 의지하며 신의 뜻과 계시에 따라 살라고 하는 것은, 다시금 인류를 무지에 빠뜨려 과거처럼 불행한 역사를 되풀이하라는 어둠의 유혹인 것입니다.

따라서 그들이 말하고 있는 논리는 인간이 삶의 주체가 되어 지은 대로 받으며 살라고 하는 완전한 뜻과 이치에 어긋나는 주장이며, 거짓과 환상을 퍼트려 세상을 망치는 잘못된 언행인 것입니다.

사후 세계는 존재하는가

●

 김갑수(70대 노인)

종교 같은 곳에서는 현실 세계 밖에 또 다른 사후 세계가 존재한다는 말을 많이 합니다. 하지만 그러한 주장들은 과학적 교육을 받은 현대인들에게는 믿기 어려운 이야기로 들립니다. 깨달음을 얻어 세상을 본 성자들은 그런 사후 세계에 대해 어떻게 이야기했는지 궁금합니다.

 저자

완전한 마음의 눈이 열려 우주의 실상과 생명의 질서를 한 눈으로 보신 성자들은 한결같이 사후 세계의 존재와 생명의 이치에 대해 밝혔습니다.

유럽의 성자인 소크라테스는 『파이돈』에서 이렇게 말합니다. "산 자는 죽은 자로부터 오며, 죽은 자는 산 자로부터 온다. 따라서 모든 생명은 죽은 것으로부터 나타나므로 당연히 죽은 뒤에 영혼이 존재한다."

그리고 인간에게 가장 중요한 것은 영혼의 자유와 평안을 얻는 것이라고 하면서 이렇게 말합니다. "영혼이 육체의 욕망에 이끌릴 때는 어지럽고 어둡고 탁하고, 육체에서 자유로울 때는 맑고 지혜롭다." "혼이 저승으로 가면서 지니고 가는 것은 오직 교육과 체험밖에 없으니, 혼이 악으로부터 벗어날 수 있는 방법은 오직 선하고 지혜롭게 되는 수밖에 없다. 이것이 죽은 영혼의 행복과 불행을 결정한다."

"영혼은 저승에서 있어야 할 시간 동안 머물렀다가, 다시 이승으로 오게 된다. 영혼이 욕망과 쾌락에 매여 있으면 육체에 계속 매이게 된다. 그래서 물질적 세계인 현실과 무덤을 배회하면서 계속 헤매게 된다. 이러한 망령은 선한 자가 아니라 비천한 자이다. 이러한 망령은 전생의 생활이 나빠서 벌을 받고 있는 것이다."

"영혼의 자유를 얻고자 하는 자는 모든 육체적 얽매임의 욕망과 쾌락에서 벗어나야 한다. 이를 위해서는 철학으로 무지를 깨치는 지혜(깨우침)를 얻어야 한다. 그리하여 자신을 충분히 정화한 사람은 감옥과 같은 지상에서 벗어나 순수한 곳으로 올라가서 그곳에서 살게 된다. 그리고 철학으로 무지를 깨치고 지혜를 얻은 사람은 영원히 육체 없이 살게 되며 순수한 곳보다 더욱 아름다운 거주지에 머물게 된다."

이와 같이 삶과 죽음을 하나로 관통하는 생명의 질서가 있고 지은 대로 받는 완전한 천국과 지옥이 있음을 보았기에 소크라테스는 자기를 모함하여 죽이려는 자들도 용서할 수가 있었던 것입니다. 그는 법정에서 마지막 변론을 하면서 다음과 같이 천국에 대해 이야기합니다.

"죽음은 이 세상에서 저세상으로 가는 것이고, 저세상에 우리보다 먼저 죽은 현자들과 성자들이 살고 있는 것이 사실이라면, 저세상에 가서 그분들과 함께 사는 것보다 더 행복한 일이 어디 있겠소? 그런 곳으로 갈 수만 있다면, 나는 한 번이 아니라 백번이라도 죽을 수 있소. 그러므로 재판관 당신들이나 시민 여러분도 결코 죽음을 두려워할 필요가 없으며, 선한 사람은 삶과 죽음 속에서도 악이 결코 자리잡을 수 없다는 사실을 잊지 말아야 할 것이오. 이렇게 완전한 사후 세계가 나를 기다리고 있기에, 나를 심판한 사람들의 의도가 나에게 악을 행하는 것이있다 해도, 나는 그들은 물론 나를 고발한 사람들에게도 화를 내지 않는 것이오. 자, 이제 헤어질 시간이 왔소. 나는 죽기 위해 가고 당신들은 살기 위해 가지만, 우리 중 누가 더 나은 운명을 향해 가는지는 오직 신만이 아실 것이오.”

이처럼 소크라테스가 세상을 보는 열린 눈을 가지고 삶과 죽음, 이승과 저승, 육체와 생명, 개인과 사회로 연결되는 우주의 실상과 완전한 진리에 대해 이야기하자, 눈앞의 세상만 보며 자기 논리에 빠져 궤변을 일삼던 소피스트들은 자신들의 한계와 허구를 날카롭게 지적하는 소크라테스를 겉으로는 아무 반박도 하지 못하고 속으로는 미워서 그를 제거하려 했던 것입니다.

이것은 예수님이나 부처님도 마찬가지였습니다. 그분들이 진리를 펼때는 항상 천국과 지옥의 논리로 사람들을 깨우쳤습니다. 예수님은 처음 전리를 전할 때 “회개하라! 천국이 가까이 왔느니라.”라는 말로부터 시작하였고 “육신을 죽이는 자를 두려워할 것이 아니라 곧 죽인 후에 또한 지옥에 던져 넣는 권세 있는 하느님을 두려워하라.”고 했습니다.

그리고 좋은 삶을 산 자에게는 “창세로부터 너희를 위하여 예비된 나라를 상속받으라.”고 하시고 잘못된 삶을 산 자에게 대해서는 “저주를 받은 자들아 나를 떠나 마귀와 그 사자들을 위하여 예비된 영원한 불에 들어가라"고 하시며 "악인은 영벌에, 의인은 영생에 들어가리라." 고 하였습니다. 그리고 착한 거지는 죽어 천사들에게 받들려 천국에 들어가고, 부자는 죽어 지옥의 불꽃 가운데서 괴로워하는 사례를 들어 천국과 지옥을 증거하였습니다.

그리고 초기의 원음을 기록한 『이티부타카』, 『숫타니파타』, 『법구경(法句經)』과 같은 초기 불교 경전들을 보면, 부처님의 설법이 대부분 선업과 악업을 통한 과보로 천상과 지옥에 간다는 댓구 형태의 구절로 되어 있으며, 자신이 지은 결과에 따라 육도윤회(六道輪回)를 하게 된다고 하였습니다. 그리고 당신께서도 이 땅에 와서 부처가 되기 전 전생에 아라한(阿羅漢)으로 천상에 계셨다고 분명히 말했습니다.

참고로, 『이티부타카』에 나오는 몇 가지 경의 내용을 살펴보겠습니다.

"참모임을 분열시키고 불화를 즐기고 비법에 머무는 자, 멍에로부터의 안온과는 멀어져 참모임의 화합을 깨뜨리고 영겁을 지옥에서 시달린다. 화합을 즐기고 정법에 머무는 자, 멍에로부터의 안온에서 멀어지지 않고 참모임의 화합을 이루어 영겁을 천상에서 기뻐한다."―「참모임에 대한 경(Saṅghabhedasutta)」

"신체적 악행을 짓고 언어적 악행을 짓고 정신적 악행을 짓고 다른 잘못을 짓는다. 착하고 건전한 것을 행하지 않고 오히려 악하고 불건전한 것을 행하니, 지혜롭지 못한 자는 몸이 파괴된 후 지옥에 태어난다. 신체적 악행을 끊고 언어적 악행을 끊고 정신적 악행을 끊고 다른 잘못을 짓지 않는다. 악하고 불건전한 것을 행하지 않고 더욱 착하고 건전한 것을 행하니 지혜로운 자는 몸이 파괴된 후 천상에 태어난다." ―「가책에 관한 경(Tapanīyasutta)」

"악한 계행과 악한 견해의 이러한 두 가지 원리를 갖춘 사람은 몸이 파괴되어 죽은 뒤에 지옥에 태어난다. 선한 계행과 선한 견해의 이러한 두 가지 원리를 갖춘 사람은 몸이 파괴되어 죽은 뒤에 천상에 태어난다."—「계행의 경(Papakasīlasutta, Bhaddakasīlasutta)」

이처럼 이 세상의 실상과 진리를 있는 그대로 본 모든 성자들의 가르침은 사후 세계가 자신이 짓는 대로 과보를 받는 완전한 생명의 질서 속에서 이루어지고 있음을 밝히고 있습니다.

 김갑수(70대 노인)

윤회와 사후 세계가 실재한다면 사람이 죽어 다시 태어나기까지 어떤 과정을 거치게 되는지, 사후 세계의 모습에 대해 좀 더 상세히 알고 싶습니다.

 저자

사람이 죽으면 가슴 속에(정확히 명치 부근) 들어 있는 인간의 영혼이 아뜩한 기분이 들면서 몸 밖으로 빠져나옵니다. 이때 영혼은 자신의 죽은 몸을 바라보며, 자신이 영혼을 부정했던 것이 얼마나 무지한 생각이었는지 뒤늦게 알게 됩니다. 그는 자신의 가족과 친지, 이웃들이 자신의 죽은 몸 앞에서 장례를 지내는 것을 보고 그들과 말을 하려고 시도해 보지만 그들은 전혀 그의 존재를 알아챌 수가 없습니다. 영혼은 우주에서 가장 미세한 기운이기 때문입니다.

그리하여 죽음을 맞은 망자(亡者)들은 자신이 닦아온 영혼의 수준에 따라 후생을 받게 됩니다. 이때 인간의 영혼이 맑고 가벼워지면 높이 떠오르고, 한과 집착이 많으면 무거워져 밑으로 가라앉는 자연의 이치에 의해 각각 가는 곳이 정해집니다.

일반적으로 큰 한이나 집착 없이 평균적인 삶을 산 영혼은 다시 인간으로 태어나게 됩니다. 이러한 평범한 인간의 영혼은 그 탁기가 끈끈한 인간계에 어울리는 수준이기에 그 속에 스며들어 순환의 원리에 따라 돌게 됩니다. 마치 콩이 콩을 낳고 팥이 팥을 낳듯이, 정상적인 인간은 다시 인간으로 태어나는 순탄한 재생의 과정을 밟게 되는 것입니다.

이런 영혼의 경우, 죽은 후 얼마 안 있다가 여름철 소나기같이 깊은 잠이 쏟아지며 모든 기억을 잊고 새 생명으로 환생하게 됩니다. 이때 깊은 잠 속에서 모든 것을 잊고 다시 태어나는 이유는 한 알의 밀알이 새싹을 내기 위해서는 과거의 씨앗을 완전히 썩혀 자기 자신을 모두 잊어야 새 생명을 얻을 수 있기 때문입니다. 만약 자신을 버리지 않으면, 마치 선반 위에 방치된 백합 구근처럼 싹을 틔우지 못하고 곯은 채로 과거의 뿌리로 머물러야 합니다. 그래서 오랜 시간을 과거의 상태로 머물다 결국 새로운 자기로 나지 못하고 썩어버리게 되는 것입니다.

그런데 일반적인 경우보다 더 좋은 삶을 살아 업의 충동을 정지시켜 버린 영혼은 마음의 평안을 얻어 맑고 가벼워졌으므로 끈끈한 윤회의 순환대에서 벗어나 높고 안락한 차원에 이르게 됩니다. 이곳은 세상의 끈끈한 습기와 인력권에서 벗어나 지구의 변화에도 영향을 받지 않고, 자기 영혼을 오래 보존할 수 있으므로 "영혼이 구원을 얻었다."고 하여 '영생계(永生界)'라고 합니다.

그리고 여기서 더 나아가 큰 공덕행으로 자신의 업과 집착과 욕망을 정화하여 순수한 의식 상태에 이르게 된 영혼은 완전한 의식들이 가게 되는 가장 높은 차원인 '천상계(天上界)'에 오르게 됩니다. 이 세계는 뜻만으로 모든 것이 이루어지는 그야말로 천국입니다.

이처럼 영생계와 천상계와 같이 높은 차원에 도달한 영혼들은 그곳에 오래 머무르면서 자신을 보존하고 자신이 원할 때 이 세상에 다시 내려와 자신의 영혼을 완성시키게 됩니다. 이들은 그 근기가 매우 높기 때문에 이 세상에 태어나면 대학자나 전륜성왕이나 성자가 됩니다. 부처님도 과거 생에 아라한으로 천상에 머물다가 이 세상에 다시 태어났다고 했으며, 이런 연유로 "속세로 나갔으면 전륜성왕이 되었겠지만, 진리의 길로 나섰기에 해탈을 이루었다."고 했던 것입니다.

그러나 이와 반대로 잘못된 삶을 살아 강한 욕망과 집착과 한에 의해 무거워지고 혼탁해진 영혼은 윤회의 흐름에도 들지 못하고 세상의 제일 밑바닥으로 떨어져 악몽 속을 헤매듯 지옥의 고통에 빠져들게 됩니다.

그런데 오늘날 대부분의 사람들은 어두운 세상의 탁류에 빠져 강한 욕망과 애착 속에 살기 때문에 죽어도 자신의 생을 놓지 못하고 계속 이승에 집착하여 끊임없이 현실에 간섭하려 합니다. 이때 떠도는 영혼들은 과거의 자기 속에 머물러 계속 살아 있는 것처럼 움직이므로, 남겨진 환경이나 인연들이 살아 있을 때와 똑같이 보이게 됩니다. 그렇게 되면 그들은 이승에 매여서 저승으로 떠나지 못하는 유혼이 된 것입니다.

문제는 그때부터입니다. 유혼은 몸이 없기 때문에 이승의 환경이 너무나 가혹하게 다가옵니다. 몸이라는 보호막이 없는 영혼은 그 의식이 무한대로 펼쳐지고 환경의 변화에 예민하게 반응하므로 많은 꿈을 꾸게 되므로 환경의 변화에 따라 무제한의 환상과 고통을 겪게 됩니다.

영이 겪게 되는 이러한 꿈과 환상은 유계 나름의 존재 양식에 의해 불안과 공포가 형상화되어 갖가지 괴물과 위험과 고통으로 나타납니다. 그래서 기압의 변화가 생기면 그 의식이 압력을 받는 과정에서 몸이 산산이 부서지는 듯한 엄청난 고통과 환상을 느끼는데 이것이 철산지옥(鐵山地獄)이며, 여름날 뜨거운 태양열 아래에선 화탕지옥(火蕩地玉)을, 겨울의 차가운 얼음 속에선 한빙지옥(寒氷地獄)을 맛보게 됩니다. 이것을 세상에서는 보통 '지옥'이라고 말하는데, 이처럼 지옥이란 따로 있는 것이 아니라 현실을 떠나지 못하고 맴도는 영혼이 이승에서 겪는 영적 고통입니다.

그리하여 지옥의 고통에 시달린 유혼은 그 근본 기운인 진기(眞氣)가 고갈되고 피폐해져 마침내 자신의 영혼이 갈라지고 흩어져 동물이나 식물로 태어나는 과보(果報)를 받게 됩니다.

이렇게 유혼이 세상에 머물며 헤매는 기간은 그 한과 집착이 엉킨 정도에 따라 달라집니다. 자연은 모든 것을 동화시켜 순환시킵니다. 쇠도 자연 속에 오래 두면 산화되어 자연으로 돌아가고, 모든 생명체들도 죽으면 자연으로 돌아가 다시 흩어져 순환하는 과정을 거칩니다.

따라서 인간의 영혼도 죽으면 자연의 힘과 중력에 의해 흩어지면서 자연에 동화되어 순환하게 되는 것입니다. 그런데 이렇게 동화되어 순환하는 정도는 그 기운이 얼마나 강하게 엉켜 있느냐에 따라 달라집니다. 맺힌 것이 없으면 자연의 힘으로 빨리 풀려 금방 다시 윤회하게 되지만, 의식에 맺힌 것이 많고 딱딱하게 굳어 있으면 그것이 풀리는 기간이 오래 걸리며, 그것이 풀리는 동안 자신이 산산이 부서지고 사라지는 고통을 겪게 됩니다.

이렇게 완전한 순환의 원리와 우주적 질서 속에서 생명과 의식이 태어나고, 인과법에 의해 자신이 짓는 것에 따라 완전한 사후 과보를 받으면서 완성과 소멸을 향해 나아가고 있는 것입니다.

 백형식(40대 직장인)

사후 세계는 몇 가지로 나뉜다고 하셨는데, 평범한 삶을 산 사람들은 계속 현상계로만 태어나는 것인지요? 그리고 영생계나 천상계와 같이 높은 차원에 오른 영혼들은 평안하고 행복한 그곳에 계속해서 머물지 않고 왜 다시 혼탁한 이 세상으로 돌아오는지 모르겠습니다.

 저자

콩이 콩을 돌아 콩임을 알리고 팥이 팥을 돌아 팥임을 증명하듯이, 인간은 정상적인 삶을 살 경우 당연히 인간으로 이 세상에 다시 태어나게 되어 있습니다. 그리고 모든 존재는 유한하므로 영생계와 천상계에 오른 영혼들도 일정한 수명을 가지고 있습니다. 따라서 다시 생명의 세계로 태어나 자신의 영혼을 이루는 근본 힘인 진기(眞氣)를 보충하지 않으면 소멸하게 됩니다.

이 세상은 윤회와 인과법을 그 존재 원리로 하기 때문에 모든 존재는 순환을 통해 자신의 생명력을 보충합니다. 그래서 수명이 다한 신들은 그 차원에서 죽어서 다시 생명의 차원으로 나서 자신의 진기를 보충하고 더 좋은 자기를 만드는 것입니다.

그리고 천상에 오른 신들은 생명이 가야 할 길에 대해 분명히 잘 알고 있기 때문에 언젠가 다시 생명의 세계에 태어나 자신을 잘 농사지

어 더 이상 부족함이 없는, 해탈이라는 완전한 경지에 이르려는 소망을 가지고 있습니다. 왜냐하면, 모든 영적 존재는 열매와 같은 결과체로서 천상의 신들도 다시 생명으로 태어나 좋은 원인을 짓지 않으면 더 이상 자신을 좋게 변화시킬 수 없기 때문입니다. 즉, 열매는 수확이 된 상태에서는 더 이상 변화하거나 성장할 수 없으며, 반드시 이 세상에 다시 심어져 싹을 틔워야만 새로운 자기를 지을 수 있는 것입니다. 그래서 높은 차원에 있는 신들도 자신을 완성시키기 위한 원인을 짓기 위해 이 세상에 다시 태어나며, 인간 또한 영원한 완성의 여정 속에서 더 나은 자기를 얻기 위해 이 세상에 다시 태어나는 것입니다.

문명의 종말과 UFO

 백형식(40대 직장인)

　현대문명의 미래에 대해서는 사람들마다 말이 많습니다. 더구나 요즘 들어 풍요로운 생활과 기술의 발달과는 달리 갖가지 나쁜 일들이 많이 생기는 걸 보면 문명이 과연 좋은 것인지 모르겠습니다. 문명은 무한대로 계속 발전할 수 있을까요? 아니면 결국 종말을 맞게 되는 것일까요? 궁금합니다.

 저자

　인류문명을 보는 시각은 계속 진화한다고 하는 입장과 생(生)과 사(死)를 거듭하며 순환한다는 입장, 두 가지가 있는 것 같습니다. 인류문명이 계속 진화하며 발전한다는 견해는 근대에 들어서 서양 학자들이 많이 주장한 것인데, 그들은 자신이 속한 서구 국가들이 산업과 과학을 발전시키고 세계를 지배하며 계속 번성해 나가니까 문명도 그렇게 지속적으로 발전할 수 있을 것이라고 생각한 것입니다.

　그러나 우주의 실상에 눈을 뜬 성자들은 인류 역사가 순환한다고 보았습니다. 모든 존재는 시간이 흐르면 죽음을 맞고, 자신의 씨를 남겨 다시 새로운 자기를 지음으로써 영원히 존재하게 됩니다. 만약 어떤 존재가 죽지 않고 자기를 영원히 유지하려 한다면, 그 존재는 후생의 씨앗으로 남길 자신의 나머지 진기마저 모두 소모하여 영원히 소멸해 버리게 됩니다. 이런 이유로 완전한 하늘은 이 세상의 모든 존재를 영원히 지속시키는 방법으로 윤회법(순환법)을 만들었던 것입니다.

　대기의 흐름과 바다의 조류도 끝없는 순환을 통하여 살아 움직이고, 물도 바다와 하천과 하늘과 세상을 돌며 끝없이 순환합니다. 모든 생명체도 대대로 내려가며 순환을 통하여 종을 이어가고, 하늘에 빛나는 태양도 핵분열과 융합이라는 순환 과정을 반복하면서 영원히 자기의 역할을 계속 수행하고 있습니다. 심지어 생명체의 모든 기관들도 신진대사의 순환을 통하여 생명을 유지하고 있습니다.

　이러한 순환의 철칙에는 인류 역사나 지구, 그리고 우주도 예외가 될 수 없습니다. 여기에는 현대학문이 알지 못하는 비밀이 있는데, 인류 역사도 매번 멸망과 재생을 거듭하며 끝없이 되풀이되어 왔다는 사실입니다.

　그리하여 한 세대의 인류가 멸망해 끝나고 어둠이 걷히면, 새로 열린 세상에선 매우 맑고 높은 의식을 지닌 인류가 나타나 새로운 문명을 시작하게 됩니다. 그래서 인류의 태초 설화들이 에덴동산의 지상천국이나 요순시대 같은 태평성대를 그리고 있는 것입니다. 인류의 시초에 나타나는 사람들은 영생계나 천상계에 머물던 영혼들이 내려오기 때문에 그 의식이 매우 맑고 순수하여, 스스로 자연과의 조화를 찾고 지혜를 발휘하여 문제를 해결하므로 안락하고 평안한 삶을 살아가게 됩니다.

그러다 점차 무지와 욕망이 커지면서 영혼이 탁해지고 문명이 활발히 일어나게 되는데, 이것이 극도로 발전하면 한과 욕망과 집착이 쌓여 세상이 어두워지고 자원과 생명력이 고갈되는 오탁악세(五濁惡世: 모든 악이 다 모인 어두운 세상으로 말세를 이름)가 찾아오게 됩니다. 그러면 인류 문명은 다시 변화기(變化期)를 맞아 사라지고, 새로운 자연환경과 문명이 나타나게 되는 것입니다. 이것이 인류 문명이 도는 이치이며, 영원한 생존원리로 피할 수 없는 인류의 운명입니다.

 김종민(남자 대학생)

많은 사람들이 외계인의 존재 가능성을 높게 보고 있으며, UFO를 봤다는 사람도 많이 있습니다. 지구 밖에는 우리가 모르는 세계도 있고, 우리보다 발달한 고도의 문명을 가진 외계인들도 존재하지 않겠습니까? 그렇다면 언론에 계속 보도되고 있는 UFO 같은 것도 사실로 존재하는 것이 아닐까요?

 저자

이 우주는 살아 있기 때문에 생명이 살 수 있는 조건이 갖춰지면, 자연스레 그곳에는 생명체와 인간과 같은 존재가 나타나 문명을 발전시키게 됩니다. 그러니 우주 어딘가에 우리가 모르는 외계인들도 분명히 존재한다고 볼 수 있습니다.

그러나 순환의 이치에 의해 신과 같은 차원에 이르도록 무한정 발전하는 문명은 존재할 수가 없습니다. 왜냐하면, 문명이 번성하면 그만큼 정신이 타락하고 환경은 파괴되므로, 결국 변화기를 맞아 사라지고 다시 새로 시작하기 때문입니다. 그러니 수만 년 동안 생명을 유지하면서 지구로 이동해 올 만큼 발달한 외계문명은 존재하지 않습니다.

과학자들이 가장 가능성 있게 보는 건 태양계에서 제일 가까운 항성인 프록시마별에서 지구에 오는 경우인데, 이것은 프록시마별의 환경이 지구와 비슷해 생명이 존재하고 문명을 발전시킬 개연성이 높기 때문입니다.

그럼 이 별에서 지구에 오는 경우를 생각해 봅시다.

프록시마별은 지구에서 4.3광년 떨어져 있다고 하는데 1광년은 빛이 초당 30만km씩 1년 동안 달리는 거리이므로, 4.3광년이면 초당 20km 속도의 우주선으로 대략 6만 4,500년이 걸리는 거리입니다. 따라서 가장 가까운 별에서 지구에 오더라도 6만 년 이상의 시간이 걸리므로, 육체적 생명을 지닌 외계 생명체가 비행물체를 타고 그 오랜 시간을 지구로 온다는 것은 불가능한 일입니다. 지구 상에 처음 인류가 나타나 인류 문명을 꾸민 역사도 만 년이 안 되는데 누군가 비행체에 몸을 싣고 수만 년 동안 날아온다는 것은 있을 수 없는 일인 것입니다. 따라서 현재 나타난다고 하는 UFO는 실재하지 않은 환상 속의 이야기거나 다른 물체를 잘못 본 것일 가능성이 높습니다.

만에 하나 외계인이 '순간이동' 같은 기술로 생명을 유지하면서 지구까지 날아올 수 있는 정도로 문명이 발달했다면, 그들은 생명을 무한대로 연장하는 신의 능력에 가까운 문명을 이룩한 종족이라고 할 수 있을 것입니다. 그러나 의식을 지닌 종족이 자신의 영혼을 타락시키지 않고 신과 같이 고도화된 문명을 만드는 일은 불가능합니다. 그것은 순환하도록 되어 있는 자연의 이치에 맞지 않기 때문입니다.

따라서 언론지상에 나타나 화제가 되는 UFO 현상은 환상이거나 거짓으로 보는 게 올바른 판단입니다. 그래서 대부분의 UFO 관련 주장들이 모두 조작이나 거짓으로 판명되고 있는 것입니다. 사실이 이러하니 더 이상 그런 것에 관심을 두지 말고, 자신 앞에 놓인 현실을 중시하여 그 속에 있는 이치를 깨우쳐 자신의 삶을 성공적으로 만드는 데 집중하시기 바랍니다.

 박지윤(여자 대학생)

'변화기(變化期)'는 종말을 뜻합니까? 종말론자들은 사회에서 이단으로 취급받고 지탄을 받고 있는데, 이곳에서 종말을 언급하시는 것에 매우 놀랐습니다. 어떤 근거에서 그런 말을 하시는지요?

 저자

변화기를 이해하기 위해서는 먼저 지구의 순환 과정을 알아야 합니다. 한 세상이 지진, 화산과 해일에 의해 변화기를 겪고 나면 이 세상에는 강력한 기운들이 충만하게 되는데, 그러한 기운들이 세상을 가득 채우게 되면 분출하는 지구 내부의 압력과 점차 균형을 맞추어 세상은 안정되기 시작합니다. 그러면 다시 지상에는 생명이 거주할 수 있는 환경이 조성되면서 수많은 생명체가 생겨나게 되고, 이런 것들이 중력을 형성하는 주요한 요소가 되어 지구의 안정에 결정적인 역할을 하게 됩니다.

그런데 여기에 현대과학이 알지 못하는 비밀이 있으니, 그것이 바로 생명과 의식의 힘입니다. 그리고 생명력 중에서 가장 강한 인간의 의식은 우주에 존재하는 기운 중 가장 맑게 정화된 요소로서 스스로 느끼고 판단하고 창조하고 움직이는 강한 원력을 지니고 있습니다. 그래서 생명의 순환으로 의식을 포함한 생명력이 돌게 되면 그곳에는 인력대가 형성되게 됩니다.

성자들이 이야기했듯이 지구는 완전한 법계이며 조화체이기 때문에 이렇게 지구의 내부 압력과 대기권의 기압, 그리고 생명력의 순환이 가져오는 인력대가 조화를 이루어 균형을 유지하고 있습니다. 이러한 균형 중에서 어느 것 하나라도 깨어질 경우 커다란 변화가 일어나 새로운 균형을 찾을 때까지 혼란기가 계속되는데, 그중에서도 가장 중요한 변수는 생명력의 순환입니다. 왜냐하면 지구 내부의 압력과 대기권의 기압은 변하지 않는 상수이지만 생명력의 변화는 인간이 만들어 내는 변수이기 때문입니다.

인류 문명 초기에는 사람들이 자연과의 조화 속에서 한이 없이 순리대로 삶을 살아 생명의 순환이 순조롭지만, 문명의 발달과 함께 사람들이 욕망과 집착에 강하게 물들게 되면 대부분의 사람들은 죽어서도 순순히 윤회에 들지 못하게 됩니다. 그래서 많은 영혼들이 현실을 떠나지 못하고 유혼의 세계에 머물기 때문에, 가장 강한 기운인 의식의 순환이 이루어지지 않아 인력대에 균열이 생기고, 그러면 지구의 균형이 무너져 변화기를 맞게 되는 것입니다.

지금 이 세상이 바로 그러한 상황에 직면해 있습니다. 지금 이 세상은 대부분의 사람들이 말세의 욕망과 집착과 무지로 인해, 죽어도 편히 눈을 감지 못하고 애착과 원한에 매인 채 윤회하지 못하는 유혼이 되어 떠돌고 있습니다. 그래서 생명력의 순환이 순조롭게 이루어지지

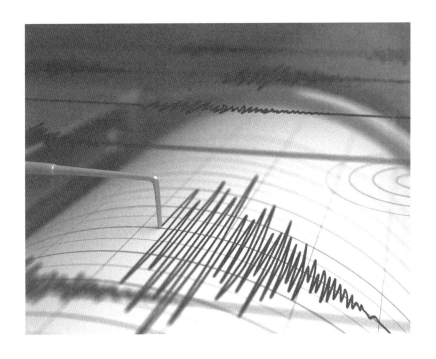

못해 인력대에 변화가 생김으로써 그동안 균형을 이루던 지구 환경이 조화를 잃어버리고 여기저기 압력이 터져 나오고 있습니다. 그래서 최근 들어 지진과 화산 폭발, 해일 등의 현상이 잦아지고 있으며, 홍수와 가뭄도 같은 맥락에서 나타나고 있는 것입니다. 지구가 조화와 안정을 잃어버리니 대기가 제대로 순환하지 못해 여기저기 물벼락이 나타나고 대폭설과 한파가 나타나는 것입니다.

오늘날 서구 과학자들은 지구온난화를 산업화로 인한 이산화탄소 배출 증가 때문이라고 말합니다. 그러나 그것은 세상을 움직이는 전체적 흐름과 이치를 보지 못한 과학자들의 시각일 뿐, 자연의 원리에서 보면 지구라는 생명체가 나쁜 원인으로 인해 몸의 조화를 잃어버리고 병에 걸려 열이 나는 것과 같습니다. 마치 인체에서 기운이 돌지 아니하고 한군데에 뭉쳐 있으면 그곳에 병이 나고 열이 나는 것과 같은 현상인 것입니다. 따라서 변화기를 막기 위해서는 병든 세상에 관한 올바른 이해와 참된 생명의 길에 대한 깨우침이 무엇보다 필요한 것입니다.

 김갑수(70대 노인)

종말이라고 하면 사람들을 현혹시키는 말이라 생각했는데, 변화기가 생기는 이치를 듣다보니 당혹스럽긴 하지만 수긍이 됩니다. 그렇다면 변화기를 맞는 우리들은 어떠한 자세로 삶을 살아가는 것이 좋겠습니까?

 저자

'변화기'와 '종말'은 큰 차이가 있습니다. 변화기는 모든 것이 끝나는 종말이 아니라, 순환이라는 긴 과정에서 새로운 시대를 앞둔 전환의 시기로 새로운 시대를 기대할 수 있다는 것을 의미합니다.

사람들은 변화기에 관해 이야기하면 세상을 어지럽히거나 혹세무민한다고 사이비로 몰아세우는데, 그런 논리로 말하자면 대환란의 때를 준비하라고 한 예수님이나 다른 성자들도 모두 사이비라는 이야기밖엔 되지 않습니다. 따라서 이러한 이치를 부정하고 그냥 무시하며 지내는 것이 좋은지, 아니면 변화기의 의미를 깨닫고 지혜롭게 대처하는 것이 올바른 것인지는 각자가 선택할 문제입니다.

변화기가 오면 인력대 속에서 끈끈한 인연에 얽매여 윤회하고 있는 모든 생명의 종자들은 변화기의 압력과 뜨거운 열기 속에 사라지게 되고, 맑은 영혼을 얻어 윤회의 인력대를 벗어난 높은 차원으로 올라간 이들만이 그 영혼을 보존하여 다시 인간으로 태어나게 됩니다.

따라서 말세를 살아가는 인류는 이러한 변화기의 의미를 깨달아 더 나은 자기를 이루도록 노력해야 하며, 할 수 있다면 구원과 인간 완성에 이를 수 있도록 좋은 영혼의 근기를 만들어야 합니다. 그러면 어떠한 육체의 죽음에도 구애받지 않고 다시 태어나 더 나은 자기를 가꾸고 마침내 인간 완성의 경지인 해탈에 이를 수 있게 되는 것입니다. 이것이 정확한 의미의 '영생(永生)'이며, 구원의 열쇠인 것입니다.

그래서 자신 속에 한 번 맑고 좋은 의식이 깃들면, 그 근본은 계속 자신 속에 남아 다음 생에도 나타납니다. 지금 욕망을 극복하는 힘을 얻는다면 다음 생에도 욕망을 이겨내고 맑은 의식을 되찾아 마음의 평안을 얻게 될 것이고, 지금 이생에서 세상을 바로 보는 시각을 얻는다면 다음 생에서도 똑같이 세상의 이치에 눈을 떠 지혜로운 사람이 되어 성공적인 삶을 이루는 것입니다.

이것이 바로 부처님이 열심히 자신의 마음을 닦아 좋은 근기를 이룬 제자들에게 "다음 생에 깨닫고 부처가 되리라."는 수기를 주신 이유이니, 이생에서 좋은 자기를 이룬다면 그 영혼은 영원히 죽지 않고 나고 죽음을 반복하면서 완성으로 나아가게 되는 것입니다.

따라서 죽음과 종말에 연연하지 않고 부지런히 참된 진리의 길을 배우고 깨쳐 좋은 자기를 이루어 나가는 것이 진정한 인간의 길입니다. 수명이 다해 죽음을 맞든, 종말로 죽음을 맞든 죽음의 순간을 맞이하는 것은 다 똑같은 것이니, 너무 불안해할 것 없이 그 순간까지 참된 진리의 길을 묵묵히 걸어가면 되는 것입니다.

이러한 이치를 명확히 알면 죽음에 대한 두려움이 없어집니다. 그러면 내일 종말이 온다고 전 재산을 바쳐 휴거(携擧)를 바랄 이유도 전혀 없습니다. 성자들이 죽음을 두려워하지 않았던 이유도, 이 우주 속에 영원히 돌고 있는 생명의 원리를 분명히 보았기 때문입니다. 모든 것은 계속 되풀이하면서 자기가 지은 것은 계속 자기에게 나타나게 되어 있으니, 죽음이란 헌 몸을 벗고 새 몸을 얻을 기회가 되는 것입니다. 그래서 성자들은 죽음에 구애받지 아니하고 마지막 순간까지 담담히 자신이 해야 할 일에 최선을 다하셨던 것입니다.